# 孩子24项素质的培养与训练

李东海 著

清华大学出版社
北京

图书在版编目（CIP）数据

孩子24项素质的培养与训练 / 李东海著. --北京：清华大学出版社，2014
ISBN 978-7-302-37830-3

Ⅰ.①孩… Ⅱ.①李… Ⅲ.①素质教育-家庭教育 Ⅳ.①G78

中国版本图书馆CIP数据核字（2014）第198139号

责任编辑：王佳爽
装帧设计：傅瑞学
责任校对：王荣静
责任印制：刘海龙

出版发行：清华大学出版社
网　址：http://www.tup.com.cn，http://www.wqbook.com
地　址：北京清华大学学研大厦A座　邮　编：100084
社总机：010-62770175　邮　购：010-62786544
投稿与读者服务：010-62776969，c-service@tup.tsinghua.edu.cn
质量反馈：010-62772015，zhiliang@tup.tsinghua.edu.cn
印装者：三河市金元印装有限公司
经　销：全国新华书店
开　本：170mm×240mm　印　张：19.5　字　数：305千字
版　次：2014年9月第1版　印　次：2014年9月第1次印刷
印　数：1～2000
定　价：45.00元

产品编号：061389-01

## 内 容 提 要

本书主要阐述实施家庭素质教育的理念和实践操作的方法。本书第一章首先从宏观上阐述了家庭素质教育的“通识”，引导家长建立起正确家庭教育的核心理念，掌握家庭教育的一般原则和规律，帮助家长走出家庭教育误区。本书第二章到第八章从孩子的品德教育、学业教育、思维能力培养、生存能力培养、身心健康教育、行为习惯培养、生涯规划教育七个方面阐述了孩子成长中24项综合素质培养的理念和实践操作。这24项素质分别是人生价值观教育、诚信意识教育、规则意识教育、勤劳品质培养、责任感培养、感恩意识教育、学习积极性培养、学习兴趣培养、学习习惯培养、阅读习惯培养、专注意识培养、观察能力培养、想象能力培养、创新能力培养、合作与交际能力培养、自立能力培养、自信心培养、坚强意志培养、身体素质培养、健康心理培养、行为习惯培养、礼仪习惯培养、婚姻爱情观教育、职业规划教育。本书初步建立起了一个家庭素质教育的体系。在谈及每个方面素质培养时都是从“理念与认识”和“实践与操作”两个层面展开。

本书将瞄准正确的教育方向和培养目标，依据教育规律和教育原则来探讨素质教育的方法，从而实现理论向实践的延伸。所提供的方法一般分条列举，尽可能多样一些，以方便家长们根据自己家庭和孩子的实际情况取舍应用。相信总有一款方法会适用于你的孩子。

本书尽可能用案例来阐发理念，以避免其抽象性；用方法来体现思想，以增强其可操作性。本书中的“理念”，是有实践支撑的理念；本书中的“实践”，是有理念灌注的实践；本书中的“思想”，是有操作验证的思想；本书中的“操作”，是有思想指导的操作。理论与实践的有机结合，科学性与通俗性的有机统一，是本书的显著特点。

# 自序

## 告天下父母

赡养老人和教育子女，是法律赋予我们的责任和义务，也是中华民族的传统美德。那么，不履行教育子女的义务，这和不履行赡养父母的义务是一样的，它是不道德行为！是失职行为！是违法行为！

做汽车司机需要学习驾驶技术，上岗前尚且需要参加培训，既要学习理论，又要反复实践，还要参加考试，合格了才能发给驾驶执照。同理，做父母也需要学习教育孩子的理论知识和实践技巧，也需要获得做父母的“执照”。关于怎样教育孩子，我们的多数家长没有受过任何“职业训练”，完全是“无证上岗”，而一旦上岗，我们却理所当然地认为自己可以做父母了。扪心自问，我们获得了做父母的“执照”了吗？

养花的人先要懂得养花的学问，花才能养好；养蜂的人先要懂得养蜂的学问，蜂才能养好；养蚕的人先要懂得养蚕的学问，蚕才能养好。养牛、养猪、养羊、养鱼、养鸟等，都要如此。难道教育孩子就不需要学问了吗？我们到哪个专业养殖户家中，家里没有几本关于养殖专业的书籍？但这些家庭里，却可能拿不出一本关于教育孩子的书籍！难道教育孩子还没有养鸟重要？

一谈到教育子女，不少家长就用一个字去搪塞：忙。忙什么呢？忙工作，忙生意，或者干脆美其名曰“忙事业”。教育孩子成人成才，也是人生事业的重要组成部分！如果我们的家庭教育失败了，那也是我们人生事业的一大败笔；如果我们有大量的家庭教育失败了，那也是我们中华民族的一个重大失误！事业上再大的成功也弥补不了教育子女失败的缺憾。这并不是说父母自己的生活、事业不重要。做其他的事情失败了可以重来，唯有在子女的教育上，只有一次机会。我们努力工作原本是为了创造更美好的未来，结果却在“祖国和家庭的未来”——孩子教育上未尽到责任，于国于家，这样干“事业”的意义又是什么？所以，“忙事业”不是可以忽视孩子教育的理由！

还有一些家长愿意花两个小时去做按摩，去做美容；花一个晚上去打麻将，去喝酒；花一个星期天去玩网络游戏，网络聊天，但就是不愿意用几十分钟时间去和孩子谈谈心，不愿学习点儿教育孩子的知识。还有一些家长，只愿意在孩子身上花钱，不愿意花时间、精力和花心思。这也是没有事业心的表现！也是一种不敬业的行为！也是应该受到道德谴责的！

天下父母们，世上好多事情可以等待，唯独孩子教育不能等待！我们与其等到孩子出了问题，沾上一身坏习惯以后才着急上火，去求助于老师或专家，不如先把自己培训成家庭教育的内行。求人不如求己。

爱孩子是一种本能，这是连老母鸡都会做的事情，但如何去爱，却是一门伟大的学问，是需要学习的。不懂得孩子，就教育不好孩子。

我们即便不能给孩子创造优越的物质条件，但我们完全可以塑造他的良好性格！我们即便不能给孩子提供高贵的出身，但我们完全可以培养他的良好习惯！没有一项事业比培养优秀的孩子更伟大！你的任何成功都不能弥补在孩子教育问题上的失败！希望那种“小时候把孩子养成宠物，长大后把孩子逼成废物”的悲剧不再重演！培养孩子不能只靠自己慢慢摸索——孩子等不起！培养孩子也不能跟着“风”瞎折腾——孩子误不起！

学校教育的质量如何，关键在于教师的教育理念、教育方法和责任感。那么，同样的道理，家庭教育的质量如何，关键在于家长的教育理念、教育方法和责任感。我们的家长们，很少有家长既不懂教育，又不负责任，而多数家长则是：不懂教育，特负责任。他们不惜重金给孩子物质满足、智力开发、才华培养……费尽心思，“不让孩子输在起跑线上”，而最终结果却让很多孩子“输在了跑步的过程中”，或“跌倒在终点线前”。要知道，错误的教育比不教育更危险。

家长们，孩子从幼儿园、小学、中学到大学，换了那么多的学校，换了那么多的班级和老师，唯独家长是不换的。孩子对学校、班级和老师不满意，我们可以择校、择班、择师，孩子如果对家长不满意，该怎么办呢？况且，对于培养孩子的思想品德和行为习惯来说，家庭的作用一定胜于学校，家长的作用一定胜于老师。家长只有不断学习，不断提高素质，与孩子一起成长，才能完成教育孩子这一伟大而繁重的任务。

家庭教育是人接受时间最早、最长、影响最深的教育。家庭教育对孩子的道德习惯、生活习惯、学习习惯的养成起着重要的作用。父母是孩子最重要的导师。良好的家庭教育不仅能为学校教育打下良好的基础，抵御社会环境的负面影响，强化社会教育的积极因素，而且能够影响一个人的世界观、人生观和价值观。良好的家庭教育能够使孩子在不知不觉中形成对善恶、是非、美丑的正确判断，能够在潜移默化中养成高尚的品格，在诱导感化中获得向善的心性，在模仿学习中培养出生活所需要的能力。家庭教育有着学校教育、社会教育所不可替代的重要作用。孩子是站在父母的肩膀上成长的，父母站得有多高，会为孩子将来能站得多高奠定基础。

家庭教育，是整个教育事业的重要组成部分，而且是教育事业的基础。如果中国的家长、教师、校长、教育官员不学习和研究家庭教育，将会使中国教育成为残缺的教育，将会使中国的教育之路越走越窄。成千上万的缺失家庭教育的“留守儿童”的现状，已经向人们敲响了警钟，在不远的将来，这些留守儿童的家长们将会面临这种残缺的教育所带来的严重后果，我们将为此付出沉重的代价！这绝不是杞人忧天！也绝不是危言耸听！

孩子是家庭的希望，教育是人类的希望。

家长是过去的孩子，孩子是未来的家长。

家庭是孩子的第一所学校，家长是孩子的第一任老师。

改变孩子，要从改变父母开始。

民风、党风、世风，皆起于家风。家庭，是社会的细胞。

一个好人的背后，很可能有一位好的长辈给过他终身受益的教诲；一个坏人的背后，很可能有一位不称职的长辈给过他终生难以摆脱的误导。在相同的文化形态和相同的公共教育背景下成长起来的孩子，他们之所以成年后在道德、人格及能力上有巨大的差异，原因在于他们最重要的生活场所——家庭，以及生命中的第一启蒙者——家长的教养理念和教育方法不同。

过去，我们只说“一日为师，终身为父”。其实，我们更应该说“一日为父，终身为师”。

优秀的孩子多是优质教育的结果，“问题孩子”多是“问题家庭”的产物。孩子的问题大多不是孩子自身造成的，而是父母问题的折射。父母常常是孩子问题的最大制造者。从这一方面说，教育父母同教育子女同样重要。没有父母的改变就没有孩子的改变。没有不想学好的孩子，只有不知道怎样学好的孩子。

优秀的父母都是学出来的。天下没有不需要学习的父母。成功的父母亲都是不断学习提高的结果。只有父母好好学习，孩子才会天天向上。

家长常常以过去获得的知识和经验来教育现在的孩子，期望孩子在未来的社会中获得成功。这种“过去—现在—未来”的不同步，是教育中永恒的矛盾。这就要求为人父母者必须不断学习。优秀的父母能防患于未然，而不合格的父母却是：孩子的问题已经很严重了，他们还没有意识到问题的存在。

培养孩子，不仅是对一个家庭负责，对一个家族负责，也是对民族的发展负责，对未来社会负责。家长的家庭素质教育行为也是事关匡时救世、民族复兴的伟大事业。一位家长关注家庭教育，是关注一个家庭的可持续发展；千万个家长关注家庭教育，是关注中华民族的可持续发展。我们伟大民族的希望，寄托在明天千千万万将要接班的孩子身上；我们伟大民族的命运，就掌握在今天千千万万的家长手中。

为了家庭的和睦美满，为了社会的文明进步，为了祖国的繁荣昌盛，为了中华民族的伟大复兴，我们每一位家长理应承担起家庭教育的神圣使命。

但是，从目前中国家庭教育的整体现状来看，任何人都会发现存在很多弊端。由于应试教育的影响，我们有太多的家长急功近利，一味强调智力的开发、知识的积累和成绩的提高，而忽视孩子综合素质的培养。现在，所有的家长都把培养目标定位在“培养孩子上大学”上，可是我们又发现，大学生的综合素质也在不断下降。这已经成为我们民族的隐忧。

面临这样的教育现状，中国的家长们该怎么办？

我们与其坐而待之，站而怨之，都不如起而行之。我们唯一能做的事，就是在现有教育体制下以家庭素质教育匡正学校应试教育的缺陷。哪个家长觉悟到这一点，哪个家庭就会在家庭素质教育方面先走一步。相信不久的将来，我国人才市场上将不再只是学历的比拼，而是综合素质的较量。这是必然的趋势。全民重视家庭素质教育、全民重视孩子综合素质培养的时代已经来临了。

愚者暗于成事，智者见于未萌。高素质的家长一定会高瞻远瞩，顺应时代的潮流，做出智慧的选择。

基于以上认识，笔者“位卑未敢忘忧国”，几年来致力于家庭素质教育的理论和实践研究，现在呈现在读者面前的这本书就是笔者数年来理论思考与教育实践相结合的产物。

本书的宗旨在于帮助家长们对孩子进行综合素质的培养和训练。

愿天下父母都成为智慧的父母，愿所有的家庭都成为美满幸福的家庭，愿所有的孩子都能快乐健康地成长。

希望本书能给全国青少年的家长和广大教育工作者提供一些帮助，为国家的素质教育贡献绵薄之力。

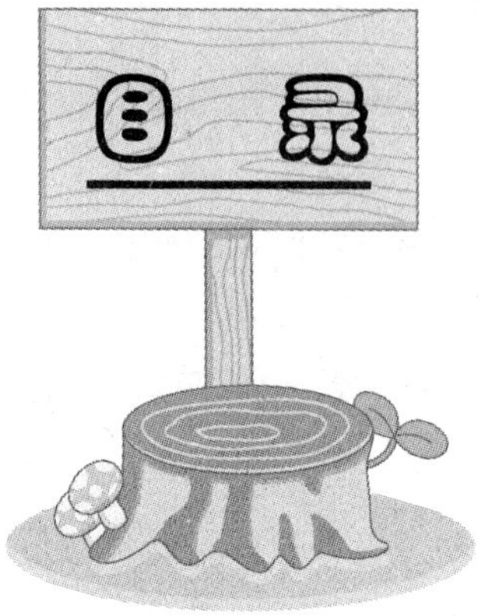


## 第一章　认清教育真谛　遵循家教通则

## 第五章 生存能力培养

## 第八章　生涯规划教育

# 第一章

## 认清教育真谛　遵循家教通则

# 第一节

## 理念决定方法，方法体现理念

### 1. 中国教育到底“差”在哪里

当家长们把孩子送到幼儿园开始“教育”的时候，您想没想过这样一个问题：“教育”到底是干什么的？我们究竟要把孩子培养成什么样的人？这是教育的本质问题和方向问题。只有教育的目标和方向确定之后，我们才能根据目标研究教育的基本规律和基本原则，然后才能根据教育规律和教育原则来探讨教育方法问题。

教育到底是干什么的呢？

教育，应该让我们的孩子对于人生目的、人生意义和人生价值有正确的看法和认识。它实际上就是保证人的道德力量能够驾驭人的知识和技术，使知识和技术运用于正义事业。这是解决人生方向问题。教育，应该让我们的孩子具有诚信意识、规则意识、责任意识、感恩意识和勤劳的品质。这是解决人的基本道德品质问题，即如何做人的问题。教育，应该让我们的孩子具有独立思考意识和正确的思维方法，具有创新意识、创造激情和独特个性。这是一个人创造力的核心。教育，应该让我们的孩子具有自信自立意识，具有坚强意志和专注精神。它为人的生存和发展奠定意志基础。教育，应该让我们的孩子具有交际能力和团队合作意识。这是孩子将来融入社会、进入职场必须具备的生存能力。教育，应该让我们的孩子具有健康的体魄和健康的心理。这是获得事业成功和人生幸福的生理保证和心理支撑。教育，应该让我们的孩子既有科学理性，又有人文情怀；既有健康的审美情趣，又有基本的礼仪修养，四者的统一才是一个和谐发展的人。教育，应该让我们的孩子具有良好的学习习惯和生活行为习惯，具有一定的自然科学和社会科学的基础知识。它为人的终身学习和发展提供行为保证和知识基础。只把教育看作是知识灌输和技能培养是远远不够的。

这就是我们教育的方向和目标！

显而易见，我们要达到这一目标，不是单单依靠知识和技能传授所能奏效的。所以，教育的目标任务又决定了教育的基本规律和基本原则。

教育是"慢"的艺术，是"春风化雨、润物无声"的过程;教育的"质量"在很多方面是无法在考场上用笔答在卷面上的，是无法量化的，是无法用分数去表示的。教育要发现孩子的潜能，激发孩子的激情和兴趣，要因人施教。不能用一个标准去要求所有的孩子。教育的过程需要孩子自己去实践、体验、感悟和思考，需要孩子自己去辨别、分析、批判、理解、内化，不能只靠传授，不能只靠记忆。

这就是教育的规律，这就是"教育应该怎样做"的原则。

所有的教育方法和技巧都需要遵循这些教育规律和教育原则。有违于教育目标、教育规律和教育原则的所谓"教育秘诀"、"教子绝招"，都是伪科学！

中国教育的最大问题就是：教育的视野过于狭窄，教育目标任务过于单一，教育的着眼点过于集中在应试和升学。这是我国一切教育问题的源头！中国教育与世界先进教育的差距从根本上说就是差在这些"教育目标"和"教育原则"问题上！而不是差在"教育方法"问题上。这就是我们转变应试教育、倡导素质教育的思想基础。

如果我们的教育没有瞄准正确的目标，那么你走得越快就可能离目标越远！如果我们看准了目标，那就不会在起跑线上计较得失。如果你只想到让孩子别输在起跑线上而不顾教育目标，那最后有可能导致孩子跑偏了方向。对于漫长的人生而言，起跑线上的输赢其实并没有多大的决定性意义！我国的中小学生之所以学习成绩优秀，是因为我们把目标锁定在近处；而一些发达国家的学生之所以具有“后劲”，是因为他们把目标锁定在远处。

相信在不久的将来，我国人才市场上将不再是学历的比拼，而是综合素质的较量——这是必然的趋势！全民重视家庭素质教育、全民重视孩子综合素质培养的时代已经来临了。我们家长能做的事，就是在现有教育体制下以家庭素质教育匡正学校应试教育的缺陷。哪个家长觉悟到这一点，哪个家庭就会在家庭素质教育方面先走一步。

## 2. 方法的背后是理念

有一位家长在我的博客里留言说：“我的孩子 12 岁了，是男孩，今年上初二。自私，懒惰，不知道关心和尊重家长，自以为是，为所欲为，学习成绩直线下降……愁人呀！我已经无计可施了。你的博客内容我看了，也照着做了，可是不见效。打也打了，骂也骂了，罚站、罚跪，什么手段都用完了，就是无效果。后来我又按照书上的办法，赏识、表扬、夸奖、奖励……可是统统无用！现在我真的不知道怎么办了。请老师给支支招吧……”

这样的家长不在少数。这也是家庭教育中的常见误区，就是照搬照用别人的教育经验。老人照搬自己小时候那代人的教育经验，年轻父母照搬“哈佛女孩”或“高考状元”的教育经验，特殊家庭的父母照搬一般家庭的教育经验……大家都“头疼医头，脚疼医脚”，出了问题就“照方抓药”，希望一副药下去，药到病除。家长们简单地认为，既然是别人的成功经验，用在自己家里也一定能够成功，一旦遇到老办法解决不了的新问题，马上就傻眼。于是又八方“求教”，四处“学习”。可是当他们拿着新听来、刚学来的办法急切地运用在孩子身上的时候，发现并不灵验，甚至情况更糟。于是有的家长就认为这个方法不是真经，掉头又去寻找其他方法，结果发现：“借来的鞋老是不合脚”……

为什么别人成功的家教经验和方法，我们很多家长在借鉴和实践过程中却发现“不灵验”呢？那就要回过头来审视你的家庭教育的理念问题。因为正确教育方法是根据教育目标、教育规律和教育原则这些最基本的教育理念经过实践检验总结出来的。有效方法的背后是有正确的教育理念作支撑的。

所以，有放之四海而皆准的教育规律和教育原则，而没有放之四海而皆准的教育方法。

中国传统文化中，总强调“道、法、术”。“道”就是本质，“法”就是原则，“术”就是方法。中国的家庭教育的研究也有这三个层次：有的家长能领悟教育的本质；有的家长能坚持教育的原则；有的家长还在寻找教育的方法。

家庭教育的基本理念具有普遍性、共同性，而家庭教育的方法则有特殊性、个别性。

方法固然重要，但再多的方法也无法穷尽我们遇到的所有的教育难题！

理念决定方法，方法体现理念。

任何理论和经验都是来自实践中个案的总结，不是万能的定理公式，是不能随便套用的。世界上没有一本家庭教育专著能完美到可以解决每一个孩子的所有问题。每个家庭和孩子的问题都是个性的。如果忽视孩子的个体差异，去套用别人的经验，就会感慨“经验失灵”。

## 3. 家庭教育没有现成的药方

我们不妨把教育和医学类比：一个医生一生会遇到无数个病人，医生给他们治病的基本规律和基本原则是相同的，但医生给他们开的处方可能是各不相同的——哪怕他们病症相同。有些没有系统学过医学的人却满足于收集土单验方，他们认为，一本“土单验方汇编”在手，自己就是医生了，那可能吗？有些家长也是特别喜欢收集家庭教育的土单验方，遇到问题就按照“目录”“索引”去查找方法，这方法真的能管用吗？肯定不会对所有人都管用！

治病的药品是专家们经过反复论证、实验研制出来的，肯定也是有效的。但药品的包装盒上都会标明“适用人群”“适用病症”“用法与用量”“注意事项”“禁忌”“有效期”等，意在表明这些药品不是适用于任何时期、任何人、任何病的“仙药”。家庭教育也是没有“绝招”的，也是没有“秘方”的。我非常反感那些在书名中标榜什么“绝招”或“秘籍”的家庭教育图书。

我们必须知道，方法越具体，就越有针对性，也就越有局限性。这正像特效药，对病症越有特效就越有针对性和局限性。家庭教育方法的有效性涉及很多因素：家庭环境气氛，家长的教育背景，家长以往的教育方法，孩子的年龄阶段，孩子的个性特点，等等。具体运用时需要综合辩证，对症下药。这就好比感冒吃药：我感冒了吃银翘解毒片最有效，你感冒了需要吃伤风感冒胶囊才行。感冒刚开始吃药有效，感冒严重时，吃一星期药都不见效。

家庭教育是一个“春风化雨、润物无声”的过程，它是作用于孩子灵魂的一种精神营养过程。家庭教育不同于家电修理。可是，不少家长却是在发现孩子出了问题以后，才去火急火燎地到处寻找补救方法。他们希望能马上得到一种快速而有效的办法，一下子将问题彻底解决。就像驾驶员开汽车，发现汽车出了故障，就马上拖到汽车修理厂，希望修理人员或拆或换，或修或补，马上排除故障。

要知道，孩子的思想、品德、认识、意识、观念和行为习惯一旦出了故障，那绝不是机械故障！解决起来，当然不能用排除机械故障的方法，也不能用排除机械故障的速度。

中国家庭教育有句古训：“棍棒底下出孝子。”那就是主张以打骂这种严厉的方式教育孩子。这种教育方式是否产生过效果？产生过！傅雷对孩子的教育就经常采用体罚的方式，最后把孩子傅聪培养成了音乐家。2011 年到 2012 年出现的“狼爸教育”“虎妈教育”也主张体罚。他们的理念是：“三天一顿打，孩子进北大。”可是有的家长，对孩子采取打骂的方式，最后把孩子打出了家门，使之成了社会上的“问题少年”，有的孩子挨打后还反过来打自己的父母，甚至把亲生父母杀了！这样看来，对别人孩子有效的方法，对于自己的孩子也许没有用。那些“教育模特”作为某个方面的成功个案，它的榜样作用和示范作用可以给家长提供一些可资借鉴的经验，但我们必须认识到，一个教育模式可能只适用于一个或一类孩子，绝不可能适用于所有的孩子。“教育模特”只是个参照物，我们可以借鉴其中的教育思想，而不能照搬其具体方法。

例如赏识教育法，不少家长都听过，非常容易操作，就是一个动作三个字：竖起大拇指，嘴里说：“你真棒！”周宏老师用这种方法把自己的聋哑女儿培养成了博士。可我们有些家长拿回去用，结果不顶用，孩子不买账！

赏识法是不是一种好方法？是！它已经被许多人的成功实践证明了。那为什么有些家长用了无效？因为你在“东施效颦”！那么赏识教育背后的理念是什么呢？就是家长要发自内心地信任、鼓励、激发、强化孩子积极向上的生命力量。当我们弄清楚了赏识背后的正确理念之后，怎样赏识，就需要根据孩子的年龄、个性等具体情况综合分析，从而找到更适合自己孩子情况的具体方法。适合的才是最好的。夸奖刚上幼儿园的孩子和夸奖上了高中的孩子，那夸法能一样吗？

## 4. 家庭教育没有“绝招”

近几年的家教类图书出现了一些乱象，公理婆理，危言耸听，令人眼花缭乱。“家庭教育专家”满天飞，孰真孰假，孰是孰非，令家长们茫然。

“不畏浮云遮望眼，只缘身在最高层。”只有“身在最高层”，才能“不畏浮云遮望眼”。那么在家庭教育方面怎样才能使自己站在“最高层”呢？那就是领悟家庭教育的本质和教育的最基本的规律。

在教育上，方法的力量是有限的，家长在教育孩子问题上真正欠缺的是什么呢？真正欠缺的不是方法，而是父母的教育理念。

当然，教育不是万能的。如果教育是万能的，那么国家就不需要法庭和监狱。任何一种教育方法也都不是万能的。家庭教育没有，也不可能有什么简单易行、药到病除的“绝招”和“秘籍”。

这几年，赏识教育的方法曾经被誉为家庭教育的“绝招”而大加渲染。很多人认为赏识教育的方法简单易行：向孩子竖起大拇指，说：“你真行！你真了不起！你是最棒的！”你这么一竖大拇指，一句夸奖，孩子就成才了？世界上真有这么简单而神奇的教育方法吗？如果真有，那么一切家教难题就迎刃而解了。可现实的情况却是：我们家长每天都在面临解决不完的家教难题。

每一个家庭、每一个孩子、每一个家长都有其特殊性：每一个家庭的家庭环境、孩子自身的条件、家长自身的条件都是不同的。即使是同一个孩子，在不同阶段遇到的困难和出现的问题也不一样的。傅雷除了严厉的管教之外，还有家庭中浓厚的艺术气氛，他个人的学术精神、深厚的学养等，都是他的家庭教育的特殊环境。他对孩子的要求，与他本人严谨而又刻苦的治学态度、崇高的人生理想是相辅相成的，这些因素你和你的家庭有吗？如果你只从傅雷的成功中得出“不打不成器”的结论，那就大错特错了，你很可能是把傅雷家庭教育中最表面化的部分吸收了。

家长解决某个孩子的某个问题，首先要简单化，依照教育规律如宽容、理解、沟通来处理，然后再具体问题具体分析，寻找合适的办法。前者是道，宜简；后者是术，宜繁。道术结合才管用。关键是家长要学习、实践、思考、坚持不懈，才可能有效。

周弘将天生聋哑的女儿培养成了博士，卡尔·威特将被别人认为智力有缺陷的儿子培养成了科学家。其实他们成功的因素有很重要的一条：他们都是从孩子一出生就开始系统地、一贯地、全神贯注地实施自己的教育理念，进行着一对一的培养教育的，而我们好多家长是在孩子出现了一大堆的问题以后才想起家庭教育的，并且又是在孩子青春期，我们能急匆匆地把别人的方法“嫁接”到自己的孩子身上吗？

## 5. 家庭教育不能功利化

家庭教育的“有效性”也并非“立竿见影”。一个孩子，在不合理的要求得不到满足的时候，耍赖、哭闹，躺在地上不起来，你走过去一顿暴打，孩子不敢哭了。是不是很有效果？如果你只是想要孩子安静下来，不烦你，那这一招确实很有效，但是你这一巴掌下去，也许在孩子心中留下了恐惧和暴力的阴影，也许埋下了仇恨的种子。等到他长大了，这些被压制下去的意识可能会以同样的方式爆发出来，他会以同样的方法去“教育”你的孙子，甚至延续到子子孙孙，以致造成家族亲情淡漠和家庭暴力的隐性后果。孰得孰失？所以，有些看似非常“有效”的教育方法，却是与我们的基本教育理念背道而驰的。

很多家长听完一场讲座，看完一本家教著作或一篇文章，或得到专家的一番指点，最初都会有耳目一新、茅塞顿开的感觉。于是满腔热情地带着更新了的思想、态度、心情，去面对孩子。可是慢慢发现，孩子老是“不配合”，于是，你的方法就难以为继了。家长们就开始“动作走形”了。这个时候你一定要给自己叫暂停，重新温习正确的理念。

很多人学习了以后，总想把学到的东西立即用到自己的教育实践中，所谓“活学活用”“现学现用”。一学就用，或者学的目的是直接使用，属于浅层次的学习。

其实,学的目的是“悟”,而不是“用”。悟了,就会内化为自己的一种素养，悟得多了,就能积累成一种境界和高度,有了高度以后,自然流露出来的心态，就是最好的教育。只有“悟”到的才是你自己的。

家庭教育是一个古老而崭新的课题。因时代不同、家庭不同，我们的家庭教育永远有无穷无尽的研究课题，永远有说不完的方法。我们必须把当代成熟的、科学的家庭教育的基本理念和自己孩子的具体情况相结合，才能寻找到真正有效的家庭教育方法。

家教有法，但无定法；教无常法，贵在得法；照搬者死，活用者生！这是家庭教育的魅力所在，也是它的困难所在。

我们家长对于家庭教育应持有一个什么样的心态呢？让我们认真地思考一下：到底是什么因素在影响着孩子的发展？有遗传因素，有社会影响因素，有学校教育因素，有家庭教育因素，有孩子自我教育因素等。影响孩子发展的还会有其他因素，如孩子人生道路上不可预知的意外际遇也可能存在着教育的机缘。孩子的未来在哪里？就在这多种力量形成的“合力”的延长线上！所以，也不要轻言是哪种因素“决定孩子一切”，它不符合唯物辩证法的基本原理；“合力”才能决定孩子发展的方向和最终结果。我们家长就要做自己该做的事、能做的事，把能做的事做好，就够了。父母不必有焦虑急躁心态，不能有“赌博押宝”心态，要有平静心态。

这才是我们对待家庭教育科学、理性的态度。

# 第二节　孩子成长需要的家庭土壤

庄稼的成长取决于一个地区大气候条件和一块土地小环境条件。一个孩子的成长，取决于社会“大气候”和学校、家庭的“小环境”。社会和学校的环境家长无法把控，而家庭环境则是家长可以把控的。

## 1. 家庭气氛濡染孩子的德行

有多少家长都在给孩子选择名校和名师，其实，一个和谐的家庭就是一所名校。优秀的父母就是两个“名师”。我们与其拿着高价去寻找名校和名师，不如先把自己的家庭打造成“名校”，把家长自己打造成“名师”。

家庭是孩子最初成长的土壤。家庭这个环境的好坏，直接关系到孩子人格道德和行为习惯的养成。在充满了爱意与笑声的家庭氛围中长大的孩子，他的心灵是舒展的，他的心境是乐观的。这有利于他成长为一个懂得自爱且懂得爱别人的人。相反，若家庭缺少爱的氛围，例如夫妻关系不和谐，对老人不孝敬，邻里关系紧张等，都会对孩子贻害无穷。

夫妻关系，是最深刻的一种人际关系。人性的真实、文化素养、价值观，都会在这种关系中表现得淋漓尽致。夫妻关系是两个成年人合写的生命自传，它是孩子认识人与人之间关系的启蒙教材。

家长作为和孩子接触最早、接触时间最长的关键人物，是“小环境”的主要营造者。家庭日常生活中每一件小事，每一个细节都蕴含着教育机缘。所以，家庭环境与孩子的成长密切相关。

在挑剔的环境中长大，孩子就容易学会苛责；

在敌意的环境中长大，孩子就容易学会争斗；

在讽刺的环境中长大，孩子就容易学会羞怯；

在羞辱的环境中长大，孩子就容易学会自卑。

在宽容的环境中长大，孩子就容易学会忍让；

在激励的环境中长大，孩子就容易学会自信；

在公平的环境中长大，孩子就容易学会正直；

在支持的环境中长大，孩子就容易学会负责；

在友爱的环境中长大，孩子就容易学会关爱。

……

有人把人生比作长河，家庭则是在长河中航行的一只小船，小船之外的情况，家长无法把握，但小船自身的情况，则完全依靠家长。在小船上，父母二人如能齐心协力，小船即使在风浪中也能保持平稳，让孩子感到安全。如果父母离心离德，船划得不平稳，那就有可能船翻人亡。家庭这只小船可能成为孩子健康成长的摇篮，也可能成为孩子的毁灭之舟。

## 2. 家庭文化滋养孩子的心灵

家长要坚持把鼓励、赞扬、肯定、分享、帮助，变成最重要的家庭文化。

家庭教育重在“养”，而不在“教”。养鱼重在养水，养树重在养根，养人重在养心。父母拿什么去教育孩子？就是用正确的教育理念统摄下的自己的风度和内涵。父母看孩子的时候如果一眼就能看出孩子的三个缺点，而且忍不住马上要指出来，这不是父母应有的风度和内涵。父母如果对待孩子过于强势，孩子很难自信；父母如果常在孩子面前示弱，孩子的内心往往自信而坚强。示弱的父母往往能实现对孩子的托举。温柔的母亲，它在孩子面前的指挥能力往往较强，凡是扯着嗓门整天对孩子大声叫喊的母亲，会慢慢失去对孩子的引导能力。

蒋佩蓉女士在《下一代的竞争力》一书中,引用了美国社会学者理查德·戴尔关于两个家族后代的对比研究结果:

> 马克思·杜克斯(生于1700),两百多年前住在纽约,他以冷酷无情著称,并和一个“作风开放”的女人结了婚。在他的1200多个后裔中,130个进过监狱(7个是因为谋杀,平均刑期为13年),310个是流浪汉,190个是妓女,60个是惯偷,还有680个是酗酒者。他们对社会没有做出任何值得一提的贡献,而仅仅为了监禁和挽救他们,纽约州政府所花的费用以百万美元计。
>
> 约翰逊·爱德华(生于1703),一名清教传教士,也住在纽约。在他的929个后裔中,430人成为了传教士、牧师或神学家,100位律师,60位法官,60位医生,60位优秀作家,100位大学教授,14位大学校长,3位市长,3位州长,1位美国财政部长,7位入选美国国会,2位入选美国参议院,1位曾任美国副总统。至今,他的家族没有耗费国家一分钱,但他们为美国做出了不可估量的贡献。

可见一个家庭或家族的文化与传统会对后代产生多么深刻的影响。

家庭教育的本质其实就是家族文化的传承与发扬,通俗地说就是“家风”的继承与延续,家族文化指导着家庭成员世界观、价值观的趋向,影响着家庭成员的“是非”辨别能力。

家庭教育做到极致就是文化影响。家长是用自己精神的力量去温暖、滋润孩子的心灵。文化就是一种状态,一种情怀,一种意识,一种生命对生命的对话与交流,最后融会贯通之后,就是一种力量,对心灵产生影响与感召的力量。教育之所以是大智慧,就是因为它是一种文化。

父母有一颗平静的内心,才有可能沉淀和吸收对教育的理性思考,内化为自己的一种状态,这时我们对孩子教育的思路才会变得清晰。能否做到对教育思考沉淀到内心,内化为一种状态,这决定了教育效果。没有沉淀的消化,就没有实施教育的资本。

家长如何去把自己的心态养好?别急着报班,别急着找家教,别急着找一些方法层面的东西来解决问题。家长如何实现情绪自控?就是当孩子稍微出现一点问题的时候，你能不急不躁，先平静下来，先把自己的情绪调整好，然后再面对问题。

很多家长对孩子盯着不放，死卡硬管。这肯定不是优质的家庭教育。优质的家庭教育是对孩子的情绪施加影响而不是束缚。孩子的气质就是父母的言谈举止慢慢浸润出来的。家庭教育应该站到文化和哲学的高度去审视。家庭教育是家族文化的守望与传承。家庭教育不能再站到方法和技术层面来折腾了。所有的父母都是一个文化的载体，不同家庭文化培养出来的孩子的气质都是有差异的。文化是教育的旗帜，教育做到最后就是文化滋养。

## 3. 家长示范是家庭教育的永恒之道

优质的家庭教育，不是在于“说”，而是在于“做”。喊破嗓子不如做出样子。家长以自己的人格影响孩子的人格，以自己的习惯影响孩子的习惯，这是家庭教育的上乘境界。

父母对孩子的教育，就是这样潜移默化，这样“润物细无声”，这样无迹无痕。

有的孩子站没站相，坐没坐相，半躺在沙发上，两脚放在茶几上。你注意观察一下，这很可能就是他爸爸坐沙发的姿势。

有一位老师发现班上有一个学生特别擅长“国骂”，张口闭口“他妈的”，多次批评，不见成效。同学们都很烦他。班主任决定到学生家中去家访，想让家长配合老师帮助孩子改掉不良习惯。谁知老师一进门，还没来得及说明来意，孩子的父亲就对老师说：“我这孩子他妈的，在家里就他妈的捣蛋，光知道他妈的看电视，什么活他妈的也不干，不知道他妈的在学校怎么样。我跟你说，如果他妈的在学校不好好学习，你尽管他妈的给我揍！”

老师目瞪口呆。原来根源在这里！

言谈举止的行为习惯也是很容易被“世袭”的。

最近几年，中央电视台经常播出一则公益广告，给人印象深刻：一个中年妈妈，在床前给自己已经年迈的妈妈洗脚，一个七八岁的孩子在旁边看着。一会儿，这个孩子也端着一盆水，喊道：“妈妈——洗脚——”

它告诉人们，家风是代代传承的。

家庭教育的理想境界是：让每位爸爸成为孩子敬仰的英雄，让每位妈妈成为孩子崇拜的偶像。

我经常见到这样的情况：那些在学校喜欢吵架和打人骂人的孩子，他们打人的动作、打人的部位、骂人的用语、骂人的口气、吵架的姿势，竟然和他的家长一模一样。

我们都认同一个看法：学校教育的质量如何，关键在于教师的素质。那么，同样的道理，家庭教育的质量如何，关键在于家长的素质。

# 第三节

## 孩子的成长需要哪些“肥料”

农民对待庄稼，类似父母对待孩子。农民希望庄稼长势兴旺的心情，和家长希望孩子成才的心情是完全一样的。为了庄稼的丰收，农民日夜思考的是庄稼需要什么，是肥料？水分？光照？温度？该怎样满足庄稼的需要？为了孩子成才，家长们彻夜难眠的时候，有没有想到孩子的成长需要什么？怎样满足孩子成长的需要？

孩子又毕竟不是庄稼，他除了身体的成长之外更重要的是精神的成长，思想的成长。他们除了物质需求之外，更重要的是精神需求、心理需求。那么，我们的家庭土壤中应该有哪些心理营养的“肥料”呢？

### 1. 孩子需要家长耐心倾听

一般来说，优秀的父母都不是优秀在嘴上，而是优秀在耳朵上。优秀的家长应是一位忠实的倾听者。在大人眼中，孩子说的可能都是些芝麻绿豆的小事，但从孩子的角度看，这些事可能就是“惊天动地”的大事，足以引起他们强烈的兴趣。

家长们都会记得，当孩子刚上学的时候，每一次孩子放学回家，总是兴致勃勃地给父母讲学校里发生的事情。不管父母爱听不爱听，他总是讲个没完。孩子需要的是一个忠实的听众，而最合适的人选当然就是父母。父母耐心倾听孩子的诉说，本身就体现了对孩子的尊重，从而也加深了孩子对父母的信赖和亲子之间的感情。这样倾听下去，渐渐地，父母会发现，父母已经进入了孩子心中奇妙的儿童世界，孩子就把父母当朋友看待了。

为什么很多孩子不愿与家长交流呢？原因在于很多家长不愿倾听孩子说话。不是嫌孩子烦，就是认为孩子思想幼稚。总觉得听孩子说话是一件无聊的事情，甚至是在浪费休息的时间。久而久之，孩子就觉得父母不尊重他，父母对他的话不感兴趣。渐渐地，他也就不愿意把心里话告诉父母了。这很有可能会导致孩子向父母关上心灵的大门，为父母以后同孩子沟通埋下隐患。

孩子们渴望的是“没有教育痕迹”的交流，渴望“没有心理距离”的对话。

一位当市委书记的妈妈，她的女儿就要到北京上大学了。女儿临行的前一天晚上打电话约妈妈早点回来。妈妈平时工作很忙，很少跟女儿交谈。这次她就早早地回到家里，要与女儿话别。

没想到女儿一上来就开始了对妈妈的“控诉”。她列举了妈妈的种种“罪行”：哪一次妈妈不让她接电话，是不信任她；哪一次妈妈的批评不符合事实，是冤枉了她；哪一天妈妈怠慢了她的同学，使她很没面子；哪一回妈妈当着同学的面训斥她，伤了她的自尊……女儿边说边哭。

“我怎么也想不到我的乖女儿怎么对我有那么多怨恨！她说的那些事，我怎么一件也记不起来了呢？”做妈妈的也感到很委屈。

“我怎么在不经意间就伤害了女儿呢？”这时这位母亲心里想，明天女儿就要离她而去了，让她把一肚子“苦水”全倒出来吧，省得背着走，心里沉甸甸的。这位书记妈妈拿出了平日对待别人的宽容。

妈妈耐心地听，女儿足足讲了 4 个小时！

夜深了，人静了，女儿倾诉完了，伏在妈妈怀里大哭起来，妈妈也哭了。

妈妈搂着女儿问：“孩子，这些话你怎么不早跟妈妈说呀？”

“你不是忙，忙，老没时间嘛！”女儿抽泣着。

第二天一早，女儿向妈妈告别，她紧紧地拥抱了妈妈：“妈妈，我会想你的！”

那天，女儿没哭，妈妈哭了。

“这些年我自以为给了女儿很多，可我唯独没有拿出时间听她诉说，我真觉得对不起她！”

学会倾听，是家长们必做的一门功课。为了更深入地了解孩子，应该尽量多地与他进行亲切而随便的谈话。在孩子叙述发生在他身边的人和事的时候，在孩子发表自己对这些人和事的看法的时候，父母不要急切地去打断他们，要耐心地倾听，请让孩子把话说完。这样，你就可以从孩子的话中了解孩子的情况。

孩子都有情绪偏激的时候。我们大人不也有情绪偏激的时候吗？遇到这种情况，一定要让孩子把话说完，痛痛快快地把心里话倒出来。对与不对，先不忙着下结论，更不要忙着打断孩子的话去批评训斥。我们大人在向别人诉说委屈、倾诉心声的时候，不是也不愿意别人打断自己的话吗？不是也不愿不等自己说完别人就批评指责吗？“己所不欲，勿施于人”，这话也适用于家长与孩子之间。

## 2. 孩子需要夸奖

心理学中有一个基本原理：需求和欲望产生动力。而需求和欲望是多层次的，主要有五个层次：生理需求、安全需求、人际关系需求、尊重和荣誉需求、自我实现需求。也有人把它概括为物质需求和精神需求两大类。人性中第一个物质需求是食物，人性中最本质的精神需求就是渴望得到尊重与欣赏。这是人的本性。这是人与动物显著的区别之一。这一心理学的基本原理就是“赏识教育”的理论支点。

这几年中央电视台经常播出一则广告：一个八九岁的女孩，手拿一张奖状，在兴奋地等待着爸爸的归来。几次听见响动跑出去开门，都不是爸爸。深夜，女孩手握奖状睡着了，梦中露出了甜蜜的微笑。突然，有一点响动，小女孩赤脚跑出去开门，边跑边喊“爸爸！爸爸”，但爸爸仍然没有回来。小女孩手握奖状，泪流满面。

它告诉人们，孩子是多么希望得到大人的鼓励和赞赏啊！

郑渊洁曾经列出了如何把孩子毁掉的 6 个“绝招”。

A. 让孩子觉得自己什么都不行，没人赏识他。例如学习不行，长相不行，交朋友不行，干家务不行，总之，他没有行的地方。

B. 经常拿他和好孩子比，去刺激他。例如，这样的话要经常挂在嘴边：看人家，从不让父母操心！哪像你！这样的话最具有打击力和摧毁力，是毁掉孩子的经典语录。

C. 父母把自己塑造成为家庭牺牲者的形象。这样，孩子会产生罪恶感，而一个有罪恶感的人往往采用自暴自弃的态度度过一生。具体方法举例如下：经常告诉孩子，自从有了他，你连电影都没有看过，你为他操碎了心，都累出病来了，最好再具体说出你身上的哪种病是由他造成的。或者说，如果不是为了照顾他，你早就在事业上大有发展了。

D. 和孩子说话时口气绝不能和蔼，切不可使用商量的口吻，一定要用命令的口吻。如果再能配以一些讽刺挖苦的词语，则效果更佳。如“你真笨”，“没有见过像你这么愚蠢的”，“养你还不如养头猪”，“我怎么会生了你这样的儿子”等。

E. 孩子的一切要由你来决定，切不可给他一点儿自由。他的行踪你要密切注视，他如果有日记，你一定要设法偷看。他如果有信件，你一定要审查。这样做能在他心里造成他不是人的感觉，造成他就是一个受人操纵的木偶的感觉。一个怀疑自己不是人的人绝不可能奋发上进的。

F. 当众出孩子的丑。前 5 条都是在家里的“单练”，真正要彻底毁掉孩子，这第 6 条才是杀手锏。你一定要当着外人（如同学、亲戚、朋友、邻居）损他，贬他，让他无地自容。从心理学角度讲，这样做能使一个人产生惧怕社会的心理，产生自惭形秽的念头。而一个惧怕社会和自惭形秽的人很难自立于社会。

掌握了以上 6 条，就基本上可以毁掉孩子了。这 6 条做到极致，必然将孩子彻底毁掉，使他终生一事无成！

大家可以这样思考：在单位里，如果领导赏识你，常常用赞赏的语言、信任的目光鼓励你，那么你肯定会努力工作，唯恐辜负了领导的信任；如果领导不信任你，怀疑你的工作能力，常常埋怨或训斥你，那你肯定不愉快，久而久之，自己也会失去工作信心。如果领导在公开场合赞赏你工作认真，你是不是就不好意思马马虎虎？你在以后的工作中是不是会更认真一些？领导当众夸奖你穿着得体，你是不是就不好意思邋邋遢遢，在以后每天上班之前是不是就会注意一下穿着打扮？你是不是在朝着别人赏识你的那个方向发展？孩子更是如此，也是朝着别人赏识他的方向发展。

好孩子是夸出来的，不是训出来的。你越夸孩子，孩子越会朝着你夸的方向发展。

表面上看，夸奖孩子是一个方法问题，而实质上是教育理念问题。也就是说，如果你相信孩子，你就会发现他的优点，而你欣赏孩子的优点，这些优点就可能成为燎原的星星之火。相反，如果你不相信孩子，你就只会看到他的缺点，而你只盯住孩子的缺点训斥，这缺点就可能成为阻碍孩子发展的一个顽症。

每一个成长中的孩子都渴望得到父母的肯定，得到老师的肯定，得到社会的肯定。只有能针对孩子的优点去夸奖他、肯定他，他才会变得更优秀。

## 3. 孩子需要体验

多年的教育研究与实践使我坚信，对于孩子来说，听不如看，看不如干。有些事必须让孩子自己去经历和体验。孩子的一生该体验的必须让他自己去体验，任何人不能代替。一个人不经历风雨、不体验磨难，就很难悟出人生的道理，就很难走出迷茫和无知。人只有体验多了，才能慢慢变得成熟起来。

人的一生需要的体验很多，每个人的体验也绝不会一样。小时候体验玩的乐趣，长大了离开家，体验离家以后的艰辛、痛苦、辛酸。每当一个人在回首往事，有感慨、有叹息、有抱怨、有悔恨、有骄傲、有自豪的时候，才慢慢地体验出了人生的滋味。

如果我们生怕孩子有什么考虑不周，家长就全部替他考虑了，一点儿不落地盯着他，这种做法从眼前看是在帮他，但从长远看却是在害他。凡事应该让孩子自己去考虑、去做，哪怕多犯一些错误也是值得的。“犯错误”是孩子的必修课，只有修够一定的“课时”，他才能自我反思，才有自我完善的能力。家长要理解“犯错误”的价值，要看到孩子在成长过程中的“失败”与“成功”有着同样的正面教育价值。至于孩子偶尔因“犯错误”给他自己及家长带来一些“损失”,那应该算是培养孩子成长必交的学费。孩子不仅要从书本中学习，还要从生活中学习,从做事中学习。我和我的女儿一起外出时,如果需要问路，需要安排吃饭、住宿、买车票，我都让她去办，我休息。她去上大学报到时办报到手续，大三时出国办护照，大四时去公司应聘，都是她自己办的，我没有帮助她。

我们都希望自己的孩子尽快成熟，但要知道，人只有经历过麻烦，经历过磨难，经历过痛苦，才能慢慢变得成熟起来。

体验也是财富。在体验的过程中，我们每一个人才慢慢地长大，慢慢地变老，也就从中慢慢地领悟着人生。

## 4. 孩子需要信任

在美国的一个监狱里有一个青年，是个孤儿。他曾经因抢劫、偷盗而两次入狱。第一次从监狱回来后，他本想洗心革面，重新做人，但周围的人都向他投来不信任的眼光，连亲戚邻居都处处提防着他。他失望了，于是重操旧业——当然，他也第二次入了监狱。

当他第二次从监狱里出来时，纽约的一个心理学家收留了他，并对他做了大量的教育转化工作。一年后，心理学家拿出 50 万美元的钞票和一把手枪交给这个年轻人，说：“你已经是一个值得信任的人了，我相信我的判断是正确的，所以才委托你办一件大事，请把这些钱送给华盛顿我的一个朋友。如果我对你的判断是错误的，我当然知道它的后果:你现在就可以用枪把我打死，这 50 万当然也就是你的了。”

年轻人泪流满面，和老教授紧紧拥抱。他第一次感到了被信任是多么的自豪。

这个年轻人从此痛改前非，成为了一个优秀的公民。

这就是信任的力量。

信任，这在孩子表现出优点时容易做到，而在孩子表现不尽如人意时家长往往做不到。其实，这时孩子更需要信任的力量来支持。

信任是连接家长与孩子的桥梁。如果家长把赏识与信任源源不断地输送给孩子，孩子就会把它感受到的赏识内化为成长的动力。

几年前，某中学发生了这样一件事情：一次考试过后，老师将班里成绩差的十几名学生及其家长叫到学校，让学生和家长一对一、面对面站成两行，然后针对每一个孩子的缺点逐一训斥。最后，老师对家长们说："我真倒霉，遇到了这样的学生！你们看怎么办吧？"在老师的训斥下,家长的脸由红变紫，由紫变青，心中的愤怒一触即发。老师的最后一句话更像点燃了导火索。家长们冲上去，对着自己的孩子劈头盖脸一顿猛揍，把内心的耻辱向孩子身上尽情地倾泻。可就在这样的情形下，成绩倒数第一的那位学生的母亲，不但没有像其他家长那样做，反而把双手搭在孩子的肩上，用无限慈爱的目光久久地凝视着自己的孩子，说："孩子，妈妈相信你一定能学好……"接着，母子二人紧紧拥抱，眼里都含满了泪花。

几年之后，也就是这个被老师认为最差劲的学生，不仅学习有了起色，而且品德也越来越优秀，而其他几个挨打的学生大都在训斥声中越加自卑，渐渐落伍。

我们从这个真实的故事中领悟到，信任孩子是多么重要！

欣赏孩子，就要回到教孩子学说话和学走路时的那个心理状态，看到的不是孩子说话的含混不清和走路的趔趄不稳，而是看到孩子肯定能够学会说话、学会走路的美好前景。孩子就在这样充满欣赏的环境中成长，最终都不知不觉地学会了说话和走路。

一个人发现自身的价值，往往是通过别人的信任而实现的。我们常常看到这样的情形：每天早上父母总是提醒孩子要带这带那，这些孩子偏偏总是丢三落四；一天到晚父母总唠叨孩子这也不行那也不行，这些本来挺上进的孩子却越来越不争气。这就是不信任的后果。

## 5. 孩子需要理解

台湾的一位儿童电视节目主持人讲过一件事情：她女儿 4 岁，活泼可爱。可她发现，女儿最不喜欢逛商店。每次领她去商店，她总是哭闹着不愿进。

这位年轻的妈妈百思不得其解：商店里商品五花八门，花花绿绿，琳琅满目，让人目不暇接，小孩为什么不爱来呢？

后来，她终于发现了其中的奥秘。

一天，她领孩子在商店的人群中挤来挤去，女儿的鞋带开了，妈妈蹲下来给孩子系鞋带。就在这一瞬间，妈妈忽然发现，眼前是多么可怕的情景：矮小的孩子，没有柜台高，处在与她同样的高度，根本就看不到琳琅满目的商品，而看到的是人腿的森林！是大人们的一条条粗壮的大腿和一双双摆动的大手！那一只只来回摆动的胳膊，时不时地会碰到孩子的小脸和弱小的身体……

这位主持人激动起来。当她把孩子抱起，扛到肩上，准备离开商店时，孩子突然笑了起来，指指点点，不想走了。哇，原来她看见了漂亮的玩具！

这位主持人说："这件事给了我很大启示：这只是在空间位置上，我们对待孩子，不能总是站着，居高临下地跟孩子讲话，一定要蹲下身，和孩子站在同一视平线上，用孩子的眼光来看这个世界。"那么在思想认识上，在心理上，我们也要和孩子站在同一水平线上来看待问题、认识问题，用"孩子的大脑"去思考，用"孩子的眼光"去看待，用"孩子的情感"去体验，才能真正理解孩子。

我们当家长的，要被孩子所接受，也应该设身处地地站在孩子的角度，了解他们都想些什么，了解他们想做些什么。不该总是居高临下地审视孩子，滔滔不绝地训斥孩子。俗话说，浇花要浇到根上，教人要教到心上。如果我们不了解孩子的内心世界，我们的家庭教育怎能不隔靴搔痒！

当孩子表现不好时，把他骂一顿，揍一顿，这是多么容易的事情啊！但这只是家长以自己体力的优势来弥补自己智慧的不足而已，它对问题的解决没有任何帮助！

用家庭暴力来教育孩子也许能使孩子变得顺从，但不会使孩子变得聪明和懂事；也许能让孩子变得听话，但不会使他们变得自觉和上进——暴力教育能得到一些暂时的、表面的效果，但它是以孩子内心的压抑和消沉作为代价的！

凡是那些性格偏执的人，他的童年中一定有较长一段个人意愿受到压抑、必须服从于他人意志的生活。偏执的性格就是童年时代生活环境给他留下的心理创伤，一生难以愈合。很多人又把这种偏执施行于自己的后代身上，又在后代身上留下偏执的痕迹。

面对孩子，家长的智慧表现在:站在孩子的角度，努力理解他的所想所为，以他乐意接受的方式对他的成长进行引导。你必须把他当作一个“人”来平等对待，而不是当作一个“弱小的人”来征服。

现在这一代孩子的成长环境，与我们当年的成长环境有了很大不同。他们是看着电视、玩着电脑游戏长大的。他们没有时间与父母交谈，他们与父母坐在一起的时间只有吃饭的时间，而这一时间又往往成为“家庭法庭”的开庭时间，孩子要接受父母对考分的一次次质问。于是，“冷战”一次次出现，“代沟”一步步加深。

孩子对世界的认识往往是通过切身的体验获得的。我们应当看到，现在的孩子是比我们小时候物质条件好，但也比我们小时候心理压力大。看看那些高三的学生，他们的课桌上有几尺高的书山，谁看了都害怕！每考试一次，都要按分数排一次队，老师和家长都要对学生抽几鞭子，学生的心理都要经受一次煎熬。现在的社会竞争这么激烈，本科毕业都找不到工作了，周围又有那么多的大款在刺激他们，贫富分化在一天天加剧。我们小时候有这种心理压力吗？你说现在的孩子难不难？孩子成绩下降而又无力提高的痛苦，孩子沉迷网络而不能自拔的痛苦，孩子遭到同学奚落而又不能述说的痛苦，孩子陷入情感困惑而又无人排解的痛苦，孩子遭到老师批评而又无处分辩的痛苦，孩子中考高考失利的痛苦……这些可能在家长眼中，不是“痛苦”，而是“不争气”。所以，家长往往会忽略了此时自己为孩子“抚平创伤”的义务，而想起了“教育孩子”的责任，于是，“横加指责”“唠唠叨叨”的言语也就随之出口了。但是，训斥和唠叨，即使重复无数遍，也没有一句能真正帮助孩子解决实际困难，只能凭空使孩子生出许多烦恼来。

孩子成长的社会背景（包括政治背景、文化背景、经济背景）和我们家长成长的社会背景是不同的；孩子从现实中获得的最切身的生活体验和我们是不同的；孩子们现在面临的困难和我们当年面临的困难是不同的。那么，孩子在一些观念上、行为上和我们有所不同，那是可以理解的。有了这样的理解，代沟就会缩小一些。消除代沟，家长应该是主动者。

随着孩子一天天的长大，独立意识越来越强。到了青春期，孩子心中会有一些秘密,会有一些不愿意告诉大人的东西。这时孩子对父母的一些“教诲”不再是言听计从，甚至对大人的任何意见都想“质疑”一番。这标志着孩子已经由幼稚走向成熟，由依赖走向独立。作为父母，应为孩子的成长感到高兴。然而，有一些父母总是不乐意接受孩子的独立意识，于是，就想去“刺探”孩子心中的秘密，这样反而招来孩子的反感，孩子也就加倍地来守护自己的秘密。于是，成千上万的日记本就上了锁。

我们真的需要理解我们的孩子，要走进孩子的内心深处。我们应该多一点耐心，多一点童心，多一点爱心，以关怀的笑容，信任的眼神，理解的心态，去倾听孩子把话说完，以平和商讨的口气与孩子交流沟通。

# 第四节

## 亲子沟通的途径与方式

本章的前三节，我从思想认识层面谈了在家庭教育中家长应树立的基本理念。本节和下一节我将从实践与操作层面谈一下亲子沟通和惩戒孩子的方法问题。

大量事实证明，在能主动与父母沟通交流的孩子中，多数孩子心理健康，且学习良好；而自杀、离家出走、上网成瘾、早恋的情况往往发生在那些不与父母沟通交流的孩子身上。

亲子沟通，历来是家庭教育中的一个难点。没有与孩子的真诚沟通就没有家庭教育。相当多的家长正是因为不能与孩子有效沟通才导致了家庭教育的失败。这里给大家提供与孩子沟通的途径和方式，供大家参考。

### 1. 要保证有与孩子共处的时间

要与孩子沟通，就必须保证父母有与孩子在一起的时间，没有充足的时间和孩子在一起，就谈不上沟通，特别是孩子在上幼儿园、小学和初中时期。从这个方面考虑，我不太赞成把孩子送到远离父母的地方去上寄宿制幼儿园、寄宿制小学、寄宿制初中，我也不赞成父母都外出打工，让孩子成为“留守儿童”。因为这样不利于培养孩子的亲情意识，也不利于父母与孩子的沟通。

在每天或每星期天安排固定的、专门的时间与孩子一起活动，是值得提倡的方法。通过这种方法，孩子可以经常向父母反映自己的要求，倾诉自己的感受；家长可以经常倾听孩子的心声，观察孩子的表现，从孩子的语言、表情、动作中捕捉孩子内心的信息，从而取得教育孩子的第一手资料。如果父母长时间不与孩子共处，就会导致慢慢地与孩子无话可说了。那也就无所谓“沟通”了。

与孩子共处包括与孩子一起闲聊、游戏、玩耍等，活动时间不必过长，但最好不受干扰。与孩子谈话时最好不要看电视、看书报、打电话等，不要让孩子觉得你心不在焉。在这段时间内，可以颠倒日常生活中的“上下级”关系，让孩子有支配你的权力。这种做法能鼓励孩子与你交流思想和感情。在这段时间里，让孩子感觉到你在欣赏他。让你的关心、感兴趣和赞许表露在你的表情上、声音中和姿态上。你可以从孩子的游戏和玩耍中了解孩子的思维、行为和感情，注意孩子的反应与态度。

## 2. 让孩子倾诉，家长多倾听

人与人之间需要沟通，但是不要认为沟通需要用嘴去说，其实沟通更需要用耳、用心去听。可以说，倾听有时候是最好的沟通。作为家长，总是希望孩子听自己的，却很少主动去听孩子的。希望家长们改变一下自己，在家里我们尽量少说，多听，你会发现与孩子的关系会有很大的改变。

倾听孩子说话要注意以下几点。

（1）父母要拥有一颗童心。童心未泯，才能抛开“大人”“父母”等身份。当你接纳了孩子，孩子才有可能接纳你。接纳孩子，就要把自己变成孩子，从孩子的视觉，用孩子的心理去观察事物，认识问题，这样你才能进入孩子的内心世界。

（2）做出倾听的姿势。听孩子说话时尽可能与孩子平视，不要居高临下。身体要稍微向前倾，这是表示有兴趣的姿势。不要做小动作，如翻看书报、摆弄手机等。要看着孩子，用眼睛来表达你的兴趣和愉悦。

（3）表现出听的兴趣。父母听孩子说话，常出现这样的情况：孩子才说了没几句话，父母就不耐烦了。并且连续说道："早知道了！早知道了！别烦我了！该干啥干啥去吧，没工夫听你啰唆！"这样往往让孩子十分扫兴。我们做父母的，不应只关心孩子的吃住、冷暖，还要关心他感兴趣的事。什么时候对孩子关心的话题产生了兴趣，什么时候同孩子的心理距离就缩小了。

（4）把专注倾听的态度传达给孩子。倾听孩子讲话的时候，要让孩子知道，他说的每一句话你都认真听到了。为了显示对孩子讲话的重视，可以用表情、语言来向孩子表达。譬如，时而微笑、时而吃惊，就表明你对孩子的讲话内容非常在意；时而询问、时而夸赞，就表明你对孩子讲话的内容很感兴趣。

## 3. 学会拥抱、耳语等亲昵动作

在拥抱中，人可以得到安全感和信任感，焦躁的情绪可由此缓解或平息。从中央电视台《心理访谈》栏目中我们可以看到，主持人在化解了当事人的矛盾后，总是让矛盾双方当事人当场来个拥抱，以表示重归于好。人在情绪平静、心理稳定时是最理智的。耳语要比正常音量的表达更令人信服，更容易打动人。因为仅就耳语的姿态而言，就已经表明两人之间的一种特殊的亲密关系了。

家长要多创造机会与孩子说悄悄话，慢慢地，孩子同你都会习惯这种方式，越习惯也就越自然。

中国人表达感情的方式是比较含蓄的，我们不善于说出来或做出来。我们明明爱孩子，却很少对孩子说："孩子，我爱你。"如果你实在不愿接受拥抱这种方式，其他方式如握手、头顶头、搂肩膀、拍拍头或后背、用力拍他的双肩、轻轻抚摸他的头发等，也都可以采用。在这方面，家长应该积极主动。特别是在孩子遇到困难和挫折的时候，把手放在孩子肩上，注视着他的眼睛，对他说："不管发生什么，你对我们来说都是最重要的，我知道你能行！"

## 4. 扩大亲子对话题材

亲子对话的题材，往往来自生活之中，因此父母可以带领孩子观察身边的各种事物，如一花一草一木，路上车子的颜色、造型、品牌，街上行人的穿着打扮、说话内容、百货橱窗，林林总总，都可以作为谈话的素材，不至于使父母与孩子“没有共同语言”。

要经常变换新鲜的谈话话题，这样能引起孩子的兴趣，例如，“你猜猜看今天我遇到了什么事了？”“你说你们小孩为什么喜欢动画片”“如果有一天，太空人真的到地球……”等问题。

父母可以安排每天和孩子探讨一个小问题，每星期完成一个对话主题。父母自己安排和孩子的对话，一个话题接着一个话题，很容易落实在实际的生活中。

随着孩子年龄增长、心智成熟、视野扩大，家长需拓宽聊天的广度与宽度，减少单纯地下命令、要求孩子执行的话语。丰富的亲子对话是孩子精神世界的养料，当你和孩子读完一本故事书时，不妨聊聊书中的主人公；当你和孩子看完一部动画片时，不妨和孩子一起天马行空地想象，如果“我是那个主人公我会怎样”；还可以和孩子一起“吹牛”；总之话题可以是比较严肃的，也可以是轻松搞笑的。随着话题的丰富，你和孩子可聊的才会越来越多，而你们的聊天时间将成为宝贵的亲密时光。

## 5. 勇于向孩子承认错误

大人有时也会错怪孩子，这很正常。但大人错怪孩子以后却很少向孩子道歉，这就不正常了。人无完人，谁都免不了会有过失。大人犯了错误以后，如果能对孩子说一声“对不起，我错怪你了”。我想，孩子会原谅你的。但是，做父母的往往放不下架子，觉得自己是大人，怎么可以向孩子说“对不起”呢！

和孩子建立一种朋友关系，谁做得不对谁就认错。这样更能显得大人心胸开阔，不会影响你在孩子心目中威信的。那些老是掩饰自己错误的家长，肯定是不自信的家长！

家长向孩子认错，上级向下级认错，老师向学生认错，这是一种自信！是一种胸怀！是一种境界！

# 第五节

## 惩戒孩子的原则和方法

在本章的前几节，我讲了孩子的精神成长需要家长的信任和尊重，需要平等宽松的家庭环境，需要家长的耐心倾听和真诚的夸奖。那么，孩子的成长需要不需要惩戒呢？回答是肯定的。对于孩子，“以表扬为主”是对的；但对于孩子“不能没有批评和惩戒”。没有惩戒的教育是不完整的教育，没有批评的教育是伪教育。不受惩罚的“错”会变成“恶”，不受制约的“恶”会变成一场劫难，这劫难不仅伤害别人，也会伤害自己。一个人从小到大接受的教育应该是全方位的。有赏识，也有批评；有成功，也有挫折；有快乐，也有痛苦；有奖励，也有惩戒。

当孩子犯了错需要惩戒时，家长要按照惩戒规则，心静如水，面带严肃，坚持原则，不打不骂，始终如一，绝不妥协，照章惩戒。这才能真正起到警示作用。

所以说，惩戒是一门家教艺术，惩戒能否达到预期的效果，关键是看父母能否使用得当。

怎样惩戒孩子，下面提几条基本的原则和方法。

### 1. 惩戒要动其心灵而不要惩其体肤

惩戒不是体罚，更不是侮辱人格。打骂、训斥、讽刺、挖苦、罚站、罚跪、罚做家务、罚做作业，都不是真正的惩戒。惩戒的目的是让孩子为自己的过错承担责任，使孩子充分认识自己的错误行为的危害性和严重性。

在澳大利亚，曾经发生过这样一件事：几个少年放火烧毁了一大片森林，烧死了很多动物，也烧死了很多人，还烧毁了不少房屋。由于他们都是未成年人，当地法院审理此案时做出了这样一个决定：让这几个少年在家长的带领下到受害人家中挨家挨户道歉。到了受害人家中，他们亲眼看到了烧焦的房屋、烧焦的动物和人的尸体，亲耳听到了烧伤的病人那悲惨的呻吟和死者家属那撕心裂肺的痛哭。他们目睹了他们的所作所为给多少人、多少家庭、多少生灵造成的灾难后，几个少年的心灵受到了极大的震撼。这件事让他们终身难忘。尽管没有谩骂和拳打脚踢，但这不失为一种有效的惩戒方式。

现代家庭教育的理念认为，孩子并不是不需要惩戒，而是不需要胡乱惩戒和野蛮惩戒，需要的是文明地惩戒。打骂只是惩戒的极端性行为。错用、滥用惩戒以致不负责任地对孩子的肉体和心灵施暴，会加重孩子的逆反心理，长此以往就会使惩戒失效，导致最终“管不住孩子”；而适当又适时、科学又文明的惩戒却能对孩子起警戒作用，促使孩子改正错误，从而收到以惩助教的效果。

## 2.“依法”办事，“违法”必究，“量刑”适当

家长应和孩子协商制定一个奖惩规则，让孩子知道犯错后将受到什么惩罚。这样，孩子平日就会有所注意，从而减少犯错误的概率。当孩子犯错后，家长应依照制定的规则，不折不扣地进行惩戒。惩戒孩子时，家长要注意稳定自己的情绪，不要因一时冲动而随意惩戒，野蛮惩戒。若是孩子以后犯了同样的错误，也应该按规则进行和以前相同的惩戒，这样家长才能在孩子心中树立威信。

日常生活中我们总会遇到这样那样不顺心的事情。父母在心情不好时很难把握好自己的感情，容易把自己恶劣的情绪转嫁到孩子身上，其后果往往不堪设想。一来孩子无过受罚，会使孩子感到有失公理；二来如果此时父母再因不能自制而使惩戒无限制地升级，则往往会激化孩子对父母的反抗情绪。

因此，建议父母切勿在醉酒之后或自己心情不佳、情绪低落、脾气暴躁等时候惩戒孩子，以免过激失态，影响自己在孩子心目中的形象和威信。

孩子犯了错误，无论有心还是无意，都要受到惩戒。比如：孩子不小心把价值不菲的花瓶摔碎了，虽然他不是故意的，也应该告诉他，这是他的过错。他虽没有料想到自己行为的后果，但仍要为此道歉。如果他是无意的，并勇于承认错误，家长应该相信他。如果他隐瞒事实、逃避责任，他将受到加重的惩戒。这样就可以从小培养孩子诚实、负责的性格。

另外，要让孩子知道做错事就要受到惩戒的道理。即使孩子央求，也不能答应。否则，有了取消惩戒的先例，以后就很难保证实施的有效性。

惩戒孩子的目的是为了孩子的良性转化，惩戒的“量刑”必须合乎孩子的实际。惩戒过重容易引起孩子的对抗情绪，轻了又不足以使孩子引以为戒。因此惩戒孩子要以达到目的为原则，既不能轻描淡写，避重就轻，又不能小题大做，滥用“刑罚”。

现代教育心理学认为，惩罚包括间接的和直接的两种。给孩子使个眼色，对他的行动加以限制，扣留他喜欢的东西，没收他的玩具，甚至在吃饭时减少他爱吃的菜肴，或者让他穿一件旧衣服等，孩子就会觉得是对他所犯错误的惩戒，从而自觉改错。

## 3. 惩戒及时，惩后说理，指明“出路”

现代教育理论认为，惩戒的效果部分是来自条件反射，而条件反射在有条件刺激和无条件刺激的间隔时间越短则效果越好。

所以家长一旦发现孩子的行为有错，只要情况许可就应立即予以相应的惩戒，不要等秋后算账；如果当时的情境（如有客人在场或正在公共场所）不允许立即作出反应，事后则应及时地创造条件尽可能使孩子回到与原来相似的情境中去，家长和孩子一起回顾和总结当时的言行，使他意识到当时的错误行为，并明确要求他改正。

尽管家长和孩子之间存在着教与被教的关系，但教育孩子应当以理服人。惩戒只是手段而不是目的。因此，惩戒之后必须及时与孩子说理，否则，孩子在忍受了惩戒之后还将会依然如故。所以，家长在惩戒了孩子以后要通过说理的方式使孩子明白他为什么会受惩戒，知道犯错误的原因，讲清楚如果坚持犯下去将有什么后果。现代教育理论认为，惩戒只是一种劣性条件刺激，其效能是短时的，不能持久。受罚的孩子改正了错误并不等于他已明白事理，并不能保证他下次不会再犯。因此，让孩子明白自己受罚的原因才是根除错误的关键，说理是惩戒孩子之后不可或缺的一个重要步骤。

惩戒孩子不能半途而废，应要求受惩戒的孩子作出具体的改错行为才能停止。家长要态度明确，跟孩子讲清楚他应该怎么做、达到什么要求或标准，否则有什么样的后果。如孩子有乱丢东西、不爱整理的习惯，家长在惩戒时就应该让其自己收拾好东西、整理好玩具；使其明白必须要做好，否则又要受惩戒。家长千万不能含糊其辞，甚至让孩子“自己去想”。家长不给“出路”，孩子改错就没有目标，效果就不明显。

## 4. 就事论事，不计“前科”，“法官”意见要统一

孩子作为受惩戒者，最厌恶父母一事既出又将陈年老账翻出来。惩戒孩子一定要就事论事，就是要分清楚每件事情的原因和责任之所在，既不能“数罪并罚”，更不能让孩子承担他不能承担的责任。可作为过来人的很多家长却不了解这个道理，训教孩子时总忘不了东扯西拉、横牵竖连，说出孩子的种种不是，有的甚至将孩子说得一无是处，直至忘记了本次训教的主题。孩子怎么样呢？反正自己没有一处是对的，以前取得的成绩、改正的缺点家长都看不到，自感自己天生是挨训该罚的料。有的甚至认为父母是在找茬整他，对改错失去了信心，也就破罐破摔、我行我素。这样的教育效果可想而知。所以，家长训教惩戒孩子务必要一事一议，就事论事，切勿搞牵连、翻陈账。

父母教育孩子要相互配合，态度一致，赏罚分明。该奖时就要郑重其事地奖，让孩子真正体会到受奖的喜悦；该罚时也应郑重严肃地罚，让其知道自己错之所在。只有这样，才能培养孩子明辨是非、知错即改的品行。如果父母双方对孩子奖惩的意见不一致，或者孩子的父母与孩子的爷爷奶奶对孩子奖惩的意见不一致，一方要罚，另一方护着；一个唱黑脸，一个唱红脸，

那对孩子教育非常不利。如果在对孩子实施惩戒之后，家长中的一方认为孩子受了委屈，随即又来安慰他，这将会使惩戒失去作用。

## 5. 忌讽刺挖苦，忌惩戒失败

父母惩罚孩子应力戒讽刺挖苦，更不能用恶毒的语言指责谩骂孩子。实践证明，讽刺挖苦和恶语谩骂，已超越了孩子的理智能够接受的范围，将会刺伤孩子的自尊心。

我们惩戒孩子的目的是帮助孩子改正错误，绝不是为了图一时嘴巴痛快而去刺激孩子心灵中最敏感的角落——自尊心。

可以惩戒懒惰、逃避、不负责任等不良行为，但是不要惩戒失败。失败是让人进步的学习过程，惩戒失败可能会挫伤孩子创造的动力，要鼓励孩子在失败中总结经验教训，在失败中成长，在失败中坚强，把失败作为成功之母。

## 6. 让孩子自作自受，接受“自然惩罚”

孩子早晨不起床，闹钟根本没用，每天早晨都需要妈妈来叫，一遍两遍三遍。无论母亲的工作多忙，首先得叫孩子起床。后来母亲实在忍受不了，决定采用自然惩戒法。母亲告诉孩子：“妈妈相信你已经长大了，有能力管好自己的事情。妈妈工作很忙，从明天早上起，妈妈不再叫你起床了，发生什么事情都由你自己负责。你自己定好闹钟，第二天就自己起床吧！”孩子一口答应。第二天闹钟响起，孩子没有反应，母亲忍着没有去叫孩子，等孩子起床，发现上课时间已到，结果早饭没吃，并且因迟到受到了老师的处罚，同时因为匆忙，还穿反了上衣。孩子从直接的后果中受到惩戒：整个一上午都受饥饿的折磨，穿反了上衣受了同学的嘲笑，老师的训斥是更直接的惩戒。之后，连续两次，孩子发现母亲真的再也不叫他之后，自觉地每天早晨闹钟一响就起床，再也不用母亲叫了。

我们不能为了惩戒孩子而惩戒孩子，应当使他们觉得这些惩戒正是他们不良行为的自然后果。

自然惩戒法只有在后果不会对孩子的身心造成伤害时，才可以使用。如孩子挑食，可以让孩子尝尝挨饿的滋味；孩子不好好穿衣服，可以让孩子尝尝受冻的滋味……且运用这种方法时，一定要事先和孩子讲明白这种行为可能带来的后果，并指出这种行为的后果应由孩子自己负责。

当然，惩戒不是包治百病的灵丹妙药，况且还有一个使用方法的问题，正确使用可以以惩助教，如果使用不当，还会使孩子的坏习惯升级。如有些儿童在感情冲动时会用坚持错误行为来报复惩戒。而惩戒的反复执行要么使孩子产生恐惧，要么使孩子破罐破摔，对惩戒“逆来顺受”无所谓，都是不足取的。

# 第二章

## 孩子的品德培养

# 第一节

## 人生价值观教育

### 理念与认识

品德教育，始终居于素质教育首位，而品德教育的基础是人生价值观教育。

“德”是“行”的内在基础，“行”是“德”的外在表现。德育的核心是建立正确的人生价值观。没有价值体系的人，就是没有道德底线的人，没有行为标准的人。没有行为标准的人，他的行为模式会非常紊乱。有人批评现在的某些年轻人“百无禁忌”，就是说他们的人生价值观已经乱套。一个价值观有问题的人，就像一个根基不牢的大厦，上面建的越是辉煌，倒塌的危险就越大。而一个人的价值观若是正确，虽然他可能起步慢了，但方向总是正确的，最终他会平稳地走到终点。

### 1. 人生价值取向决定孩子的人生走向

在现实生活中，我们每个人每天都在有意无意地选择自己认为重要的事情，都在选择做自己认为应该做的事情，而选择的标准则是来自我们内心，这个标准虽然看不见，摸不着，但它却潜在地影响着我们的决定和行为，这个东西就是人生价值观。它不仅决定着一个人对周围事物的态度，而且调节人的行为、活动方向和进行方式。

人生价值观教育实际上就是保证人类的道德力量能够驾驭人类自己的知识和技术，使自己的知识和技术运用于为人类造福的正义事业。这是人类在这个星球上持续繁衍所必需的智慧与远见。而要真正正视这些问题，显然需要我们教育者自身具有开阔的胸襟，需要我们站在比书本、试卷、升学、知识、技术等更高的层面上去思考，去践行。

人生价值观的培养可以称作“软学科”。学校课程表上的学科可以称作“硬学科”。软学科的教育质量非常难以衡量，是不能用分数来考核量化的。但软学科却在更深的层面上影响着孩子的成长。

我们可以把人生比作一棵大树，人生价值观教育就像培养树的根系。这棵大树若要长得又高又壮，经得起风吹雨打，就必须把根扎在深处，将它的根须伸向四面八方，以汲取地层深处的水分和养料。当大旱来临时，整棵树才不至于枯萎。这就叫做“根深才能叶茂，本固才能枝荣”。人的价值观是人的看不见的“根系”，平静的时候它在地底下生长，人们看不见它；当暴风雨袭击时，它会把树牢牢地护住。如果暴风雨来临前你忽视了它，但当你需要它时，你才发现它的根基不够深，那就为时晚矣。而要培养根基，短时间内是看不到成效的，也是不会立竿见影的，更是不能用分数去量化的。而我们的学校教育和家庭教育往往急于追求“显效率”，因而忽视“软学科”的教育。

人的行为与自己的人生价值观取向越一致，幸福感就越强。一个人做的事情如果与自己的人生价值观发生冲突，心里就会感到不安或苦恼。一直让人不安和苦恼的事情，自然就不容易做下去。一位世界著名的钢铁公司的总裁在 38 岁的盛年辞掉总裁的职务去当大提琴演奏手。他说：“这比我当总裁快乐多了。”一位才华横溢的麻省理工学院的女学生，中途放弃自己的硕士研究计划，却致力于最贫困的印度乡村女性教育。这在许多人看来是不可思议的，而她却很满足，说：“现在我做的就是我本来早就想做的。”

有不少人以为，只要有了金钱、官职、职称，就一定会获得幸福和快乐。但在他们取得金钱、官职、职称之后，当他们“功成名就”的时候，却陷入了深深的苦恼之中，内心却感到空虚，甚至有人因此提前结束了自己的生命。这值得我们思考。

现在有些学习成绩非常优秀的孩子，当别人问到他对未来的希望时却显得一脸茫然，神情紧张。尽管他的成绩足以被保送上最好的大学，但他未必对幸福有过理解和体验。这就说明，他的人生价值观是模糊的。对于这样的孩子，我们不必有羡慕之心，而应有同情和惋惜之情。拥有如此优秀的学习潜能，却不知道把这种潜能引向何处，这不可惜吗？

## 2. 教育不仅要使人智慧，更要使人高尚

现在，我们做父母的大多有生存恐惧症，他们拼命用鞭子驱赶自己的儿女，希望他们在千军万马的竞争中超过别人，保全自己。他们认为，生存是第一标准，成功是最高原则，所有在这场斗争里牺牲的人都是活该。如果孩子在激烈的竞争中学会了对别人的苦难无动于衷，那么唯一的成功法则最后会毁了孩子。

只用专业知识和专业技能教育孩子是不够的。通过专业教育，孩子可以成为功能强大的“机器”，或者是成为马戏团里一只技能高超的“动物”，但是不能成为一个和谐发展的“人”。这就是“教育”和“驯兽”的不同。可悲的是，我们的一些家长只知道用专业知识和专业技能教育孩子，他们正在把教育当做驯兽。

一个人如果知识匮乏、无一技之长，那么即使他是坏人，也不至于给社会造成多大危害；但一个人如果知识渊博、技能超群，他要是个坏人，那他对社会的危害就会更大。往三鹿奶粉中添加了三聚氰胺绝对是高技术人才所为！如果我们教育出的孩子不是好人，但成绩突出，才华出众，那是一件让人揪心的事情。

每个家长都希望孩子“成器”。但是，我们必须知道，成“小器”靠的是知识和一技之长，成“中器”靠的是能力、拼搏精神和坚强意志，成“大器”靠的是高尚的人品和远见的卓识！

在家庭教育领域，有太多的家长也想让孩子快速成才，于是不惜重金给

孩子请家教，让孩子参加补习班、特长班，根本没时间去培养孩子的“根系”，这就很难培养出有深度、有大气、有品格、有发展潜力的孩子。

失去了正确的人生价值观的引导，孩子就会心里空虚。孩子心里空虚的主要表现是：学习的主动性下降，不知道自己在为什么而学习，感到学习很无聊，整天烦躁不安，干什么都觉得没意思；不关心正事，沉溺在虚幻世界里，并不觉得这样做有什么不妥；乐于谈论物质享受，不屑于谈论学习和理想，把注意力放在物质享受的攀比上；抱着得过且过的态度学习和生活，没有目标意识。

孩子为什么会产生这种空虚心理呢？空虚心理往往来源于他们对现实社会的不全面的观察和理解。例如，他们看到社会上的德才兼备者受穷，鸡鸣狗盗者得势，善人被欺，恶人被敬。这时就会感到茫然，于是便会觉得读书无用，甚至产生“金钱至上”“及时行乐”等错误观念。

这时，最需要给孩子提供高尚精神的营养。孩子如果长期没有高层次、高品位的思想引领，便会纠缠于一些细小的、琐碎的、低级的、鸡毛蒜皮的事情，对这些细枝末节的东西比较来比较去，投入太多的关注。一个人如果长期关注一些无聊的事情，他慢慢就会变成一个无聊的人。

## 3. 幸福比“成功”重要

现在有无数的家长都在希望孩子“成功”，而且把认为“成功”是以那些显性的东西为标志的，如金钱、官职、职称、车子、房子等。他们判断一个人是否成功就只看他的外部标签：穿什么衣服、开什么车、住什么房子、挣多少钱、文凭、职务、职称等。整个社会都在疯狂地追求显性效益，而没有耐心去做一些短时间内看不到明显效益的事情。他们认为，人生的时间和可利用的资源有限，所以应当选择那些能带来最大收益的事情，这才是明智的人生选择。于是，人们就教育孩子力争成为总人口最上层的 1%，使自己有一份丰厚的经济收入和一个体面的社会地位。人们都觉得用最少的付出换取最高的薪水才是最好的职业。

其实，从人生的意义上讲，成功就是获得幸福的感受，这往往与金钱、官职、职称的取得不完全一致，常常也与职业无关。房子、车子、票子、官位、名气……一旦达到某个临界点，幸福感就会日渐衰减。这就是为什么有的人非常有钱却过得不幸福、有的人位高权重却过得很压抑、有的人名气很大却精神分裂的原因。

在这个世界上，能够真正获得幸福的人，都是那些有明确的价值观，并且能够始终按自己的价值观来安排自己生活的人。他们的人生往往更加充实，更加快乐，更有意义，他们的一生也很少后悔。

## 4. 人生价值观教育体现了教育的大视野和高境界

钱塘江大潮涨潮时，潮水汹涌澎湃，惊涛拍岸，势不可当。人们会问：它的动力到底在哪里？它的动力来自遥远的月球的引力。像岳飞、文天祥、秋瑾这样的民族英雄，在国家民族面临危亡时表现出来的英雄气概、牺牲精神和家国情怀，它的动力到底在哪里？来自看不见的人生价值观！他们的人生价值观是如何形成的？如果了解一下他们从小读过的书、经过的事、交过的朋友以及影响他们的长辈、老师，会找到答案的。

重视孩子人生价值观教育，首先来自于家长的远见卓识，来自于家长对于家庭教育的大视野、大气度和高境界。但我们必须知道：人生价值观教育的质量和成果不一定在近期显示出来。价值观的培养，品格的培养不能急于求成，不会立竿见影。一棵树越强壮，越高大，培育这棵树的根系所花的时间就越长。

基础教育是为人的一生发展奠定基础，不应当以追求显性效益为唯一目的，不应当以追求青少年在某一方面的早慧为主要目的，而应当以人的和谐发展和终身发展为目标。现在社会上普遍存在的一种“不能输在起跑线上”的错误心态，其实，裁判员是从来不会在起跑线上裁断输赢的！人生犹如马拉松，我们的学生能做出别人做不出的难题，能取得比别人高得多的分数，这表明他们在一千米、两千米甚至五千米的位置上是领先的。但是举目望去，在两万米、三万米和接近终点的那些梯队中，有多少是我们中国培养的“运动员”呢？请让我们反思一下吧，在过去和今天，我们为这些“运动员”提供足够的营养、勇气和力量了吗？把我们的眼光投射到远方，我们的教育才会有更高的境界。

## 5. 人生价值观生成人生理想

孩子到了初高中阶段，有一个问题迟早会被提出："我长大要做什么？"而且这个问题会不断地困扰着孩子。显然，父母有责任教育孩子怎样走好自己的人生道路。从这时起父母对孩子的人生价值观教育就拉开了大幕。

正确的人生价值观一旦形成，理想的种子就会生根发芽，就会转化为勤奋学习的动力。而且这个动力是持久的。当孩子觉察到自己的学习内容与自己的理想有关，当孩子觉察到自己的行动是在向自己的目标靠近，孩子的积极性就会大大提高。一个有理想的人，可以有更高的概率克服困难、坚定意志，使理想如期实现。他的人生可以成为积极的、充实的、快乐的、有声有色的、有滋有味的一生；而没有理想的人，他的人生可能是迷茫、困惑、无聊、苦闷、手忙脚乱、不知所措、紧张不安的一生。

人生宛若一艘轮船，如果在大海中迷失了方向，就只会在海中打转。那么，他会在打转中把燃料用完，到达不了彼岸。事实上，他所浪费的燃料足以使他到达对岸。

记者采访了一个偏僻山村里的放牛娃。

"你在这里放牛是为了什么呀？"

"想让我放的牛快快长大。"

"牛长大以后呢？"

"卖钱。"

"卖钱干什么？"

"盖房子。"

"盖房子以后呢？"

"娶媳妇。"

"娶媳妇以后呢？"

"生孩子。"

“孩子长大以后呢？”

“让他也来放牛。”

……

没有料想到，这个采访情节在电视上播出之后，却诱发了一个高中学生的死亡念头。死前，他在日记中写道：

“我为什么要读书？

考大学。

考上大学又为什么？

找一个好工作。

有了好工作以后又怎样？

找一个好老婆。

然后呢？生孩子，让他也来读书，考大学，找工作，娶媳妇……生命轮回，周而复始。我感到，生活毫无意义！生命毫无价值！”

写完以后，他服毒自杀。

人生价值观，是照耀孩子心灵世界的阳光，是引领孩子奋发前进的动力。失去了阳光，心灵世界将是一片黑暗；失去了动力，前进的脚步就会疲软无力。没有了人生价值观的引领，孩子就会感到人生的茫然，人生的索然无味。

社会生活的多面性，决定人的生活多样性，从而进一步决定孩子人生价值取向的多元性。如果全国的家长都用取得高学历和“当官发财、发家致富”来诱导孩子，这会导致什么后果？物质的引诱最终会使孩子走向何方？能走多远？这值得我们深深的忧虑。

引领孩子实现自己的人生理想，就要根据孩子的兴趣爱好，因势利导，实事求是地帮助孩子树立一个有价值而又切实可行的奋斗目标，然后不急不躁地、一步一个脚印地向这个目标走去。

人生价值观的引领是一种持久的动力，是一种深藏心底的潜动力，它能持久地调动你的创造激情，使自己的每一步都朝着一个固定的方向努力。

没有明确的人生目标，人会把精力和气力浪费或分散在很多随机出现的事情上。确立了有价值的人生目标，才能组织布局好自己的时间和精力，专心致志地朝着既定方向前进。

## 实践与操作

那么，怎样培养孩子的人生价值观呢？这历来都是一个教育难题。这里提五条建议。

### 1. 让荣誉感成为孩子心灵的需求

无论在什么社会形态下，那些伟大、崇高的人都有一个共同特点：有强烈的荣誉感，都有追求“高尚”的意识。那些“人渣”也都有一个共同特点：缺乏荣誉感和羞耻之心。这种荣誉感最初是来自孩子有了为他人、为社会服务的高尚行为之后他人对孩子的正向评价。这种高尚行为持续下去，就会成为孩子的一种生活方式；荣誉感和羞耻之心就会成为孩子的第二天性，成为孩子发自内心的人生态度，成为孩子心灵的需求，成为孩子内在美德在言行举止上的自然流露，成为孩子自然的处事行为和方法。这样，服务他人、服务社会，就会成为孩子的一种自觉习惯。久而久之，孩子会觉得，服务他人、服务社会是每个社会成员都应有的义务和责任，而不是为了获得别人的认可和赞扬。要让孩子知道，一个人知识再多，能力再强，如果没有帮助他人、服务社会的情怀，则他的人格仍然是残缺的，到任何时候也称不上是真正的社会精英，而且也不会有真正的人生幸福。

需要特别指出的是，孩子态度和意识是在道德实践和道德体验中形成的，而不是靠讲道理形成的。要培养孩子的服务意识必须让孩子从小参加服务他人、服务社会的实践。所以，我们应让孩子在自然的日常活动中体验和感悟道德的境界：体验什么是高尚，什么是卑鄙；什么是伟大，什么是渺小；什么是善，什么是恶；什么是美，什么是丑；什么是低俗，什么是高雅；做什么会受到尊重，受到尊重是什么感受；做什么会受到鄙视，受到鄙视是什么感受……通过这些体验，通过这些心灵上的氤氲化生的过程，孩子的人生价值观和道德意识才能逐渐形成。现在确实有一些孩子从小没有体验过受人敬重时的那种自豪感，他们要么体验过欺负别人时的那种满足感，要么体验过被人欺负时的那种恐惧感。这种负面体验多了，孩子特别容易走上邪路。所以，德育只靠口耳相传的知识传授肯定是不够的，它必须在日常生活中让孩子进行道德熏陶、道德体验、道德感悟和道德实践。一个人的人生价值观和道德观是在长期的生活实践中、文化熏陶中、感情体验中，经过反复的思考后摇摇晃晃地树立起来的。

现实生活中，在与人的互相交往中，孩子会遇到很多有关人生价值观的问题使他们百思不得其解，从而在内心产生矛盾冲突。这些矛盾冲突会让孩子们迷茫、焦虑、痛苦，这种痛苦的思索正是孩子人生态度、人生价值观形成的契机。这时，孩子就有了在迷茫中寻找正确解释的欲望，一旦这种愿望不能实现，他就会感到无所适从。家长要紧紧抓住这种矛盾冲突，联系生活实际，在孩子与孩子之间，孩子与家长之间展开思想辩论。在辩论中，家长不要企图用长者的强势来压服他们，要让孩子们充分表达意见。其实孩子的人生态度、价值观就是在这种痛苦的思考中、激烈的辩论中、思想的撞击中慢慢地树立起来的。

当孩子有了良好的行为，他期待着你的奖励；孩子有了不良的言行，需要你的矫正与约束；孩子有了错误的行为表现，需要你给予必要的惩罚；孩子身边的各种现象，需要你给他评判——孩子正确的人生观、世界观、价值观需要家长在孩子幼小的心灵里慢慢培育。

## 2. “读万卷书，行万里路”

在封建社会中，人们曾把“读万卷书，行万里路”称为“养气”。“养气”的意思中含有培养气度。“读万卷书”就是大量阅读不同时期、不同国家以及不同阶层的精英人物的经典著作和他们的传记，让这些不同文化背景下“立功、立德、立言”的精英人物走进孩子的心灵世界，成为孩子的精神导师。这些历史文化经典一旦融入孩子的灵魂，孩子就有了丰厚的文化底蕴和牢固的思想根基，孩子就会自然而然地脱离庸俗，脱离低级趣味，这是人生价值观形成的文化基础。“行万里路”，就是深入现实社会，深入实际生活，走进不同的自然领域和社会领域，既观察自然山川，又体验人情世故，扩大视野，开阔胸襟，以增进孩子思想的深度和广度。这其实就是封建社会中读书人的“游学”或者“壮游”。这是孩子人生价值观形成的生活基础。

## 3. 与有肝胆人共事，从无字句处读书

在现实生活中，你和谁在一起的确很重要，它甚至能改变你的成长轨迹，决定你的人生成败。和勤奋的人在一起，你不容易懒惰；和积极的人在一起，你不容易消沉；与高人为伍，你会不同凡响。如果你想像雄鹰一样翱翔天空，那你就要和群鹰一起飞翔；如果你想像狮子一样驰骋大地，那就要和狮群一起奔跑；如果你想优秀，那你就要和优秀的人在一起。这也许就是潜移默化的力量和耳濡目染的作用。

读好书，交高人，乃人生两大幸事。借人之智，成就自己，此乃成功之道。有人说，人生有三大幸运：上学时遇到一位好老师，工作时遇到一位好领导，成家时遇到一个好伴侣。生活中最不幸的是：由于你身边缺乏积极进取的人，缺少远见卓识的人，缺乏道德高尚的人，没有了楷模的示范和引领，于是，你的人生也慢慢变得平庸，黯然失色。所以，培养孩子的人生价值观要“与有肝胆人共事”，要多结识那些有肝胆、有思想、有智慧的人，让肝胆浸染肝胆，让思想影响思想，让智慧激发智慧。让孩子与智者对话，与贤者交流，与勇者共行。让孩子理解别人的思维方式和看待事物、处理事务的方式，从与高尚人物的生活交流和思想交流中开阔眼界，磨砺思想，激发智慧。

“从无字句处读书”，就是从生活中学习，从实践中学习，以弥补单一读书学习方式的不足，在社会生活实践中运用知识，验证知识，增进知识，萌发见解，砥砺情操。通过实践改善自己的组合性智力、经验性智力、实用性智力，全面增强认识世界的能力，提升自己的思想境界。

## 4. 鼓励孩子立志报效社会，做受人欢迎的人

大家都知道什么样的人是好人，是受欢迎的人，譬如诚信的人、善良的人、

正直的人、高尚的人。而从来没有人说有知识的人、有钱的人、有地位的人就一定是好人，就一定是受欢迎的人。而我们的不少家长却把家庭教育的目标定位于把孩子培养成有知识的人、有钱的人、有地位的人。教育目标错了，即使有好的教育方法又能如何？有无数的家长经常告诉孩子的一句话就是："你只要把学习成绩搞上去，别的什么都不用管。"这种教育环境下培养的孩子难免狭隘自私、只顾自己，缺少高尚的思想境界。不少家长几乎完全放弃了对孩子人生终极目标的引领。这就造成我们的教育缺少大视野、大气度和高境界。

古人尚且知道教育孩子"读书志在圣贤，为官存心君国"；封建社会的私塾教育和书院教育尚且知道教育下一代"修身，齐家，治国，平天下"。到了民国时期，中国教育界、知识界的一句最响亮的口号就是："寻找救国救民的真理。"到了今天，我们当然应该教育孩子"报效国家，报效社会"！我们家长必须有这种思想境界！只有这样才能培养出胸怀广阔、信仰坚定、志向高远的人物。

我们知道，家长的言行，会潜移默化到孩子身上，并牢固地扎根在他们的内心深处，内化为他们的人生价值观。我们要以自己的言行鼓励孩子立德、立言、立功、立身。要经常教育孩子：我们做不了一个伟大的人，就要做一个高尚的人；做不了一个高尚的人，就做一个优秀的人；做不了一个优秀的人，就做一个正直善良的人！我们的家长首先要做善良正直的人，受人欢迎的人，然后以自己的身教来影响孩子。因为人生价值观教育就是以灵魂塑造灵魂，以人格影响人格的过程，它不是单纯的说教所能奏效的。

## 5. 唤醒孩子的责任意识

责任心是一个人生命的纤绳。有了责任心，一个人才能把自己的生命与他人的生命联系起来，才能产生自我价值感。没有责任心的孩子，因为找不到自己在家庭中、群体中、社会中的价值，便会感到迷惘，失去奋斗和创造的动力，并容易为一些轻浮的事物所吸引，从而沉溺其中，在平庸中度过一生，很难有所作为。

要让孩子意识到他是家庭的重要一分子，也是社会的重要一分子，他的行为会影响到家庭和社会。要让孩子在履行自己责任的过程中意识到每一个社会角色都有一份特定的责任。充当好自己的社会角色，其实就是担负起这一份责任。要让孩子在担负责任的过程中意识到人际关系的最佳状态其实就是“互为仆人”。这样,一旦孩子长大成人,他就会把这种意识带入自己的人生,他们就不再是只知享受权利的自我中心的个体，而是无论走到哪里都受人欢迎的“全球公民”。

我们要鼓励孩子做一个对自己、对家庭、对社会、对国家、对人民大众有责任心的人。大家都知道“岳母刺字”的故事,岳母在岳飞背上刺的是“精忠报国”，而不是“升官发财”或“发家致富”。“岳母刺字”的故事，就是家长对孩子进行人生价值观教育的典范。这才是岳母的伟大之处!

我们要与孩子讨论什么样的人生是有意义的人生，什么样的人生是有价值的人生。要让孩子看一些名人传记以及反映先进模范人物事迹的文艺作品，以此帮助孩子形成正确的世界观、人生观和价值观，鼓励孩子去努力实现他的人生价值。

关于如何培养孩子的责任感，后面有专节讨论。

# 第二节

## 诚信意识教育

### 理念与认识

人无诚信不立，家无诚信不和，业无诚信不兴，国无诚信不盛。诚实是做人之本，守信是主事之根；诚实是守信的基础，守信是诚实的体现。诚实守信是一种道德品质和道德信念，是每个公民的道德责任。

### 1. 诚信是一个人的安身立命之本

诚实守信，就是言出必行，有错必改，不说谎话，襟怀坦白，言行一致，表里如一，实事求是，不虚伪，讲信用，守诺言，不隐瞒自己的过失和错误。

家长们可以想一下，你们是想让孩子做一个受人欢迎的人，还是想让孩子做一个处处被人防范的人呢？答案肯定是前者。但是，好多家长无形中都在教孩子做不受欢迎的人：教孩子占小便宜，教孩子怎样要滑头，教孩子怎样哄骗人，教孩子怎样想歪门邪道超过别人。最后的结果是，孩子不明白在这个世界上该怎样生存。

面对物欲横流的社会现实，我们必须告诉孩子，追名逐利，是社会人的本性，追求利益最大化，是商业的根本动力，不足为怪，但“君子爱财”必须“取之有道”！这个“道”就是人们获得名利的公正公平、合理合法的途径与方法！

可能有不少事实告诉我们：正直人吃亏，小人得利；说假话、钻空子、偷鸡摸狗能得到便宜，实话实说、实事实干的人反而一无所有、一贫如洗。对此种现象，我们该如何给孩子解释？

我们应该这样解释。

孩子啊，我跟你说，不管任何历史时期，我们的国家都不乏正直之士：在封建社会中，有廉洁奉公，刚正不阿的“清官”，出现过路见不平，拔刀相助的“义士”，出现过剪奸除恶，扶危济贫的“侠客”；在现代社会更出现过舍生取义，舍己救人的英雄模范人物，出现过铁面无私，大义灭亲，敢于激浊扬清，扶正去邪的优秀人物。在人民大众的心目中，高尚与卑鄙、君子与小人的界限从来没有混淆过！要相信“天地之间有杆秤，那秤砣是老百姓”。正直之士会在老百姓的心中留下自己的形象。“好人”的丰碑自在老百姓的口上和心上。同时，我们也应看到，奸佞之辈，贪婪之徒，龌龊小人也在不断繁殖，不断孳生，种子绵延不绝。“坏人”过去有，现在有，将来一定还有。但它们从来不会改变其被人民群众唾骂的历史命运。过去是这样，现在是这样，将来必然还是这样！

这些道理，如果家长都不懂，你怎么保证能让孩子懂？

特里沙修女曾告诫年轻一代：“孩子，你听我说，如果守规矩、讲良心、有道德会使你蒙受损失和遭受打击，那不是你错了，而一定是这个社会出了问题。但不管怎样，你还要守规矩、讲良心、有道德。如果你做善事，不一定就会有善报，或许还有人说你虚情假意，说你别有用心，但不管怎样，你还要做善事。如果你诚实，身边不一定会簇拥着鲜花和掌声，或许还会招来假的朋友，但不管怎样，你还要追求诚实。诚实和坦率也许让你受到伤害、受到打击，但不管怎样，你还要诚实和坦率。……孩子，我看着你幼小的身影跌跌撞撞地行走在人生路上，我看着你被人世人心的险恶暗礁绊得头破血流，我的心也会流血的。但我知道，幸福和心痛，都是母亲这个词汇中的应有词义。”

特里沙修女，因其终生坚守她的诚信教育的理念而获得了诺贝尔和平奖。

## 2. 诚信教育面临着严峻考验

在现在功利主义大行其道的社会风气中，在社会处在诚信危机的气候环境中，诚信教育显得尤其重要。媒体呼吁诚信，企业呼唤诚信，人们都在为社会诚信的缺失而长吁短叹，感慨万千！

目前，诚信教育面临着社会环境的严峻考验。

如今社会上的厚黑文化、痞子文化、犬儒文化、拜金主义文化、拜权主义文化、市侩主义文化，严重地侵蚀着青少年一代的心灵。观察社会上种种失信现象，如政府官员的瞒上欺下，执法部门的知法犯法，企业做假账，商人卖假货，教授剽窃科研成果，学生考试作弊等，这是诚信教育面临的最恶劣的社会环境！在这样的环境下，我们的诚信教育往往被环境的负面影响所抵消。比如说，我们教育孩子诚信，但孩子诚信后又在外面受别人欺负；我们教育孩子善良，结果我们发现善良的孩子得不到社会的认可。这时我们就会反思，是不是该教孩子投机取巧一点，是不是该教孩子奸猾一点？成人社会的一些事情，有些时候会不知不觉中给孩子的价值观、世界观、人生观的形成带来重大负面影响。

家庭教育与学校教育是无法与社会的环境氛围相脱离而存在的。缺乏诚信氛围的社会环境，将给家庭与学校的诚信教育带来巨大挑战。当青少年面对不守诚信的成年人，当青少年的诚信信念受到无情的嘲弄，当孩子们因为遵守诚信而备受委屈，我们还要教育孩子必须恪守诚信吗？

回答是斩钉截铁的：要！

我们仍然要教育孩子诚实守信！

我们必须一如既往地坚持诚信教育！

这是对我们的国家前途负责！这是对民族的未来负责！这是家长的时代责任！这是历史使命！

天下父母们，我们千万不能让物欲冲昏了头脑，千万不能只顾眼前。

诚信教育是教育的高境界！

## 实践与操作

那么，如何对孩子进行诚信教育呢?

### 1. 家长要给孩子做出诚信示范

家长对孩子不轻易许诺，“言必信，行必果”，说话算数。这种“身教”是一种“潜教育”，他比“显教育”作用要大得多。

孩子的诚信意识，是在他的人生经历中逐步学会的。培养孩子诚信意识的第一任教师当然就是父母。孩子不诚信的行为起初往往是从父母那里学来的。所以，要使孩子诚信，家长首先要做到对孩子诚信，说话算数。

一个男孩说:“我爸爸说,只要我考试得了 100 分,星期天就带我去公园玩。我真的考了 100 分，爸爸却说他没时间。”

一个女孩说：“我妈妈说，写完作业就让我出去玩。我写完了，她却不让我出去玩了，说让我再做 10 道练习题再出去玩。我就不想再做了。”

孩子会从这些家长言行中得到一些经验：大人也是会失信的；撒谎也是允许的，为了达到目的，用许诺来骗一下对方也是可以的。

家长们就是这样一次次“说话不算数”，失去了孩子的信任，也失去了自己在孩子心中的威信。孩子也慢慢从这些小事中学会了不诚信。

家长失信于孩子，害处相当大。首先，这让孩子觉得，一个人说话可以不负责任，答应的事也可以不办。于是从小就养成了“轻率承诺”的坏习惯，长大后就会因为“失信”而失去朋友对他的信任。其次，家长会因为失信而失去威信。家长的威信从哪里来?主要就是自己的言行。说话算数、说到做到的家长，会使孩子重视他们所说的每一句话，从小向他们学习“言必信，行必果”。家长犯了错误，就要承认，就要道歉，就要想办法改正。即使对幼小的孩子，这样做也是有必要的。

所以，家长不要在孩子面前胡乱夸口，不要胡乱许诺，不要随便许愿，不要为了达到眼前的目的就随便地答应孩子的要求。当孩子提出要求时，你一定要认真想一想，这种要求是不是合理、能不能兑现。如果是合理的、能兑现的，你就认真地承诺，然后让孩子不断提醒自己履行承诺，一定兑现。万一因特殊情况没能履行承诺，失信于孩子，家长应及时向孩子说明情况或作出道歉，并和孩子一起商量用什么形式弥补，不能敷衍了事。要让孩子感觉到，诺言是沉重的，许诺应十分谨慎。

假如孩子向家长提出的要求是不合理的或不可能兑现的，你一定不要答应，而要耐心地和孩子一起研究出可行的办法再答应。

日常生活中没有多少大事，孩子对待大事的态度就是从小事上培养出来的。

## 2. 对人许诺时要三思而行

我国古代大哲学家老子说过一句话："轻诺必寡信。"我们应该告诫孩子，在承诺别人之前一定要慎重，要三思而后行，要考虑它的可行性，要留有余地，不要随便许诺又随便失信。考虑自己确实能够做到的再答应别人；一旦答应了的事情，就要千方百计地去做好。这样你才能不失信于人，你才能值得别人信任。没有信用的人很难有真正的朋友，也很难取得事业的成功。

## 3. 孩子不诚实时，家长要及时引导

众所周知，孩子撒谎的根本原因并不是想得到表扬，而是畏惧惩罚。如果孩子因为撒谎而躲过了惩罚，那么孩子就会不停地撒谎。

世上因为这样那样的事情，几乎没有不说谎的人，尤其是我们的孩子。但他们说谎的原因也比较单纯。比如：说谎可以免受惩罚，说谎可以讨父母或者老师欢心，说谎可以获得某种利益等。作为家长，我们不要因为孩子说谎，就大动干戈或棍棒相加，而是要冷静分析，区别对待，并加以正确且积极的引导，让我们的孩子认识到，说谎是错误的行为，说谎是不诚信的表现，说谎是要付出代价的。孩子说谎骗人，起初往往是从说谎得了便宜开始的。但无数事实证明，骗人最终只能是害了自己。正如林肯所说："你能欺骗少数人，

你不能欺骗大多数人；你能欺骗人于一时，你不能欺骗人于永远。”

当孩子犯了错误时，要引导孩子勇敢承认错误，冷静分析错误，主动承担因自己的错误造成的后果，争取“把坏事变成好事”。家长千万别帮着孩子掩饰错误，推脱责任，那是一种“小家子气”的教育。

要让孩子知道：欺诈，最多能使你占一两次小便宜；诚信的品质，将成就你永远的英名和事业。

## 4. 让孩子在生活中逐步树立起诚信的价值观

在日常生活中，要鼓励孩子的诚实行为，惩处孩子的不诚实行为。要经常与孩子讨论现实生活中的公正与偏颇，诚实与欺诈的话题。

夫妻之间，朋友之间，父母之间，同学之间，同事之间，我们都要做到真诚待人，诚信做事。“不以言小而失之，不以事小而敷之。”

要做一个公正诚信的人，首先要学会区分正确与错误、光荣与耻辱、公正与褊狭、诚实与欺诈。在家庭日常生活中，要通过讨论分析现实事例来培养孩子这些价值观。例如，孩子向你提到一个同学从别人的包里偷了一个玩具，你就可以和孩子一起讨论分析偷窃的性质和后果；当你发现孩子在学校抄袭了别人的作业，你就可以与孩子一起讨论诚信的话题。当孩子勇于承认自己错误的时候，家长不要对孩子全盘否定，不要让孩子因有了错误就自我否定，妄自菲薄，一蹶不振。要让孩子知道自己的价值所在。要让孩子理解：承认错误、改正错误，是为了历练自己，完善自己。

孩子长期在这样的环境氛围熏陶下，诚信的品质就会逐渐形成。

这里还要特别提醒一下，家长要让孩子理解“善意的说谎”。

诚实的基本要求是不说谎，不骗人。但要告诉孩子，对坏人是可以“骗”的，对坏人也是不必讲“诚信”的。在复杂的社会和人生活动中，目的和手段有时有一定的区别。医生为了减轻病人的痛苦，以利于治病救人，往往向绝症病人隐瞒病情，编造一套谎话给病人，他表现的不是欺诈，而是更高更深层次的诚实。只有智慧、德性和能力达到高度统一的人，才能表现出这种高深层次的诚实美。

# 第三节

## 规则意识教育

### 理念与认识

#### 1. 行为有规矩，处世有原则

中央电视台 2013 年 6 月 15 日的《焦点访谈》栏目和第二天的《晚间新闻》栏目都报道了有关湖北省钟祥市三中考点在 2013 年高考中数百名家长、考生围攻殴打监考老师的事件。冲突原因是监考太严，大量考生的作弊工具被收缴。这一事件深层次地反映了我们国人缺乏规则意识的现状。人们只愿意享受规则带来的权益，而不愿意承担规则规定的义务。这是什么行为？这就是一种无赖行为！你愿意通过参加高考来获得身价，但又不愿意遵守高考的“游戏规则”。作弊没有得逞便情绪激愤，公然聚众闹事。这不是无赖是什么？家长如此教育孩子，那么，他小时候违反规则，长大了就会成为无赖，甚至违法乱纪。

规则，是规定出来供大家共同遵守的制度或章程。任何游戏、任何赛事，都离不开规矩和规则。人类在几十万年的共同生活中，逐步形成了一整套维护和保障社会运行的规矩和规则，这是人类社会的文明标志。正是这些规则在规范着人类的活动秩序，使人类社会得以和谐发展，稳步前进。

在足球比赛中，赛场上最活跃的是运动员，最忙碌的是裁判员。裁判员两只眼睛紧紧盯住双方运动员，不时作出裁决，有时还要亮出黄牌或红牌，表示“你犯规了”！有时还要把非常优秀的运动员无情地罚下赛场。有的运动员已经摘取了比赛的桂冠，但体检中发现他服用了兴奋剂，因此被取消获奖资格，因为他违反了比赛规则。

赛场，对于我们的孩子来说，是检验他们品格的最理想的场所；对父母来说，也是教导他们正确对待输赢的最理想的场所。人在社会中生活就像一场体育比赛，每一个人都必须遵守规则，犯规就要受到处罚，严重犯规的就要被罚下，清理出局！

## 2. 懂得比赛规则，才有资格参加比赛

人在社会中生活，必须知道遵守社会规则，才能赢得在社会大舞台上竞争的资格。你想过没有，如果家长不教会孩子遵守社会规则，孩子不输在起跑线上也有可能在到达终点线前被罚下场。那些刑事犯罪分子，大多是因为不遵守社会规则被“罚下场”的。

我曾经看到过一些“野孩子”，不懂尊重，不讲礼貌，以个人为中心，刁蛮任性，不服管教，顽皮无赖……娇生惯养的孩子基本上都没有什么约束。顺应孩子的天性，尊重孩子的选择，并不是彻底放弃规则。有规则的自由才是真正的自由！

张刚（化名），1996 年 4 月出生于北京音乐世家，父母都是著名歌唱家。4 岁学习钢琴，师从于中央音乐学院著名钢琴教授；8 岁开始学习书法，师从清华大学书法大家，然后是众多的比赛、表演获奖，开演唱会，10 岁留学美国。

张刚从小跟着父亲唱红歌，他从小学到中学的读书学校都是重点学校。张刚从小接受的教育可谓“优质教育”，应该说是“赢在了起跑线上”。但是，2011 年张刚因打架被劳教一年。解除劳教后，2013 年，因涉嫌强奸罪被刑事拘留。赢在起跑线上的张刚为什么会被“罚出赛场”？因为他缺少的正是社会规则教育。

社会需要统一的秩序，人类需要一种共同的道德标准和行为规范来约束自身。个体行为应置于公共准则之下。人需要追求自身的完善，“自律”便是通向自我完善的阶梯。

汽车驾驶员要取得驾驶执照必须通过考试，而第一场考试的内容就是交通法规和交通规则。你要参加某个体育比赛项目的训练和学习，也必须先学习该项目的比赛规则。父母，是把孩子从自然人培养成社会人的第一任老师，他必须培养孩子遵守社会规则的意识，养成遵守规则的自觉性。只有这样，孩子将来走向社会时，才能够为社会所接纳，才能在社会这个大舞台上“随心所欲而不逾矩”。

帮助孩子具备规则意识，是为了保证孩子的个性和社会性和谐发展。

应当让孩子明白，他如果任意而为，有时父母可以容忍，但走进社会后别人不会容忍。从小养成遵守社会规则的意识，于人、于己、于社会、于事业、于人生都是非常必要的。

国有国法，家有家法；党有党纪，军有军纪；乡村街道还要有村规民约。这就叫做“规矩”。没有规矩，不成方圆。这些“规矩”，有的是明文规定的法律法规、政策条例、规章制度，有的虽然没有明文规定，但它是人们约定俗成的、共同认可的观念和意识。这些都是社会的“游戏规则”。如果你违反了这些游戏规则，“不按规矩出牌”，社会就会将你“淘汰出局”。

## 实践与操作

那么，怎样培养孩子的规则意识呢？

### 1. 让孩子参与家庭“立法”

孩子的规则意识是从遵守家庭里的生活行为规则启蒙的。建议家长和孩子共同参与制定家庭生活规则。比如每天看电视、玩电脑的时间限制，作息时间、家务劳动分工、来客接待分工、每天的零食量等。

一旦孩子参与了规则的制定，孩子一般都会自觉遵守，有时候甚至做得比我们规定的还严格。因为让他觉得这是自己本来应该做好的事情，并非家长强制要求的。

我也常常看到，节假日期间，因为看电视、打游戏、吃零食，有些家长和孩子所发生的拉锯战。但是，如果我们和孩子一起共同订立了统一规则，甚至是让他主导制定的规则，孩子自然就会变得更加自觉，家长也变得轻松和省心。

孩子参与制定规则，一方面可以让家长了解孩子的不同视角，同时也有利于增强孩子遵守规则的自觉性。因此在制定家庭日常生活规则时，应当征求孩子的意见，或者由孩子制定（如作息时间），大人辅导、提修改意见。

## 2. 让孩子先“知法”后“守法”

让孩子建立起规则意识，是要经过一个过程的，这个过程是孩子自我反思、自我认识，从而达到自我控制的“内化过程”。有许多家长动不动就训斥打骂孩子，他们解释说这是为了让孩子服从命令，马上改邪归正。其实，有许多孩子是为了避免皮肉之苦而服从命令的。当然，打骂的办法可以使孩子在短时间内马上见效，但是，这种办法使孩子失去了一个自我教育的机会，它中间省略了孩子由自我反思而达到自我控制的心理内化过程。从长远来说，打骂孩子的教育方法效果甚微，而且副作用明显。因为它使孩子感到无奈、不公平，从而怨恨父母。被打骂训斥之后，羞辱的感觉可能使他们不能静下心来认真思考，或者因为“气愤”使他们根本不承认做错了事，他们可能计划着如何避免在下一次违规时“被逮到”。

对于很多孩子来说，他有时候并不知道做某类事情需要遵守什么规矩，因此，在孩子规则意识形成的初期，家长往往要事先为孩子订个规则，当孩子违反规则时，就可以顺理成章地对他进行相应的处罚。就是应先让孩子“知法”，然后才能对他“违法”行为进行“执法”，并且也是“有法必依，违法必究，执法必严”。当然，规则的制定，并不是家长凭借自己的强势和权威独断专行，应该是在尊重孩子和给予孩子选择的基础上共同商定。

譬如，一个6岁的孩子用蜡笔在纸上画画，画着画着他把画画在了桌子上，妈妈看见了，心想，画就画吧，把桌子弄脏了，擦一擦就可以了。也就没有制止孩子。这时孩子就以为可以随便到处乱画了。妈妈在厨房忙了一个小时，等妈妈出来，孩子已经把刚粉刷过的白色墙壁画得乱七八糟了。妈妈发了火，把孩子打了一顿。

本来孩子们用蜡笔在家里画画，是只能在纸上画的，不能画到桌子上、墙壁上、地毯上。妈妈应事先告诉孩子：如果你把画画到别处，我就收回蜡笔。得到孩子认同后，再让孩子开始画。只要发现他们画到桌子上，就要坚决收回蜡笔，不需要任何解释。在实施规定的时候，我们必须尊重孩子的权利，要坚定而又不专制。只有当孩子明知不对却非要做时，才可以对他进行处罚。该让孩子决定的事情一定要让他们自己决定，但对决定好的原则绝不能让步！

## 3. 设立“三区段”的家庭行为警戒线

“三区段”行为警戒线分为绿灯区、黄灯区和红灯区。

“绿灯区”，是人们普遍认可的正确行为，是要鼓励孩子采取的行为。对于孩子所做的这些行为，家长要给予肯定、赞扬和鼓励，使他的规则意识得到强化。

“黄灯区”，是不被认可的不端行为，但由于情况特殊可以被容忍。譬如，你开会时不得不带着你4岁的孩子，他却无法在会场安静地坐着，总是乱说乱动，影响了会场秩序；你5岁的孩子感冒时需要打针，他却乱哭乱闹，拒绝打针。对于孩子的这些行为，你必须表明态度：不能允许，但可以减轻惩罚，表示忍让。不过你必须让孩子知道他这样做是不对的，你之所以容忍完全是由于情况特殊。

“红灯区”，是无论如何都不能容忍的行为。譬如危害到孩子或他人安全的行为、不法行为、邪恶行为、不道德行为以及其他为社会所不容纳的行为。对孩子的这些行为，一开始就要严厉处罚，绝不能姑息迁就。对于3岁至8岁的孩子，惩罚的方式主要是“隔离”。具体的使用办法是：当孩子违反规则时，把孩子暂时隔离，不得与同辈及照料人正面接触。要知道，孩子最熟悉的环境就是和父母（或照料人）、同辈在一起，这种“隔离”使他暂时离开他最熟悉的环境，就如同“关禁闭”，使他感到孤独。孤独感会引发他的反思，通过反思能提高他的认识。如果正确地运用，这个方法可以很有效地帮助孩子改正不端行为。可惜，有太多的家长不能正确地运用这一方法，他们对孩子的违规行为要么不予重视，轻描淡写地说几句，要么用粗暴的打骂来解决问题，使孩子感到被排斥和被侮辱，这种有损孩子人格的做法并不能使孩子思考认识自己的过错。

对于再大一点的孩子，当然还有其他的惩戒办法。如没收全部玩具，停止全部娱乐活动，取消原定的休闲娱乐活动计划等。在孩子受惩罚期间，家长对孩子的态度与以往要有明显区别，要让孩子感到家长对他的“冷淡”，目的是促使他冷静反思。

在孩子为了达到不合理的要求而任性、哭闹时，父母要坚决地对他说“不行”。可以在他任性的时候，狠下心来，看着他，让他哭个痛快。以无声的静观让孩子知道：哭闹没有任何用处！这是让他知道你的态度：你不能想干啥就干啥！我说不行，你闹就没用！这是有意培养孩子的自我克制力。

面对孩子的无理取闹，家长必须遵循一个原则：态度要平静，原则要坚持，坚持要自始至终。高压线，不能碰！

对于孩子而言，一次的放纵也许不会成为什么问题，而多次的放纵就可能使孩子养成坏习惯。因此，家长在教育孩子的过程中，必须做到有令必行，令行禁止。可以说，许多不遵守社会规则的人，大多是因为小时候家庭教育中有令不行、有禁不止造成的。

“小华，睡觉去！睡觉时间到了。”妈妈在催促小华。7 岁的小华像没听见一样，继续玩着积木。“小华，妈妈让你去睡觉，明天还要去上学呢！”小华不玩积木了，却又跑到书房打开电脑，开始玩游戏。不管妈妈说什么，小华仍旧玩自己的，妈妈只好不理他。

很明显，小华肯定是多次受到了“可以不遵守时间”的训练。妈妈虽然说得很多，但并没有强制小华去执行。对于妈妈，小华已得出了一个结论：妈妈的话可听可不听，因为不听也不会有什么严重后果。时间一长，使小华养成了不遵守时间的习惯。

出于对孩子身体及学习的关心，并考虑到孩子尚小，需要约束，需要帮助他养成良好的作息习惯，妈妈应当坚持贯彻自己的要求，不能让孩子觉得可听可不听。那么。应该怎么办呢？当小华不理会妈妈的话时，妈妈应当走上去，将正在玩的积木收起来，将正在玩的电脑关掉，并明确地告诉小华："睡觉时间到了，明天再玩！"然后一直看着小华回到房间，躺下。如果小华反对，妈妈应关上电灯，使他不能继续玩。

父母只有在家中对孩子有令必行，才能使孩子逐渐养成遵守规则的习惯，因为孩子心中已经对规则有了一个深刻的认识：规则既然定下来了，就必须遵照执行。只要你该坚持原则的时候坚持了，孩子就会明白，有一些事情，好比雷池，是越不得的。当然，家长认定的"雷池"也不能太多。规矩太多，不利于孩子个性的发展。

## 4. 让孩子"体验"遵守规则的必要性

孩子遵守社会规则的意识形成过程，往往是一个由他律到自律的过程，父母必须把对孩子的严格要求转化为孩子的一种内在需要。这种需要的形成要求孩子有亲身体验。比如，你带孩子去买火车票时，让孩子去亲自看看排队买票的情景，再让孩子想想，买车票为什么要排队？如果不排队会造成什么后果？通过这些体验和思考，使孩子懂得：要想获得自己的权益必须尊重他人的权益，树立一种平等的权利义务观念。

# 第四节

# 勤劳品质培养

## 理念与认识

### 1. 勤劳，铸就生命的高贵

勤劳是幸福之本，懒惰是万恶之源。人世间，大凡有成就的人都是勤劳的人。勤劳，铸就了生命的高贵。

那些杀人越货、偷盗抢劫、坑蒙拐骗的人，绝大部分都是妄想不劳而获的人。追寻他们的思想根源，他们有一个共同观点：人不得外财不富。所以他们都不愿承认勤劳能成就事业，而要靠别的方式去获取名利地位，以致走上犯罪道路。懒惰导致了人生的卑微。

美国哈佛大学的学者们进行了 20 多年的跟踪研究之后发现，爱劳动的孩子和不爱劳动的孩子相比，成人后的失业率是 1 ∶ 15，犯罪率是 1 ∶ 10。这个比例是惊人的！这说明，劳动不仅是创造物质生活资料的主要手段，也是改造人的思想、净化人的心灵、形成美好情操和良好品德的重要途径。一个爱劳动的孩子，往往在未来的生活技能和品德上远远超过不爱劳动的孩子。孩子如果经常参加劳动，亲身体验到劳动的艰辛，就会知道劳动成果来之不易，就会加深与父母和劳动人民的感情，从而生发孝敬父母、关爱他人、勤俭持家的意识；孩子如果从小不热爱劳动，不参加劳动，就会生发养尊处优、好逸恶劳、鄙视劳动者的意识。

案例：多家媒体报道过“东方神童”魏永康被勒令退学的新闻。这位神童13岁时就学完了小学至高中的全部课程，以优异的成绩考入湘潭大学，4年后又以总分第二的成绩考入中科院高能物理研究所，硕博连读。令人意想不到的是，2003年8月，中科院以魏永康不能适应研究生学习为由，劝其退学。魏永康从出生到去中科院学习之前，一切与生活自理有关的“活”全部被妈妈包揽了。以至于到20多岁了，吃饭、穿衣、洗澡、洗脸等仍需要妈妈帮忙。

一个拥有知识和技能又热爱劳动的人，才是真正高尚的人。那种不能劳动又不爱劳动的人，即使他有聪明的头脑和广博的知识，也不算是一个高尚的人。孩子懒惰，是家庭的隐忧。

当前，独生子女的家务劳动时间越来越少，这是一个令人忧虑的问题。为什么会出现这种情况呢？可能有两种原因：一个是因为我们的家长过分心疼孩子，怕孩子劳动累着，干脆不让孩子干活。所以家务劳动如做饭、洗碗、收拾屋子、叠被子、洗衣服等，全部由家长大包大揽下来了。另一个原因是，我们的家长只要求自己的孩子把功课学好，其他一切不用管。孩子往往未能真正理解父母的良苦用心，而是渐渐地形成了一种错误观点，认为自己的任务就是学习，家务劳动和一些自理劳动就是应该由父母做的。这样，许多中小学生在家里根本就不做家务，如果饭菜不合口味，衣服洗得晚了，房间整理得不好，他们还会大声抱怨。在他们看来，父母给他们洗衣服做饭是天经地义的事情。他们并没有认识到这是一种“母爱”或“父爱”。他们在家庭里的生活自理能力极差，而且很容易形成一些不良的性格和品质，如好逸恶劳，自私自利，缺乏责任心等。

20世纪50年代到80年代，大学新生报到时都是学生自己带着行李到学校报到的。20世纪90年代以来，每年大学新生入学报到时，几乎每个学生的周围都有“陪同人员”跟着，替他提行李、办手续，学生自己只在一边看。这已经是司空见惯的事情。

有研究表明，劳动时间较长的孩子，其独立性就较强。从事家务劳动多的孩子容易养成勤劳简朴的品质。有些父母，一方面对家务活大包大揽，另一方面又抱怨孩子好逸恶劳；孩子小时候啥都不让他干，孩子长大了又埋怨说他啥都不会干。这岂不是很可笑?

## 2. 拥有一双勤劳的手，将使孩子终身受益

大量事实表明，不论知识水平、家庭背景、经济收入如何，凡是从小做家务、爱劳动的人，到了中年以后，往往工作成就大，家庭生活美满。凡是从小好吃懒做、不爱劳动的人，长大以后也往往不能吃苦，独立自主能力差，工作成绩平平。因此，望子成龙的父母要从孩子小时候起就为孩子创造一种环境和条件，对孩子进行早期的劳动训练，让孩子做力所能及的事情，使孩子爱劳动，会劳动。

我们经常看到，农村的孩子，特别是农村中的多子女家庭的孩子，一岁多就会自己端着碗吃饭；而城市里的孩子，特别是城市里的独生子女，两三岁了还得让大人喂着吃饭。这绝不能证明城市里的孩子比农村的孩子笨，这里城市孩子的“笨”是家长给“养”成的。同样，孩子的勤劳与懒惰也基本上是父母“养”成的。

劳动教育是孩子必须接受的人生课程。教育孩子从小热爱劳动，就是为孩子的人生道路创造一个良好的开端。通过劳动教育，不仅可以培养孩子的生存技能，而且可以锻炼他们的意志品质，为他们将来自立于社会打下基础。

“父母之爱子，则为之计深远。”为了孩子的全面成长，为了给孩子的终身事业奠基，请家长们从小培养孩子勤劳的品德。

## 实践与操作

那么，怎样培养孩子的劳动习惯，养成孩子勤劳的品质呢？这里提出以下几条建议，供家长们参考。

## 1. 父母和孩子一起劳动

父母和孩子一起劳动，便于为孩子做出劳动示范。譬如，每天早饭前，父亲打扫客厅和卫生间，母亲打扫卧室和厨房，天天把家里整理得整整齐齐、打扫得干干净净，定期打扫门外与邻居共有空间的公共卫生，同时也鼓励和督促孩子整理自己的卧室和书桌。这样对孩子会有积极的影响。相反，有一些家长懒惰邋遢成性，家里总是一片狼藉，对楼道的公共卫生更是不闻不问，对邻里的困难和疾苦漠不关心，这些举止对孩子将产生很大的负面影响。

父母和孩子一起劳动，这有利于激发孩子的劳动积极性，孩子也更容易学会劳动技巧。在平时的生活中，父母可以陪孩子一起收拾房间，整理书桌，打扫厨房的卫生等。父母还可以带孩子去外面做一些义务劳动，让孩子感觉到自己被需要，自己的劳动会让别人快乐，让孩子体会到自己劳动的意义。

大人在最初帮孩子整理床铺、打扫房间、收拾书桌时，可以这样：大人先做，留下较简单或最后一个步骤让孩子自己做。以后可以根据他的熟练程度逐渐增加难度和要求，这样很容易帮孩子学会这些劳动技巧。再如，母亲在帮孩子洗鞋袜时，只洗一只鞋、一只袜，给孩子整理书桌、床铺时，只整理一半，剩下的一半让孩子自己做。这样孩子会为这“半拉子工程”感到别扭而不得不动手去做。而你做的那一半也会为他做另一半作了示范。

要培养孩子热爱劳动的品质，只凭讲道理是绝对不行的。必须引导鼓励孩子亲自参加劳动。可以从小事做起，从一点一滴做起。小孩子要先做好自己生活上的事情，如收拾自己的文具、书包、书桌、衣服，自己洗头、洗手绢、收拾自己的房间，然后再帮助父母干一些家务活，如洗菜、洗碗、浇花、扫地、拖地板、擦玻璃、买日用品等。家长要用欣赏的眼光看待孩子的劳动，对孩子劳动的积极性要予以赞扬，对孩子劳动的成果要予以肯定。要让孩子在劳动中不仅体验到劳动的艰辛，也要体验劳动带来的成就感和快乐感。

公益劳动是一种知和行统一的实践活动，能体现一个人的爱心和社会良知。小到清扫楼道，清扫公共庭院，义务扫雪，为残疾人服务，到敬老院为老年人打扫卫生；大到义务植树，参加青年志愿者活动等，都属于公益劳动。鼓励或带领孩子参加公益劳动，能在认知和行为两方面引导孩子形成正确的价值观，会让孩子树立起“心系他人，心系集体，心系社会”的思想观念，提高孩子的社会责任感，并从公益劳动中体会社会对自己的期望。

## 2. 运用自然结果法，激发孩子的劳动意识

如果要让孩子养成自己洗衣服的习惯，那么，孩子不洗衣服你也不要管，你就让他穿脏衣服，你别唠叨他，别督促他，到了一定的时间，他会自己洗的。家长千万不要看不下去了，就帮他洗了，然后再把孩子骂一顿，或强制他去洗了。你想让孩子自己收拾房间，那么，他不收拾，你也不要管，你就让他脏乱下去，你别唠叨他，别督促他，到了一定的时间，他会收拾的。这样坚持下去，孩子如果能自己主动去做几次，习惯就慢慢养成了。家长千万不要看不下去了，就帮孩子收拾了，再把孩子骂一顿，或强制他去做。因为使用权威强制孩子干活，会使孩子觉得干活是一种惩罚，是痛苦的事情，于是更加憎恨劳动，所以这种处理方法并不能帮助孩子养成劳动习惯。

## 3. 用积分奖励法，激励孩子的劳动习惯

有些孩子在学校里很热爱劳动，在家里不热爱劳动。这只能说明家长在培养孩子劳动意识方面存在问题。孩子可能是在学校的劳动能得到老师的表扬和夸奖，在家里却没有人对他提出劳动方面的要求，或者劳动后并不能得到家人的表扬和奖励。

孩子起初的劳动可能有很多不足，但是孩子劳动的精神是值得表扬的。对于孩子的劳动成果，不论好坏，父母都应该给予鼓励，这样孩子才能有坚持下去的信心和勇气。譬如孩子炒的菜咸了、糊了，父母应该开心地吃，并夸奖他，鼓励他。

为了帮助孩子形成劳动习惯，在孩子劳动习惯未形成时期可以适当给予物质或精神奖励。譬如，你可以先给孩子订立劳动协议，并安排劳动任务。完成一项劳动任务得 1 ~ 3 分，积分满 15 分，去逛动物园一次；积分满 20 分，买卡通书一本；积分满 30 分，吃麦当劳一次……这样可以逐渐地巩固孩子的

行为习惯。经验证明，这种办法能使孩子在短期内勤劳起来。等孩子的劳动习惯建立起来以后，你可以告诉孩子：前一段时间你表现的很好，说明你完全可以勤快起来，但是，要知道，家庭劳动是每个家庭成员的义务，前一段时间，为了养成你的好习惯，我们采用了奖励的办法，现在，你已经可以胜任为一个合格的家庭成员，所以应该和爸爸妈妈一样，为家庭无偿劳动了。

## 4. 不要把家务劳动作为惩罚手段

家长要通过赞扬孩子的劳动行为、珍惜孩子的劳动成果来使孩子树立“劳动光荣”的观念，避免夸大劳动的脏和累，更不要把劳动当作孩子犯错误后的惩罚手段，不要用恐吓的语气强迫孩子做家务。要让孩子感觉到做家务是每个家庭成员的责任和义务。惩罚孩子做家务和惩罚孩子做作业一样，都是拙劣的办法。

孩子初学做家务时，肯定做得不太好：才学扫地，可能会不知道先从哪里开始扫起；才学洗碗，可能会把碗打碎；才学做饭，可能会把饭烧糊；才学洗衣，可能洗得不太干净。我们家长不要因为孩子做得不好而表露出不满意或不放心，更不要因此惩罚孩子。这样容易挫伤孩子劳动的积极性。也不要在乎孩子打碎一个盘子一个碗，与培养孩子的劳动精神相比，打碎一个盘子一个碗又算得了什么呢?

## 5. 让孩子“享受”到自己的劳动成果

享受自己的劳动成果，是对劳动者的最大奖赏和最大鼓励。如果长期享受不到自己的劳动成果，劳动者的积极性就会逐渐消退。孩子如果把自己的房间收拾得干净整齐，家长可以组织邻居的小朋友来“参观”，使孩子感到自豪；孩子经常浇花，等花儿盛开时，家长可以让自己的同事来赏花，趁机表扬孩子一番，使孩子感到骄傲；农村的孩子参与了种瓜种菜，等瓜果蔬菜成熟时，妈妈可以给孩子做一顿丰盛的菜肴，让孩子“享受”到自己的劳动成果，这可以强化孩子热爱劳动的意识，促进孩子劳动积极性的“可持续发展”。

# 第五节

# 责任感培养

## 理念与认识

### 1. 有责任感的孩子才可担当大任

一个人没有责任感，这个人就没有信誉；一个单位的职工没有责任感，这个单位就没有人气；一个社会的公民没有责任感，这个社会就没有凝聚力；一个国家的下一代没有责任感，这个国家就没有希望。

责任感的有无与贫富无关，与学历、智商、职位无关，也与政治观点无关。有些百万富翁、千万富翁照样没有责任感，有些高学历、高智商、高职位者照样没有责任感；那些“位卑未敢忘国忧”者，那些“我以我血荐轩辕”者，还有近几年来“感动中国”的人们，未必都是高学历、高智商、高职位；而那些黑砖窑、黑煤窑的窑主们，那些毒奶粉、地沟油的“研制”者们，也许具有高学历、高智商、高职位。

有不少父母经常给孩子这样讲：“现在我们不需要你为家里操一点心，你只要好好学习，能考上重点中学、重点大学，将来能有个好工作，我们再苦再累也心甘情愿。”

这是非常错误的观点！

作家梁晓声曾说过这样一番话：我们中国已经拥有了多达3亿的儿童，咱们中国孩子的队伍已经够庞大了，但仍然有一些二三十岁的人往孩子队伍里挤，有些大学生还口口声声自称“男孩”“女孩”。我们中国的青年到哪里去了？我们中国那些曾高喊“担负起天下兴亡”的一代青年哪里去了？

美国一位中学教师在开学的第一堂课上是这样讲的：“女士们，先生们，从今天起，你们就是美利坚合众国的公民了。”今天，我们应当对大学生们说一声：“女士们，先生们，不要再把自己当成小孩了，你的家人、你的父母就仰仗你了！家族的振兴，故乡的繁荣，祖国的富强以及民族复兴的重任就放在你的肩上了！”

曾有一位企业家问：“企业要从大学生中录用人才时，应注重哪些素质？”梁晓声答：“凡是自称‘男孩’‘女孩’的一概不能录用，因为他们还是个孩子，还没有承担社会责任的意识。”一个孩子，即使有才，谁敢委你以重任？

在一些大学生写的文章中，或者从他们的谈话中我们会发现他们“男孩”“女孩”的心态相当严重，他们没有青年人应有的豪情和责任感，他们没有中国老一代知识分子那种使命感和家国情怀。

《中国青年报》“知心姐姐”卢勤女士曾对大学生建议：从今天开始，你们应理直气壮地说：“中国的青年在我们这里！我们不再是孩子，我们已经长大。”并告诫他们：“责任心是从内心呼唤出来的，如果过分地娇惯自己，你就永远长不大！”

## 2. 每一个社会角色，都有一份特定的责任

儿童长大的过程，是由“自然人”变为“社会人”的过程，是一个社会化的过程。社会化的一个重要标志就是要充当好自己的社会角色。

你刚一生下来，社会角色就定了：你是父母的儿子或女儿，爷爷奶奶的孙子或孙女。到了上学，你又有了一个社会角色：你是学校的学生，老师的学生。等你参加了工作，你就又有了一个社会角色：你是社会的公民，单位的员工。等你当了领导，那你就又多了一个社会角色：你是下属的领导。等你结了婚，

生了孩子，你就又多了一个社会角色：你是妻子的丈夫或丈夫的妻子，你是孩子的父母……

每一个社会角色，都有一份特定的责任。充当好自己的社会角色，其实就是担负起这一份责任。自己的事情自己做，分内的事情尽力做，出了问题敢担当，这就是责任感！

人们常说，穷人的孩子早当家。他为什么早当家呢？因为穷，父母不能为孩子遮风避雨，使他更早地意识到了自己的责任，更早地承担了家庭的责任。责任感使他成熟了。

什么叫不成熟？没有责任感就是不成熟！成熟不是看你的年龄有多大，而是看你的肩膀能挑起多重的责任！

青少年教育专家陆士桢曾经讲过她和儿子之间的故事：

我儿子 20 岁的时候，有一次我带他去王府井买东西。买完东西到饭店吃饭，他坐在那儿，我说："你吃什么啊？"他说了要的东西，我就去买了，买了以后给他端过来，我再去买我自己吃的。我们俩坐在那儿吃，等吃完了饭，出去了，要打出租车，我在路边一招手，车过来了，他拉开车门自己坐进去了，然后我也坐进去。而后我想，不对啊，他都 20 岁了，都上大二了，吃饭的时候我应该坐在那儿，他应该把饭给我端过来；打车时他应该挥手招出租车，我应该先坐进去。我一路都在想这个问题。

回家后我就对儿子说："我老了，你大了，这些事情怎么就我干？你怎么尽享受？这事情应该你去做。"我儿子一句话把我噎回去了："你让我做了吗？"

后来我想，确实我没让他做过，都是我替他做。吃饭了，我就说："你吃什么，我给你弄去。"现在的妈妈都这样，儿子都快 30 岁了，还经常这样。从来没说："我坐着，我累了，你给我弄点吃的去。"没给孩子担责任。

后来我跟他说："以前我没跟你说过，那我今天跟你说了，从今天开始，以后咱俩再出去吃饭，我坐那儿等着，你给我买吃的去；咱俩打车，你招出租车，我先坐进去。咱俩说好了，以后就这样办。"儿子说："那行，我知道了。"

从那以后，孩子真的能这样做了，而且还主动帮我背着包。他有这种责任意识了。

孩子没有责任感，基本上都是家长在无意中培养起来的。请看下面的场景。

场景一：放学了，孩子走出校门，家长连忙迎上去，习惯性地伸出手，孩子也习惯性地把书包交给家长，家长提上书包拉着孩子的手走回家去。

请问，书包应该谁背？

场景二：晚上，孩子做完作业，妈妈说："早点睡吧，书包妈妈帮你收拾。"

请问：收拾书包是不是孩子分内的事情？

场景三：晚饭前，家长在准备晚饭，孩子悠闲地看着电视。饭做好后，家长又摆好桌椅碗筷，端上饭菜。一声招呼："孩子，吃饭了！"孩子坐下就吃。看孩子吃完饭，妈妈就说："去去去，写作业去，餐桌锅碗我来收拾。"

请问：家长做好饭后，孩子是否应该摆好桌椅碗筷，端上饭菜？吃完饭后，孩子是否应该帮家长擦擦餐桌，洗洗锅碗？

这样的场景我们恐怕已经见得太多了。孩子在生活和学习中很多分内的事情都不做了。时间长了，孩子在心理上就不认为这是他分内事情了。孩子的责任心就是这样一点一点地丧失了。

责任感往往是孩子在履行自己的社会角色的过程中逐渐意识到的。父母不能只靠给孩子讲道理来培养他们的责任感和使命感，而应该积极为孩子提供履行社会角色的机会。家长应明确地告诉孩子，家庭中每个人的行为都应该符合自己的身份：家长应关心孩子，孩子应孝敬长辈；家务是每个家庭成员都应做的事务，权利和义务是统一的。如果不尽家庭义务，那你就不能享受别人对你的服务。孩子如果没做完自己的事情，妈妈就可以不为他做饭，让他没饭吃，让他饿肚子。责任感就是这样在实践、体验中培养起来的。

## 3. 培养孩子的责任感有三个层次

培养孩子的责任感有三个层次。第一个层次是教孩子对自己负责，这是其余一切责任心的起点。唯有对自己负责，孩子才可能由此出发，自觉地承担起对他人和社会的责任。第二个层次是教孩子对家庭负责。家庭是社会的细胞，是最小的集体。对家庭的责任感，会逐渐"成长"为对集体的责任感。第三个层次才是培养孩子对集体和社会的责任感。对集体有责任感的人，就是具有团队精神的人。那些视集体荣辱与己无关的人，很难在集体中树立起威望，也很难得到单位重用。这个道理，有些人可能一辈子都弄不明白。他在单位没有威望，得不到重用，他只会埋怨别人“不识人”，从来不会反思自己为集体尽了什么责任。

从来没有人说过钱多的人和官大的人就是崇高的人和伟大的人。崇高的人和伟大的人的崇高之处和伟大之处在于：他们都有强烈的历史使命感和社会责任感。那么，这些历史使命感和社会责任感是从哪里来的呢？它绝不是人生来就有的。一个人对家庭的责任感和对集体的责任感“长大”了，就是历史使命感和社会责任感。

## 实践与操作

那么怎样培养孩子的责任感呢？

### 1. 引导孩子，自己的事情自己做

自己的书包、书籍、玩具等物品自己整理，自己的房间自己打扫，自己的被褥自己收拾。替孩子做得越多，照顾得越周到，孩子就越是不会料理自己的事。“勤快妈妈懒闺女”，就是这个道理。

一位母亲是这样教育孩子的：有一次儿子上少年宫学画画，妈妈发现孩子没带画笔，在儿子走之前只提醒了一句：“再检查一下，看有没有忘带什么东西。”孩子漫不经心地回答：“没有！”背起画夹就走了。妈妈也没有吱声。她是这样想的：你提醒他一次，他的依赖心理就增加一分，那么以后就得一百次、一千次地提醒，不如给他一个教训，让事实来教育他，使他切身感受。

在快到少年宫的时候，孩子才发现没带画笔，打电话让妈妈赶快给他送去。当时，妈妈在家休息，完全有时间给儿子送去。但她没有这样做，只对儿子说：“你自己犯的错误，不应该惩罚妈妈。你自己想办法解决吧！”

孩子没有办法，只好向同学借了一支不好用的画笔凑合用了一下。这件事给他留下了较深的印象，以后去学校总是自己检查一下有没有忘带东西。

对孩子来说，教育他少犯错误的办法就是必须让他自己亲身体验到他的错误带来的后果。这种体验会促使他自己去改正错误，父母替他去改正，他永远也改正不了。

今天依赖性强的孩子，注定要成为明天的低能儿！要让孩子懂得，要出自己的力，流自己的汗，靠父母、靠祖上不能算好汉！

## 2. 让孩子自做必须自受

如果是因为孩子自己的过失伤害了别人，孩子一定要为自己的过失负责！

在这里，我要专门谈一谈孩子打架以后，家长该怎么办。

孩子打架以后，家长不要用成人的标准妄断是非，使矛盾复杂化。小的争执，家长尽可能不介入，不干涉。孩子之间的争执打闹，只要不存在肉体伤害，家长尽可能不要介入，要让孩子自己去解决纠纷。如果是孩子主动向家长“告状”，要求家长出面干预的话，家长也不要急于下结论，而要先问清情况，让双方都有讲述理由的机会，然后对孩子加以引导，尽可能让他们自己找出解决矛盾的方法。

不要助长孩子的暴力倾向。很多时候家长的态度会对孩子造成一种误导，给孩子很不好的影响。例如有些家长鼓励孩子打架时要“勇敢”，要敢于“迎头痛击”，甚至还教孩子打架的技巧。家长怕孩子受到伤害的心情是可以理解的，可是这样误导孩子，甚至传授打架的窍门，无疑会助长孩子的暴力倾向。如果勒令孩子“以后不许和他玩”，这会让孩子越来越不合群，变得越来越孤立，这不是爱护孩子，反而是害了孩子。

不要掺杂成人利益。生活中不乏这种情况：对方孩子的家长恰好和自己有利益关系，于是便责骂自己的孩子，来给对方家长“面子”。不知道这些家长有没有想过，你的这种做法，会给孩子造成怎样的伤害。你有没有注意到孩子那屈辱的泪水、愤怒的目光？这会让孩子为有这样的家长感到耻辱，从此鄙视你。所以，我们不要让大人的利益关系介入孩子的世界，让孩子保持自己的纯真。

后果严重的打架事件，也不要只靠父母出面摆平。如果是因为孩子自己的过失伤害了别人，后果严重，孩子一定要为自己的过失负责，要让孩子亲自登门道歉。有的家长是这样处理的：当着受害人的面对孩子训斥一顿，或者狠揍一顿，然后让孩子离开，该干啥干啥去，由家长留下来处理问题。于是，孩子没事了，什么责任都不用负，天大的责任由父母承担。父母又是道歉，又是赔偿。我非常不赞成这种“孩子闯祸，父母出面摆平”的做法，这样处理的后果实际上是在鼓励孩子以后继续闯祸，因为他不需要承担任何责任。

孩子打架闯祸以后到底应如何处理呢？不太严重的事情由孩子自己处理；比较严重的事情，必须由家长出面的，一定要带上孩子，让他亲历处理问题的全过程；需要赔礼道歉的，必须要孩子与家长一起向被伤害者赔礼道歉；应该赔偿的，赔偿的钱物要由孩子亲手交给受伤害者。只有这样，孩子才会有具体的心理感受，才会懂得什么是为自己的行为负责。

自己的行为就要自己负责。家长这个观念的树立，对成长中的孩子有重要影响。

## 3. 唤醒孩子的家庭成员意识

上面是谈培养孩子对自己的责任感，下面谈培养孩子对家庭的责任感。

家长可适当地让孩子了解一些父母的忧虑和难处，了解一些家里面临的问题和困难，让孩子大胆发表自己的见解。让孩子感受到，自己是家庭的一员，家庭的美满幸福，要靠全家人的共同创造，这样能增强孩子对家庭的责任感。

父母也可以和孩子谈谈建设家庭的设想，商讨一下家庭的财政安排。也可以向孩子讲一讲成年人的苦恼、家务的烦琐、工作的困惑，使孩子从小就懂得父母的不易、生活的艰辛，使孩子产生为父母分担忧虑的意识。

家庭的重大决策，要让孩子参与；家务劳动要让孩子分担；家庭的经济状况，要让孩子知道；家里有什么重要活动，要让孩子参与组织。譬如，可以让孩子观察父母给爷爷奶奶过生日的过程，然后让孩子操办给父母过生日，以此来培养孩子对家庭的责任感。如果孩子在家里什么活也不干，就不会对这个家庭表示关心，久而久之，可能会变得自私冷漠，好像是这个家的“局外人”，到那时父母再埋怨孩子不干活就已经晚了。所以，我们要让孩子在家里有固定的“工作”，如洗碗、扫地、拖地板、擦玻璃、倒垃圾、收拾房间等，家长可以给孩子分配一两样。这有利于帮助他们了解生活、了解父母。

有些父母常埋怨孩子自私、冷漠，不会关心人，其主要原因可能是父母管得太多了，除了学习，其他什么事都不让孩子干，这实际上是对孩子的不信任。时间长了，孩子内心的责任感就慢慢消失了。

有些家长常这样说：“去去去，这事跟你没关系，到屋里做作业去，大人正商量家里正事呢。”其实你商量这事，他也是一分子。比如夫妻俩在商量买房子，买多大面积的？几室的？都可以跟孩子商量，让他发表意见。这不在于他的意见有多大价值，而在于给他一种角色，给他一种位置，让他觉得我是家里一分子，家里的事我也应该参与，我也要表态。他必须有这个概念，有这个意识。

## 4.“重用”孩子，唤醒孩子的责任感

在这里，我讲一个领导干部和他儿子的故事。

有一位领导的儿子是一个中学生，过去孩子在家里养尊处优，什么事都不关心，他的母亲很伤心。后来，这位领导被派往外地当市长，离家上任那一天，他把儿子叫到面前，郑重地对儿子说：“你妈妈身体不好，我走后就全靠你照顾了！每天晚上睡觉前请你关好门，关好窗，关好煤气……拜托了！”

父亲的“拜托”让儿子突然有一种责任感，儿子郑重地点了点头。

几个月后，父亲从外地回到家里，妻子激动地告诉他说：“你走后，儿子好像突然长大了，懂事了，对我十分关心，尽职尽责，每天都按时关好门窗，关好煤气……”

孩子为什么变了？因为他得到了信任和重用。这种信任和重用使他意识到了自己是“有用”的，这就唤醒了他内心的责任感。

现在，由于许多家庭只有一个孩子，于是很多家长便把孩子当成宠物来养，既然是宠物，家长自然不会对孩子“委以重任”，长此以往，孩子也就很难用

自己的肩膀来承担起家庭责任了。

在家庭中，父母应有意识地分派给孩子一些力所能及的劳动任务，如打扫卫生、为花草浇水等。对于孩子，特别是男孩子，家长要尽可能地“重用”他们，要有意识地交给他们一些任务，锻炼他们独立做事的能力，要敢于把“重担”放在他们肩上。如果孩子遇到困难，家长可以在语言上给予指导，但在行动上不要包办代替，让孩子有机会把事情独立做完，不要老是认为他们太弱小而过于庇护、娇惯他们。

做家长的总希望孩子将来在工作单位里、在社会上得到重用。请问：你的孩子从小在家里你重用他了吗？你不重用的人别人为什么要重用他？

## 5. 向孩子示弱，诱发孩子的责任感

要想把孩子培养成富有责任感的强者，我们做父母的，尤其是做母亲的，不妨表现得“弱”一些，给孩子提供“显示本事”的机会。如果父母在孩子面前显得过于能干，过于刚强，孩子就会显得笨拙、显得软弱，孩子就没有了施展本领的勇气，也没有了施展本领的天地，他就会真的越来越软弱，越来越没有责任心；相反，如果父母表现得“弱”一些，会令孩子坚强起来，意识到自己的责任。父母要经常告诉孩子说：“爸爸妈妈一天比一天老了，咱家的一切全靠你了！你是咱家的希望所在。”这些话能诱发孩子的责任感。

下面谈培养孩子对集体的责任感。

## 6. 要经常和孩子讨论集体的事情和话题

经常和孩子讨论集体的事情和话题，是培养孩子集体责任感的最初阶段的途径。

以下话题可供家长们参考：

你为你们的集体（小组、班级、学校、团队组织）做过什么？

你对你们集体有什么贡献？

谁对你们集体贡献最大？

你们的集体得过什么奖励？有过什么荣誉？

你们的集体得奖以后你高兴吗？这个荣誉的获得有你的一份贡献吗？

你最崇拜你们学校哪位领导，哪位老师，哪位学生干部？为什么？

如果今天你有些不舒服，可是学校有个重要的节目要你主持，你怎么办？

当集体利益与你的个人利益有矛盾时你会怎么办？

如果今天你有一个重要的个人比赛要参加，而且你很有获奖的希望，但是学校今天要评优秀班集体，你是班长要在场，那你会怎么做？

在学校里，你看到有位同学在墙壁上乱写乱画，你会阻止吗？

学校举行运动会，你不喜欢运动，你会去为班上同学加油吗？

你愿意帮助集体多做些事吗？

在运动会上，你的班上的一个运动员生病无法上场，要找人代替，而你是最佳人选，你会去吗？

班上擦黑板的同学病了，你会主动去擦吗？

班上有些同学对集体荣誉看得不是很重，你对这些同学有什么看法？

家长同志们，我们不要轻视这些小问题。小时候对自己有责任感、对家庭有责任感、对集体有责任感的孩子，长大以后才可能有社会责任感，有历史使命感，才可能“担负起天下的兴亡”。这正是“一屋不扫，何以扫天下”的道理。

## 7. 鼓励孩子积极参与集体活动

这是培养孩子集体责任感的一条重要途径。

有的家长认为，孩子为集体服务是牺牲自己的学习时间为别人操心，是“吃亏”，他们只关心孩子的学习，而不赞成孩子参加集体活动，更反对孩子牺牲自己的时间为班集体做事。其实，这并不是“吃亏”，而是一种“收获”。在参与集体活动，为同学服务的过程中，孩子的责任意识会得到增强，能力会得到提高。

对于小孩子来说，集体就是班级、小组、少先队、团组织、学校及假期里的活动小组等。孩子在这些集体中生活学习，与其他同学团结互助，共同完成集体活动，从而逐渐形成集体意识。

家长应与学校老师经常保持一定的联系，要了解孩子在集体中的表现，耐心倾听孩子在集体活动中的感受，支持孩子踊跃参加集体活动，为他人服务。

一些团队活动能让孩子懂得“集体力量大”这一道理，而通过与别的班级进行竞赛活动，会让孩子懂得个人与集体的关系。孩子会渐渐明白自己是集体的一名成员，自己做得好就会给整个集体加分，自己做的不好，就会影响别的小朋友或整个集体。

责任感不是天生的，而是在实践活动中逐渐从内心萌生出来的。一般情况下，班干部比普通学生有责任感，这是因为老师给予他责任与信任。如果老师把对于班干部的责任推广给全班同学，那么全班同学的责任意识都能得到提高。家长要支持孩子为学校、为班集体做事。要尽可能地创造机会，让孩子积极参与集体的管理。魏书生老师做班主任时，就根据学生的兴趣、特长和爱好，给每个学生安排一两项为集体服务的固定工作，让他们在班级管理中负一定的责任。在各项集体活动中，使每个同学都意识到，自己是集体中不可或缺的一分子。这样，孩子的集体责任感就会慢慢“长成”社会责任感和历史使命感。

# 第六节

# 感恩意识教育

## 理念与认识

### 1. 孩子孝心的缺失当警醒天下父母

看过这样几则新闻报道。

2011 年 4 月 1 日晚，上海浦东国际机场，赴日留学的 23 岁青年汪某对前来接机的母亲顾某连刺 9 刀，致其当场昏迷。原因则是母亲没有按时将钱寄送给他。重伤的母亲胃和肝被刀刺破，在重症监护室医治 8 天才转到普通病房。汪某在日本读书 5 年，生活费、学费完全靠家庭负担，每年约开销 30 万至 40 万元人民币，汪家甚至举债养活儿子。

一位母亲因丈夫遭遇车祸住进医院，动用了她三年级的孩子 230 元的压岁钱。孩子发觉后，硬要妈妈偿还，说："凭什么用我的钱！"

一个女大学生想要买一件名牌衣服，当她四处打零工的母亲凑了 500 块钱交到她手里时说："这钱可来之不易啊！"不料女儿一瞪眼说："这不是你们父母应该做的吗？"把母亲噎得说不出话来……

一位母亲反映："我很爱我的女儿，不管工作再忙，我都要准时给她做饭，及时给她洗衣服、鞋袜、被褥，可她一点也不领情。一次，我生病了，她早上上学时就看见了，可她中午放学回到家，看见我还躺在床上，就生气地把书包往床上一摔，冷冷地说：‘还不起来做饭！’当时，我心都碎了。”

郑州一名 15 岁的初三女生跟母亲逛街，看中了一个十几元的头饰，其母觉得太贵没有答应给她买，结果，大庭广众之下，这个女孩竟然狠狠地抽了母亲两耳光……

山东肥城青年张某动辄对父母拳打脚踢，2010 年 11 月 26 日，年迈的母亲不堪忍受喝农药自杀。张某在得知母亲服毒后说：“你喝了药也没钱给你治。”张某的父亲发现老伴服药后赶忙将其送往医院，但为时已晚，老人因抢救无效死亡。当老人的遗体被运回家时，张某竟然多次用脚踹向母亲遗体，并把母亲的尸体扔到村里的路上……因公愤难平，法院判处这名孽子有期徒刑 7 年。（2011 年 3 月 30 日《检察日报》）

这样的孩子还有人性吗？正常的人谁敢跟他们交往？谁都会说：“他对亲生父母都那么残忍，就更不必说对别人了。”

这样的孩子不仅会失去朋友，也失去了做人的尊严，失去人生应有的幸福和快乐。

对这些孩子的家长只能是“哀其不幸，怒其不明”。问题出现在孩子身上，而根子却往往在家长身上。这些家长往往只关心孩子身体的成长，成绩的提高，不关心孩子德行的形成。

## 2. 是谁亲手把自己的孩子培养成“白眼狼”

请看下面几个镜头。

镜头 1：一个女孩正在家里写作业，爸爸下班回来了。刚刚在学校接受过爱心教育的孩子马上倒了一杯茶水，递到爸爸面前：“爸爸，喝茶。”谁知，爸爸冷冰冰地说：“去，去，去，写作业去！别趁机跑出来玩儿！谁让你倒茶了？考个 100 分，比什么都强！”

镜头 2：一个男孩看到有病的妈妈在厨房做饭很辛苦，便走进厨房说：“妈，我来帮忙吧？”妈妈马上挥挥手说：“不用不用，把你的功课做好，就是关心你妈了。妈妈可不希望儿子长大当厨师，妈要你当科学家！”

孩子心中刚刚萌发起来的爱的火苗，一次又一次被父母扑灭了。渐渐地，孩子明白了，父母所要求的就是考高分，就是上重点中学、重点大学，别的什么都不需要了。然而，这不是每一个孩子都能达到的目标啊！于是，许许多多的孩子变得“心灰意懒”，玩世不恭，不再关心别人，也不懂得爱别人了。

就这样，“累坏了”父母，“惯坏了”孩子。久而久之，孩子认为，这些是父母应该做的，谁让他们当爸爸妈妈呢？

2012 年 7 月 13 日北大校长周其凤回湖南浏阳老家给母亲祝寿，周其凤跪在 90 岁老母膝前，母子相拥痛哭。其情甚为感人。

据说，周其凤 11 岁的那年暑假，曾因家庭经济困难而辍学。两天后，母亲带着周其凤上山挑杉树皮。一天下来，母亲挑 70 斤，身高不到 1.3 米的周其凤挑 30 斤，两人能换回 1.3 元。这个暑假的劳作，还清了之前家中欠下的旧账。周其凤由此重返学校。

中国已经进入了独生子女时代。二三十年后，这一代独生子女将全面进入赡养老人时代，如果现在的家长还未认识到培养孩子回报意识的重要性，到那时将有一大批老人被他们的孩子遗弃。

## 3. 孝敬父母，是人的一切良好品德形成的基础

如果你是一个有文化的人，是一个有教养的人，那么你就应该是一个守孝道的人！

孔子把孝放在一切道德的首位，视为“立身之首”。当代不少伦理学家把孝敬父母看做是人生处理人际关系的第一台阶，是关心他人、关心社会、爱家爱国等品德形成的基础。

如果有一个打爹骂娘的人，在那里大声吹嘘，他对同志如何有热情，对朋友如何讲信义，对领导如何尊重，对国家如何忠诚，会有人相信这是真的吗？他喊得越响，讲得越振振有词，就越证明他想凭借这些表白来捞取个人私利。

我们教育孩子要孝敬父母，这绝不是只关乎自家骨肉亲情的小事！这也

是对社会、对国家负责的大事！它体现的是中华民族的家国情怀！它是为人父母者的社会责任！

有一些父母总觉得，孩子在一些小事上对父母不敬无所谓，只要在大事上孝敬父母就行了。还有一些父母认为，孩子小时候对父母无礼是小事，长大了自然就知道了。这种认识是危险的。

试想如果家长一门心思只想让孩子出人头地，因而只关心他的分数，忽略了教他如何做人，终有一天，他真的进了高等学府，甚至走出国门，却对家长无情无义时，作为家长会作何感想？

孩子的心灵是块空地，种什么就长什么。给他种下无情的种子，自然就会结出无情的果实。

可以肯定地说，孩子孝敬父母的品德是教育出来的。孝，不是天性；不孝，也不是天性。没有哪一个孩子生来就是孝子；也没有哪一个孩子生来就是不孝之子。孩子孝敬父母的意识是从一个又一个亲情故事中听会的，孩子孝敬父母的行为是从自己的亲人的一个又一个孝行中看会的，孩子的孝心是在日常小事中培养起来的。

## 实践与操作

孝敬父母的教育从哪里做起呢？以下建议，供家长们参考。

### 1. 从日常生活小事上培养孩子的敬老意识

如外出时和父母道别，回家后和父母打招呼；用餐时先让父母入座，替父母盛好饭菜；和父母说话应恭恭敬敬，不能出言不逊。当父母不能满足孩子提出的要求时，孩子不能发脾气，要体谅、理解父母的难处。孩子如果发脾气或死磨硬缠，家长要始终坚持原则。家长千万不要：起初不答应孩子要求，孩子发脾气了，家长让步了；孩子死磨硬缠了，家长让步了。这等于鼓励孩子不断提出不合理要求。

## 2. 父母要和孩子一起孝敬老人

父母去看望自己的父母（孩子的爷爷奶奶、姥姥姥爷）时，要带上孩子一同前往，让孩子亲眼看看父母是怎样孝敬父母的。

那种“只爱自己的妈妈,不爱丈夫的妈妈”的现象,在年轻妈妈中相当普遍。作为年轻妈妈,如果你不尊重婆婆,在婆婆背后,你称孩子的奶奶叫“老东西”。有一天，如果你的儿媳也称你为“老东西”。到那时，你的儿子肯定会觉得理所当然!

我的女儿在外地上高中。就在高考前夕，孩子的姥爷病逝。有人说，孩子离家比较远，又马上面临高考，就不让她回来吧。我们毅然决定让孩子回来参加她姥爷的发丧、火化、吊唁、追悼会、下葬等活动。我让她自始至终陪伴着她的妈妈。她一次又一次地看到妈妈哭得柔肠寸断、死去活来的情景，自己也一次又一次地潸然泪下，泣不成声，内心受到巨大的震撼。她感受到了人失去亲人时是怎样的痛断肝肠。我认为，这种亲情体验比她高考多考十分八分要重要得多!

## 3. 要给孩子孝敬父母提供机会

在现在的不少家庭中，爱，只是父母对子女的单向倾斜，而不能实现爱的双向交流，那么这种爱就是畸形的爱。孩子只有把父母给他的爱转化为他对父母的爱，这种爱的种子才能在孩子的心中生根发芽，开花结果。这种人间大爱正是这样得以传承的。当年幼的孩子学会了关爱父母之后，才有可能在她长大以后去爱国爱民，去尊老爱幼，去爱天下苍生。

在一个双休日，李先生骑自行车带孩子去公园。看完各种动物表演，孩子李雷十分兴奋。回家的路上孩子见行人稀少，便对爸爸说：“爸爸，让我带你一段怎么样？”李先生说:“你没有带过人,能行吗？”李雷说:“让我试试吧。”爸爸也就同意了。

于是，爸爸坐在车架上，李雷双手紧握车把，用力蹬动脚踏，车轮滚滚向前。可孩子毕竟还小，骑了七八百米之后，就有些体力不支了，额头上也渗出了汗珠。最后他喘着气停了下来，好奇地问爸爸："爸爸，你每天骑车带我上学也这么费力吗？"爸爸说："我虽然力气大些，不过每送你一次，我也挺累的，尤其是前边那个上坡更费力气。"

到了星期一，李先生照常骑着自行车送儿子上学。骑到上坡时，坐在后边的李雷忽然跳了下来，用手推着车。爸爸非常欣慰。

来自张家口的 67 岁的赵老先生在北京某大学东门口拉小提琴，为在内蒙古读书的女儿筹集学费。老父亲在街头卖艺三年，他 21 岁的女儿竟然毫不知情！赵老先生这种"暗地里的爱"虽然很感人，但不足取，因为这样做可能会误导孩子。

我主张，必须让孩子记住爸爸妈妈的生日。对于初中以上的孩子，完全可以让孩子主持给爸爸妈妈过生日。家长不要只给孩子过生日，不给自己过生日，这对孩子并不好。

## 4. 告诉孩子：孝敬老人不能等待

我相信普天下的孩子们都曾在心底向父母许下过"孝"的诺言，相信来日方长，相信自己必有功成名就、衣锦还乡的那一天，到那时可以从容尽孝。可惜人们忘了，忘了时间的残酷，忘了人生的短暂，忘了生命本身有不堪一击的脆弱。如果父母走了，带着对孩子深深的挂念；父母走了，遗留给我们永远无法偿还的愧疚，那你就无以言孝！

我们要经常提醒孩子们：赶快为你的父母尽一份孝心。这份孝心，也许是一处豪宅，也许是一片竹篱茅舍；也许是一桌山珍海味，也许是一个你亲自采摘的山杏野桃；也许是价格不菲的高档服装，也许是一双洁净的布鞋；也许是数以万计的金钱，也许只是含着体温的一枚硬币……但在"孝"的天平上，它们是等值的。

天下的儿女们，一定要抓紧啊！趁你父母健在的光阴。

## 5. 父母应理直气壮地要求孩子为老人做事

案例：小贝今年上六年级，父母离异多年，他和妈妈一起生活。有几次小贝想在妈妈下班前帮忙做饭，减轻妈妈家务的负担，但都被妈妈严厉地拒绝了，妈妈说："小贝，你只需认真学习，考上重点中学，家务的事就不用管了。"

有时候，家长们由于工作忙或其他原因，对孩子表现出来的爱心或视而不见，或训斥一番，把孩子的爱心扼杀在萌芽之中。这绝不是理智的教育方法。

当家长生病或身体不舒服时，要理直气壮地要求孩子做他应该做的事情，如端水送药或陪同就医，不要怕耽误他学习时间！因为这也是学习！这也是受教育！教育孩子孝敬父母，就要从引导孩子为父母做这些小事入手。孝敬父母哪有那么多大事可做？当孩子对父母表现出不敬重的言行时，要给予适当的批评和惩罚，千万不要认为孩子现在还小，不必计较他的言行过错，等他长大了自然就知道孝敬老人了。这种认识肯定是错误的。

## 6. 在耳鬓厮磨中建立亲情

在孩子时间允许的情况下，家长要要求孩子帮妈妈刷刷筷子洗洗碗，给爸爸捶捶后背揉揉肩。亲情培养，很多时候就是一些容易被我们忽略的细节。我在本书的前面已经说过，我不赞成孩子从上幼儿园或上小学起就到离家较远的外地去上寄宿制学校，因为这不利于亲情培养。亲情，就是在一天到晚的耳鬓厮磨中建立起来的。从小不与父母生活在一起的孩子，长大后往往一辈子都与父母感情淡漠。

## 7. 父母要大胆向孩子"索爱"

有人说现代独生子女不太懂得对父母感恩，其实往往是父母的教育方式出现了问题。当孩子对父母表达爱的时候被父母无意间拒绝，会让孩子弱小的心灵很受伤。父母要学会适当地向孩子"索爱"，因为施爱比受爱更让孩子感到幸福。

为了避免挫伤孩子的爱心和积极性，当孩子主动表达爱时，家长不但要欣然接受，而且家长也应该对他的这种奉献行为多加鼓励和赞许，让他知道爸爸妈妈因为他的积极主动很感动很开心，让孩子懂得这种分享的快乐，懂得接受别人爱的同时也学会爱他人。

请父母们回想一下，孩子含蓄表现爱的时候，你们是否在不经意间拒绝了他呢？或者，你们有给过他爱你们的机会吗？孩子的冷漠并不是突然而生的，有可能是父母多次地拒绝他们的好意，让他们没有了爱父母的动力。有的孩子心灵的世界由爱变成恨，由荒芜变成沙漠，而父母们却全然不知。

有时我们真的不能责怪家里"小皇帝"的自私无情，很可能是先有父母的"仆人姿态"，然后才有孩子的"皇帝架势"；是父母的"奉献精神"将孩子幼小纯净的灵魂一步步引向自私的深渊的。每一个孩子都有爱的能力与倾向，但是有些孩子的爱被制止了。

家长们一定不要忘了，爱是一种双向的情感交流，孩子在接受爱的同时，也希望去爱别人，孩子正是在爱别人的过程中练就了爱的能力，得到了别人的尊重和情感满足的体验。

一味向孩子施爱，孩子并不觉甜，更不懂得珍惜，一旦父母学会接受孩子的爱，孩子的价值得到体现，才会产生无比的快乐！接受孩子的爱吧！

# 第三章

## 学业教育

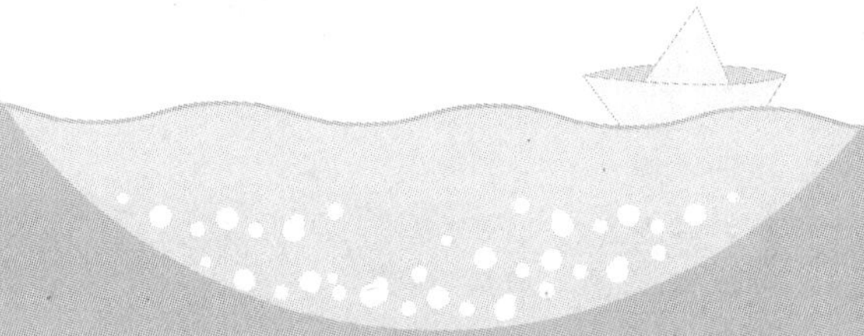

# 第一节　学习积极性培养

## 理念与认识

### 1.“智育”的真正内涵是什么

什么是真正的教育？爱因斯坦说：“当你离开学校，把在学校时学到的知识全部遗忘以后，剩下的才是真正的教育。”那么把知识遗忘以后剩下的是什么呢？是灵魂的塑造、道德的陶冶、人格的健全、思维的启迪、意志的强化、智能的开发、习惯的养成、身心的历练等。单纯传授知识并不是真正的教育，也不是真正的智育。真正的智育应该是启迪智慧，激发创造，养成学习习惯，掌握思维方法。

德智体美劳，尚且不能概括教育内容的全部，现在中国的家长们唯一关注的则只剩下了“智育”。其实，他们关注的也不是真正的“智育”，他们关注的只是智育的“显性”部分而忽视了智育的“隐性”部分，他们关注的只是知识的积累，甚至只是考试分数。

那么“智育”的真正内涵是什么？不少家长认为传授知识是智育的全部内容和主要目的，这显然是片面的。这种片面的认识，正是目前“唯知识论”“唯分数论”的畸形智育观念得以泛滥的重要原因。

虽然智育离不开知识传授，但传授知识并不是智育的真正内涵和终极目标。人的智力是在掌握知识、学习技能、思考问题的过程中发展的，但知识不等于智力，我们不能以知识掌握的多少来判定孩子的智力发展水平。

通过传授而获得的知识是会被遗忘的，而通过实践和内化而养成的能力素质和思维方法是不会被遗忘的。

学习是为了掌握认识世界的手段和方法，而不是为了记住那些经过分类的系统化了的知识。在传统的农业社会和工业社会，知识是什么？知识主要就是经过前人系统整理了的“经验”。因此，那时智育的主要目的就是传授知识，让经验一代一代地传下去。但在今天这个科学技术飞速发展的信息时代，在这个“知识爆炸”的时代，在这个知识高速更新换代的时代，在这个很多知识都能在百度中搜索到的时代，智育应该是人的智慧和能力的开发，而不是知识和经验的堆积。智育活动关注的是最大限度地调动人的潜力，激发人的灵性。知识积累关注的是现成的答案、现成的公式，而真正的智育不是教师毫无热情地把知识从自己的头脑里搬进学生的头脑里的过程，而是在教师的辅助下学生主动探索发现的过程。

智育的过程是对学生进行智力体操的训练，目的是为了让孩子们的思维能力、想象能力和创造能力得以发展。智育的目标就是让孩子养成良好的学习习惯和自学能力，并具备持久的学习兴趣、强烈的学习激情和坚韧的学习意志，为他们今后终身学习奠定坚实的能力基础。

过去人们常说：“要给学生一碗水，教师要有一桶水。”很明显，这句话正是以知识灌输为主的传统智育观的体现。在当今信息时代，教师在任何一方面的知识都超过学生是不可能的。有时候，学生在某方面的知识会远远超过老师！学生的大脑也不是空荡荡的容器，而是一口蕴藏丰富水源的深井，教师的使命正是和学生一起去挖掘这口井，让这口井自身的泉水喷涌而出。我们应当让学生在学习中学会学习，在研究中学会研究，在创造中学会创造。

## 2. 真正的智育是无法用分数表示的

理想的智育，应该培养学生的科学精神和人文情怀，使学生成为人类文明的继承者。这就需要我们因人而异，因材施教，让每个孩子看见自己的天赋，了解自己的潜力，充满自豪感。而不能用一个标准去要求所有的学生。能够用分数体现的智育，肯定不是高层次的智育。只用考试分数作为标准来评价智育，必然将智育引向狭隘之路。

作为家长和老师，一定要认清自己的教育目标绝不是一张张的成绩单，不是高一级学校的录取通知书，我们更需要孩子有读书的兴趣，求知的欲望，学习的习惯，思维的方法。

有太多的家长总是忽视教育的总目标和大方向，忽视最基本的教育规律和教育原则，总是心情浮躁，心急火燎地对待孩子的教育问题，老是希望通过名师指点、强化作业、假期辅导等形式使孩子迅速“优秀”起来。

中国恢复高考制度30多年了，30多年来美国的教育制度共培养了50位诺贝尔奖获得者！同时还培养出197位知识型亿万富豪。而30多年来，中国的孩子只会在国际奥赛中摘金夺银，而没有出现世界顶尖的科学家，这里包括恢复高考制度30多年来的上千名高考状元！这和我们基础教育单纯追求考试高分有很大关系。2012年获得诺贝尔文学奖的中国作家莫言其实并没有受过系统的应试教育。直到现在，我们不少地方的教育行政部门仍然以考试成绩来作为评估学校、评估教师、评估学生的唯一标准，大搞分数排队。你不让他搞分数排队，他就不知道怎样衡量教育质量了。这样下去，必然把中国的教育引向死胡同！

培根说过：“读史使人明智，读诗使人聪慧，数学使人思维周密，哲学使人思想深刻，伦理使人富有修养，逻辑修辞使人善辩。”这就是智育的作用。但这种智育的成果能用分数来量化吗？

理想的智育应该具有开放性，注重实践性，与生活相联系，与社会相沟通，使孩子关注窗外的世界、校外的天空。

## 实践与操作

孩子学习的积极性在于正确地激发，而不在于强制和督促。如何激发孩子学习的积极性，以下建议供你参考。

# 1. 不要把作业当“刑具”

《哈佛家训》里有一则故事：有三个无聊的年轻人，闲来无事时就经常以踹小区的垃圾桶为乐。居民们不堪其扰，多次劝阻，都无济于事。别人越说，他们踹得越来劲儿。后来，小区来了一位老人，想了一个办法，“教育”他们不再踹垃圾桶了。

有一天，当他们又要踹垃圾桶时，老人来到他们面前说：“我非常喜欢听垃圾桶被踢时发出的声音，如果你们能天天这样干，我每天给你们一美元的报酬，但你们必须保证天天坚持。”几个年轻人很高兴。过了几天，老人对他们说：“我最近经济比较紧张，不能给你们那么多了，只能每天给 50 美分了。”三个年轻人不太满意，再踹时不那么用劲了。又过了几天，老人又对他们说：“我最近的养老金支票还没有收到，只能每天给你们 10 美分了，请你们谅解。”

“10 美分？太少了！我们不干了！”于是他们扬长而去，不再踹垃圾桶了。

这位老人对这三个年轻人的“教育”真是不露痕迹。

年轻人为什么要踹垃圾桶？没有任何目的，就是因为有乐趣。老人先把他们的乐趣变成一种“任务”，目的是降低“乐趣”。任何事情，当它们里面包含有交换、被监督、被迫完成任务等因素时，它的“有趣性”就会降低。然后老人又通过减少支付，刺激他们对踹垃圾桶这件事先产生怠惰心理，后产生逆反心理。于是，原本令年轻人充满乐趣的活动便成为他们感到“划不来”的事情，这时让他们再去做这件事，那肯定不乐意了。

这位老人的办法中包含的教育智慧是：想让一个人喜欢做什么事情，就要让他在做这件事时伴有愉快感、成就感和自尊感；不想让一个人做什么事情，就要让他在做这件事时有被监督感，有任务感。但在现实中，许多老师和家长却把方法恰恰用颠倒了。最典型且最愚蠢的做法就是把读书、做作业作为惩罚手段：“你再不听话就罚你写作业！”

这样的例子太普遍了！有的惩罚手段之重，简直是触目惊心。

有一位老师，对于班里不听话的孩子，不打也不骂，就是下课不让玩，叫到办公室写作业。我们完全可以想象孩子当时写作业的心情，他能由此爱上写作业吗？

2007 年 4 月 25 日，广东增城市某中学一名初一的学生，因为英语考试时说话，被老师罚抄单词，从第一课到第十四课的每个单词罚抄 10 遍。我们可以想象，这个孩子会由此爱上英语吗？结果，这个孩子当晚就自杀了。

许多家长和教师，一方面，要求孩子热爱学习；另一方面，又把学习作为惩罚手段。当作业变成一种“刑具”时，孩子对它能不恐惧吗？孩子还能对它有好感吗？

有不少不爱学习的家长，潜意识中把学习当作苦差事，他很容易在生了气寻找“刑具”时想到写作业。所以，不爱学习的家长也难以培育出爱学习的孩子。这些孩子长大后又会拼命地逼着自己的孩子学习，这是完全合乎逻辑的。越是不爱学习的人，越容易“逼”着孩子学习，因为他们自己就没有找到爱学习是什么感觉。因而他会顺理成章地认为，学习绝不是有趣味的事情，不施加压力是不行的。于是就这样一代一代地把“厌学”的情绪“世袭”下去。

对于那些惩罚性的作业，家长们都会把它说成是“教育孩子”或“为了孩子”。其实，它和教育无关。它对孩子的学习兴趣只有摧毁作用。从本质上说，它是家长或老师对学生的奴役！是对学生施暴的一种手段！

孩子并非天生不爱写作业。他们中的一部分之所以后来变得不爱写作业，是因为在上学的过程中，尤其是在小学阶段，写作业的胃口被破坏了。被罚写作业，就是破坏胃口“最有效”的一招！一个人不可能既讨厌一件事，又能把这件事做好。

把写作业当成“刑具”使用，还是当成奖品使用，这不是个一般的技巧问题。如果没有对教育本质和教育规律的正确认识，你就不会有正确的方法。

## 2. 有学有玩，张弛有度

要建立起健康的家庭娱乐方式。要带孩子玩好。玩得身心舒展、怡情悦性。好的娱乐能构成生活的亮点，成为工作和学习的动力。搞一次户外活动，爬山、游泳、打乒乓球……并且全家参与，展开家庭竞赛，让孩子有更多机会接触自然、增强体质，是非常积极的娱乐。玩得好才能学得好。

每次学习时间不宜过长。当前家长对孩子的期望值普遍过高，他们希望孩子学习，学习，再学习。只要孩子端坐在书桌前，不管其效率如何，父母就感到欣慰，因而总是催促孩子一坐下就开始学习。殊不知，这种做法很危险。无视孩子的心理特点，任意延长学习时间的做法会使孩子把学习和游戏对立起来，厌恶学习，对学习没有兴趣，还会养成磨蹭、注意力不集中的坏习惯。因此，家长切莫目光短浅，舍本逐末，不能忘记培养孩子的学习兴趣才是促使孩子热爱学习的有效办法。

由于孩子注意力集中的时间不可能太长，那么，7 岁的孩子在家一次连续做功课的时间不要超过 20 分钟，8 ~ 11 岁的孩子不要超过 30 分钟。如果做功课的时间较长，中间一定要有十分钟左右的休息，让孩子舒展筋骨。如果孩子功课做得好的话，应该给他小小的奖励。有些年轻父母不了解孩子注意力集中的时间长短，强迫孩子长时间坐在那里做功课，中间不让休息、活动。结果不仅对孩子的健康不利，而且，还使孩子对做功课产生厌烦情绪，更谈不上提高孩子的学习兴趣了。

## 3. 提高孩子的成就感

每个孩子的智力、接受能力有所不同，家长应该全面了解自己的孩子，根据自己孩子的具体情况为他们去制定一些容易达到的小目标。这样可以使孩子觉得能够做到，他就有信心、有动力去做，就会获得成功。当他体验到成功的乐趣时，就会有信心去实现下一个目标。随着一个个小目标的实现，孩子就不断取得进步。比如，低年级的孩子学会拼音和常用汉字后，可让他们给外地的亲戚写封短信，并请求远方的亲人抽空给孩子回信，让他们尝到学习的实际效用，这样能培养孩子的学习兴趣。

## 4. 家长与孩子互教、互帮、互比

父母可以与孩子一起学习，试着交换一下教和被教的地位，让孩子做老师去教父母。孩子站在教方的立场，会提高其学习的欲望。为了教得清楚明白，孩子自己必须深入地学习并抓住学习内容的要点，这对于其自身的学习有很大的帮助。

低年级孩子的家长，可以偶尔让孩子和自己一起学习，一起写作业，看谁写得既快又好。家长可以偶尔输给孩子几次，以提高孩子的自信心和成功感。

# 第二节

## 学习兴趣培养

### 理念与认识

### 1. 兴趣是学习的永恒动力

人们特别喜欢探究某种事物或从事某种活动，并能从中获得心理上的满足感，这种心理倾向就是兴趣。兴趣是和愉快的情感体验相联系的。兴趣是能量的调节器，兴趣能激活求知欲望。兴趣能把精力集中到一点，它的力量好比炸药，能把学习道路上的障碍一点一点地炸掉。兴趣能使我们对某事物和相应的活动作深入的探究，并且总是伴随着快乐、满意等肯定的、积极的情感体验。

一旦孩子拥有了强烈的求知欲望，他实际上就走上了成材之路。浓厚的兴趣是人生事业成功的重要的心理基础。相反，如果对任何事物都不感兴趣，那他必将成为一个庸人！

1994 年，乔治·欧拉因在化学研究方面的杰出成就获得诺贝尔化学奖。欧拉在谈到是什么激励自己取得成功时说："我不分昼夜、废寝忘食地钻研时，并不是想着要获得诺贝尔奖，也并不是想成为一个伟大的科学家，而是因为我想干。因为我对这门学问有好奇心，内心充满了探索的强烈欲望。我不是把科学研究看作是一种成名成家和发家致富的手段。对我来说，科学是我的热情所在。我搞研究是因为我喜欢。这是最大的推动力。”

而我们的好多科研人员写论文是为了评职称，搞科研是为了名誉、头衔、级别、待遇。那么，他一旦评上了职称，获得了名誉、头衔、级别、待遇，他科研的积极性就减弱了。所以，我们的很多科研工作者的工作动力缺乏可持续性。

什么是天才？天才就是对兴趣的顽强的入迷！造就庸人的方法是十分简单的，那就是不让孩子热衷于任何事物！只这一点就足够了！

训斥、打骂和逼迫，也许能培养出画匠和琴师，但培养不出艺术家！名利与地位的引诱，也许能制造出一些专家、教授、博导，但培养不出学术大师！因为所有的科学巨人都是强烈的兴趣和顽强的入迷创造出来的！只有浓厚的兴趣才能使人成为某一领域的大师级人物。

## 2. 享受学习，是学习的最佳状态

轻松快乐地学习，兴致勃勃地学习，兴趣盎然地学习，是学习的最佳状态。家长要尽可能引导孩子把学习当作一种乐趣。我们看那泰山上的挑山工，挑着三四十千克的担子却边走边唱，兴高采烈；而有的人背几千克的行李包就愁眉苦脸，唉声叹气。这里面，除了能力的差距之外，最主要的是劳动的态度不同。学习也一样。你感到学习是享受,那当然会努力！你感到学习是痛苦，那当然不乐意！许多罪犯之所以成为罪犯，就是因为他们觉得吃喝玩乐是人生第一享受，而学习、劳动是莫大的痛苦。他们厌恶学习，厌恶劳动，又拼命地去追求吃喝玩乐。让这些人去学习、去劳动，他们当然会觉得苦不堪言。于是他就成了罪犯。

反过来，你要让那些对自己的事业一往情深的人放弃他的工作，让他去吃喝玩乐，他反而会惶恐不安，感到空虚，感到苦闷，感到生活没有意义。陈景润连续演算数学题，彻夜不眠却甘之如饴；有的人连续演算两个小时就觉得心烦意乱。于是陈景润就成了数学家。

人的享乐观不同，于是便成长为不同类型的人。

有的人把吸毒当成第一享受，于是他们成为吸毒贩毒分子。

有的人把赌博当成第一享受，于是他们成为赌徒。

有的人把捞取权力和私利当成享受，于是他们成了贪官。

有的人把创造发明当成第一享受，于是有了爱因斯坦、爱迪生等科学家和发明家。

人的本性就是逃避痛苦追求快乐，要让孩子喜欢学习，就要使孩子在内心里把学习和快乐联系在一起。如果能让孩子对学习内容产生兴趣，感到学习是享受，那就是学习的最佳状态、最佳境界。

父母的一个重要责任就是去发现孩子的兴趣爱好，帮助孩子找到足以点燃他生命激情的东西，并引导孩子把兴趣爱好与社会需求结合起来。孩子能不能成才，一个重要因素是他的兴趣能不能早一些被发现、被培养。比尔·盖茨幸运的是，他年轻的时候就知道自己最擅长什么。孩子一旦对某一事物进入“入迷”的境界，家长就应该给予热情的鼓励，使其在学习的过程中始终保持愉快的心境。这样，孩子即使在学习中遇到一定的困难和挫折，也会自觉地、主动地去克服，并从中进一步获得心情上的愉悦和心理上的成就感，再苦再累也会心甘情愿，孩子的心智潜力也会因此得到更充分的开发。

许多家长都知道“兴趣是最好的老师”这句话，但在实际教育孩子的过程中，却往往容易忽略孩子的兴趣，而把自己的愿望强加在孩子身上。在很多情况下，父母是不自觉地把自己的兴趣、愿望、希望甚至自己没有实现的理想强加在孩子身上。孩子虽然有一定的可塑性，但总是让孩子去做自己不感兴趣的事情，这对孩子来说是很痛苦的。

人的兴趣是多方面的，例如，对科学的兴趣，对艺术的兴趣，对经济的兴趣，对政治的兴趣，对体育的兴趣等。对某门课程有兴趣的学生，往往对这一学科有很强的学习积极性，课前主动预习，上课认真听讲，课后能及时复习，并乐于思考老师提出的问题，乐于总结自己的学习经验，能不断强化自己的求知欲望，以能快速高质量地掌握本学科的知识技能为满足，以提高对本学科的学习能力和创造能力为满足。

中国大翻译家傅雷曾希望儿子傅聪能成为一位文学家，但傅聪的兴趣并不在此，他喜爱的是音乐。傅雷先生便没有强迫孩子去搞文学，而是尊重孩子的兴趣和选择，让他集中全力研习音乐，傅聪果然不负父望，最终成为一位著名的音乐家。

孩子的兴趣也许不固定，会经常变化，这并不可怕，只要引导得法，使孩子保持一种以上的兴趣就行。最可怕的是小小年纪对什么都不感兴趣。

## 3. 不要强迫孩子来为父母圆梦

幼儿和小学阶段，是培养孩子各方面兴趣的黄金时期，父母应当在孩子幼小的心灵里播下兴趣的种子。

培养孩子兴趣要警惕一种倾向：强迫孩子来为父母圆梦。

到了小学，孩子面对很多的学习内容，家长应注意发现孩子的兴趣，引导孩子的兴趣。要注意，这里说的是“发现”和“引导”，而不是“强迫”。不可脱离孩子的实际，把大人的意愿强加于孩子。那些自以为是的父母，不但没有培养出孩子的兴趣，反而激起了孩子的逆反心理，本来有这方面天赋的孩子也不再出于兴趣而学习，没有这方面天赋的孩子更被限制了向别的方面的发展，孰得孰失呢?

有的家长自己年轻时的理想受到某种客观条件的限制而未能实现，于是希望孩子圆自己的梦，这种想法可以理解。整个人类其实就是这样下一代圆着上一代的梦，不断超越着自己的祖辈父辈，于是社会进步了，发展了。当家长自己的梦和孩子的兴趣相统一的时候，这无疑是一件大好事，事实上这样的例子也非常多。宋代苏洵是文学家，他的儿子苏轼、苏辙也成了文学家；梅兰芳是京剧表演艺术家，他的两个儿子同样在京剧艺术界取得了非凡的成就。父子画家、父子书法家的例子，在我们的生活中也经常看到。

当家长自己的梦和孩子的兴趣、爱好、特长不一致的时候，就可能出麻烦。当家长按照自己的愿望和意志去培养孩子的某些“兴趣”时，这些“兴趣”对孩子来说很容易变成一种负担，并会对孩子的正常学习造成严重的负面影响。有些家长往往强迫孩子按照长辈的意图去发展自己，违背了孩子的意愿，扼杀了孩子其他方面的兴趣和特长，很难取得理想的效果。结果往往是孩子痛苦，家长失望。

不能否认，我国的一部分人才，真的是在小的时候便被家长扼杀了。有的孩子嗓音好，爱好表演，自幼想当演员，可是他的爸爸做的是书法家的梦，他就是瞧不起演员，说那是卖艺的，是戏子，于是硬逼着孩子练书法。儿子没兴趣，写字悟性差，练了十几年，长进不大，表演的潜能也被埋没了。有的孩子跑得快，跳得高，爱好田径，想当运动员，可他的爸爸做的是演员梦，他爸爸就是看不起运动员，特别是瞧不起田径运动员，说那纯粹是卖苦力的，哪有当演员荣耀。于是硬逼着嗓子并不好的儿子练演员基本功，练了十几年，还是不登大雅之堂，运动员的天赋因没有得到及时训练也不出众了。有的孩子到了高三，才发现自己学习成绩差，高考无望，而考艺术院校、体育院校文化课成绩要求较低，于是，为了上大学，这些成绩差的学生便一窝蜂地去学音乐、学美术、学体育，这些孩子即使考上了艺术或体育院校，也很难有大的发展，因为这既不是他的潜能所在，也不是他的兴趣所在，而是一种无可奈何的选择。

如果我们在日常生活中，注意孩子的行为举止，在他与别的孩子玩耍、交谈时暗暗观察，就会发现孩子有很多值得赞扬的地方：孩子虽不爱弹琴，却喜欢画画；虽没有耐心，却有创意；虽不善言辞，却很有热心。可惜我们的不少家长往往是求全责备，“努力”地去发现和寻找孩子的不足之处。他们老是觉得：孩子虽喜欢画画，却不爱弹琴；虽有创意，却没有耐心；虽有热心，却不善言辞。于是批评责备就多了起来。

孩子总有他优秀的一面，你可以记下孩子的性格倾向，从而诱导他。要发现孩子行为中的闪光点予以赞赏，不要老盯着他 15% 的缺点穷追猛打，对他 85% 的优点视而不见。这样容易使孩子自尊心受到伤害，个性被压抑，天资被抑制，潜力被埋没。

作为家长，应该走出自己的梦境，回到孩子的现实，要观察分析孩子的天赋、潜能、兴趣、爱好、特长，然后因材施教。这样，我们才能培养出各种人才。

每一个孩子都有很多潜能，潜能能否发挥，与成人对他们是否赏识分不开。投以欣赏的目光，潜能就可能转化为兴趣，兴趣就可能转化为特长，特长就可能转化为成就。

## 实践与操作

那么，如何培养孩子的学习兴趣呢？

### 1. 发现孩子的兴趣和潜能

孩子在哪些方面有兴趣，他就会表现出在哪些方面的求知欲望。不同的兴趣，迷恋的内容不同，也体现了不同的潜能。聪明的家长要善于观察分析孩子的兴趣，善于从兴趣迷恋中推测出孩子的潜能及其价值，从而为培养孩子成材提供依据。

如果你的孩子喜欢编故事，讲故事，在小朋友面前把故事讲得有声有色，喜欢在熟悉的故事中改换一个人名，变换一下情节，增加一些细节，那么，你的孩子有可能有语言方面的才能，有可能成为作家。

如果你的孩子喜欢涂涂画画，画得既简单又生动，并且乐此不疲，那么，你的孩子，有可能成为画家、建筑师等。

如果你的孩子非常注意家长的情绪和行为的变化，喜欢模仿人物或动物的动作，喜欢扮演各种角色，那么，你的孩子在观察认知能力方面很优秀，有可能成为表演方面的人才。

如果你的孩子会轻而易举地学会骑车子、玩滑板，动作协调，那么，你的孩子的运动知觉能力很强，再加上其他身体素质，就可能是体育方面的人才。

如果你的孩子常常连续追问一些自然界的问题，喜欢小制作，那么，你的孩子可能数理逻辑才能突出，有可能成为科学家、发明家、机械师等。

如果你的孩子特别喜欢关注昆虫和动物，经常观察研究小动物，那么，你的孩子有可能成为生物学家、医学家等。

如果你的孩子从电视、收音机里听到的歌曲一听就会唱，过耳不忘，且热衷于歌唱和演奏，那么，你的孩子可能具有良好的音乐才能，再加上嗓音的天赋，就可能成为歌唱演奏方面的人才。

……

大多数孩子会在多方面表现出创造性和特殊才能。有的孩子特别害怕背诵、记忆，但理解能力却不同凡响；有的不爱读书，行为顽皮，但运动反应机能却相当突出；有的孩子害怕数理化，但对画画却情有独钟。作为家长，我们一定要鼓励孩子挖掘自己的潜能，发挥自己的优势，不要只盯着孩子的劣势。要知道，“扬长”强于“补短”。“补短”你可能一辈子都补不起来，但你一旦长处突出，人们就看不见你的短处了。例如，在社交上你不善言谈、表情木讷；在学习上你做不到出类拔萃；在身高上你不挺拔，在姿容上你是丑小鸭……于是，你苦闷、消沉：为什么我就不如别人？为什么别人轻易能做到的我却不能？我是不是很笨？其实你并不笨！你的笨只是“笨”在将自己的优势掩藏了起来。富兰克林说过：“宝贝放错了地方就成了废物。”

孩子的成长离不开父母积极的期望，孩子的求知欲望需要家长给予恰如其分的赞美与鼓励。做父母的，当发现孩子在某些方面有特长时，应该引导他去制定目标，然后以殷切的期待之心，热情的赞美，让孩子的求知欲旺盛地燃烧起来。

## 2. 鼓励和倾听孩子的提问

每一个孩子都可以被看作是科学家。他们接触大自然，观察世间万物时，总是会提出各种各样的问题。

天空为什么是蓝色的？

为什么海水是蓝色的，而我们喝的水、洗脸的水却没有颜色？

为什么人不吃饭会觉得饿？

为什么花是红的，叶子是绿的？

肥皂泡为什么会在空中飞？

电视机为什么能收到图像？

歌声为什么会从收音机里跑出来？

金鱼能生活在水里，人为什么不能？

燕子落在高压电线上，为什么不会触电？

一年为什么会分四个季节？

月亮为什么会有圆有缺？

星星为什么不会掉下来？

人是猴子变的，后来的猴子怎么不再变人了？

古代人是怎样建造金字塔的？

……

孩子提出的问题家长不一定能圆满解答，但家长要鼓励他提，并认真倾听他提的问题。对于孩子提出的稀奇古怪的问题，绝不能随便嘲笑、讽刺或不屑一顾，而是要予以高度重视，并耐心细致地引导他思考，回答不了的，则要鼓励孩子努力钻研，寻找答案。

## 3.“有问不必答”

家长该如何回答孩子提出的千奇百怪的问题，常见的有三种情况。

一种是有能力给予解答，家长便在孩子面前表现一番。于是从来龙去脉，到前因后果，条分缕析，头头是道，解答唯恐不详细，表述唯恐不严密。这种解答也确实能使孩子佩服得五体投地。但是，由于你的解答过于详细，不需要孩子去思考，不需要孩子去尝试，不需要孩子去探究，那么，孩子也就失去了思考、尝试、探索、发现的兴趣。这就抑制了孩子天性中的好奇心和创造欲望。这不是最好的方法。

第二种情况是，家长因没有能力回答孩子提出的问题而自惭自愧，面对孩子没完没了的发问而手足无措。

第三种情况是，当孩子提出问题时，家长不屑一顾。要么说：“别烦人，一边去！”要么说：“真笨！连这都理解不了！”曾经有一个孩子问爸爸：“为什么夏天天长，冬天天短？”爸爸说：“真笨，连这都不知道！热胀冷缩呗！”

当然，这些做法都是不足取的，因为这种回答都抑制或打击了孩子主动求知的积极性，不利于激励孩子的探索精神。

那么采取何种方法才算正确呢？儿童教育专家指出，家长应该鼓励、引导孩子提出各种问题，并给予表扬，同时创造环境和条件帮助他们开动脑筋去想：到什么地方，通过什么途径，需要通过哪些手段，去寻找答案。当孩子问得没完没了时，可以这样答复他："你问的问题我不知道，也许目前这世界上没人知道，也许你长大后会知道，那么，你将会成为第一个发现这个答案的人。"对于高中以上的大孩子的询问，家长可以反问孩子：需要寻找哪些文献资料，需要寻找哪些专家学者，需要利用哪些实验设备，才能解决这些问题？

好奇心产生求知欲。求知欲是推动人们自己去探求知识的一种内心要求，是智力发展的内在动力。一个求知欲强烈的人，总是用好奇的目光注视着周围世界的一切事物，从中捕捉自己需要的新知识。许多大科学家的发明创造都起始于对事物的好奇和探索。大家知道，瓦特曾经对壶盖的跳动产生极大的兴趣，爱因斯坦曾经对罗盘老是指着一个固定的方向产生浓厚兴趣。求知欲强烈的人，思维活跃，爱提问题。孩子正是通过不断提出问题和探索问题的积极思维活动，促使了大脑神经细胞的发育，提高了大脑的功能，促进了智力的发展。

今天的家长必须认识到：对孩子求知欲望的激发比知识的传授更为重要！当今的时代，新知识、新技术呈加速增长的趋势，无论任何人，从事任何职业，必须终身学习，才能适应时代的要求。教育孩子的重点，应是激发孩子永不衰竭的求知欲，而不是不停地灌输知识。

法国作家法郎士认为：好奇心造就科学家和诗人。美国著名科普作家阿莫尔夫认为：科学始于好奇。当代著名物理学家李政道博士也说过，要搞科学研究，就离不开好奇，只有好奇才能提出问题，分析问题，解决问题。可怕的是提不出问题，迈不出第一步。

家长对于孩子提出的问题或解决的办法不要轻易地肯定或否定，因为肯定和否定都意味着对这一问题的探讨已经结束。你可以说："真有趣！我怎么没有想过这个问题？"但也不必有问必答。对孩子提出的问题，家长不要急于表态，而要以此为契机把孩子引入对科学问题的讨论。例如，当孩子问"鸟儿晚上睡在哪里"时，你不必直接回答，你可以与孩子一起探讨鸟儿在晚上可能的去处；当孩子问"黄色和蓝色颜料混合后会变成什么颜色"时，你不要简单地告知“会变成绿色”，你可以说：“是啊，那究竟会变成什么颜色呢？我们试试。”以此来引导孩子去试验，去思考，让孩子自己去得出结论。

## 4. 经常给孩子“成功”感

对于求知欲旺盛的孩子来说，最大的快乐莫过于知道了从来不知道的奥秘。揭开奥秘后所体验到的愉快和满足的情感，反过来又激起新的探索兴趣。父母如果能帮助孩子获得第一次成功，让孩子品尝到成功的喜悦，这就可能促成他更大的成功。现在的孩子普遍缺乏这种成功感。多年来的应试教育使大多数孩子饱尝了失败感，这对孩子成长非常不利。所以，我们要为孩子创造更多的机会，让孩子获得第一次成功，当孩子获得了成功以后，家长要郑重其事地为他鼓掌。孩子的成长，的确像运动员一样，需要别人为他喝彩加油。

在教育孩子的过程中，人们常常忽略那些淘气的、不守纪律的、学习成绩差的孩子。把他们视为坏孩子、差孩子。没有人爱管他们，没有人去疼他们。其实，这样的孩子才更需要成功的体验。

## 5. 注意保护孩子的创造热情

生活中我们经常见到这样的例子：父母与孩子一起外出时，老是发现孩子往往喜欢走高低不平、坑坑洼洼的地方，还要时不时地去踩踩路上的积水。这是为什么呢？这是因为，对于孩子来说，平坦的大道走起来单调乏味，缺乏刺激。而那些高低不平、坑坑洼洼的地方反而使他们产生浓厚的兴趣。

所以，我们应以宽容的态度去看待孩子的“胡思乱想”和“胡作非为”，以保护孩子的探索兴趣和创造热情。

每一个孩子都是一个潜在的发明家，他们中的90%都曾想过要发明某种东西，只是大部分人的热情只能维持一个星期左右就自生自灭了。孩子的一些新想法往往只有三分钟热度，需要父母从小培养他的恒心和毅力。要善于捕捉孩子刹那间闪现出的创新思维的火花，及时地给予肯定和鼓励。还要鼓励孩子从不同角度去思考问题，用不同方法去解决问题，而不要满足于一种答案。让孩子从不断的创造中感到愉快，才能维持恒久的创造热情。

## 6. 让孩子看到自己的优势

在这个世界上，每一个成功者都是抓住了自己的长处，发挥了自己优势，以优势起步，从长处着手，最后才到达了成功的彼岸。因为，在孩子的优势里隐藏着巨大的潜力，隐藏着成功的密码。环顾四周，我们可以看到，能歌善舞的人走向了舞台，左右逢源的人走向政坛，笔下生花的人成了作家。其实，人的一生，不知道自己的劣势并不太可怕，可怕的是不知道自己的优势。作为家长，我们不必因为孩子在某些方面弱于他人，就想尽办法去弥补弱势。其实，发挥优势才能使孩子出类拔萃。

每个人最大的成长空间在于他的优势领域，只有多花点时间把自己的优势发挥到极致，才有可能走向成功。发挥自己的优势，是一种人生智慧，也是一种生存之道。

学习是孩子自己的事，父母不能过度担心和干涉，父母最应该做的，是用赞美来激发孩子，让孩子自觉自愿地去学习。如果孩子对读书有了兴趣，就算父母劝他去睡觉，他也会自己偷偷起来读书，强迫孩子用功，实在不是高明的办法。孩子有了学习兴趣，就有了学习主动性，不用家长唠叨，他自己完全能够全力以赴。

孩子就像一棵娇嫩的小花苗，你不能预知她开花时的形状和颜色，但肯定每朵花都有她独一无二的美丽。家长的主要责任就是给她提供充足的阳光、空气、养料，然后耐心等待花开的时刻。

# 第三节 学习习惯培养

## 理念与认识

### 1. 学习习惯，为孩子终身学习奠基

人的智力的原始差别并不大，有些孩子的“不聪明”主要是由不合理的教育造成的。这种不合理的教育主要是指一些孩子没有养成良好的学习习惯。譬如注意听讲的习惯，认真思考的习惯，专心致志做一件事的习惯，今日事今日毕的习惯。有没有这些良好的习惯，对学习成绩起着至关重要的作用。

养成良好的学习习惯对于孩子的成长会产生积极的影响，使孩子终生受益。实际上，孩子在小学阶段的一个重要任务就是养成良好的学习习惯，这比分数、名次要重要得多。孩子在小学、初中阶段，没有真正的学业落后，也不存在绝对的成绩优秀。学业成绩是可以逆转的，能否逆转的关键因素就在于是否养成了良好的学习习惯。学习习惯是在小学就基本形成了，以后如果不给予特别的教育，已形成的习惯就难以有大的改进。

## 2. 孩子不良学习习惯的主要表现

孩子的不良学习习惯主要有哪些表现呢?

有的孩子房间物品摆放杂乱无章，书桌上乱七八糟，学习用具与其他东西混放在一起，因而找学习用具时乱翻一通，找东西的时间比学习时间还长；上语文课时找不到语文课本，翻了半天才想起来忘在家里了；上课不用固定的练习本或笔记本，抓住哪个本就用哪个本，或者用一些零星的小纸片做记录，下课往书包里一塞，就不管了，到需要时才满世界地找，找不着只好再去问其他同学。

有的孩子上课和做作业时心不在焉，很难集中注意力，几乎每节课思想都开小差，听物理课时想到了飞碟，听历史课时想到了少林寺和尚，听课效率极低；喜欢一边吃东西一边做作业，或者一边看电视一边做作业，甚至做着做着就睡着了。反正总是做作业时爱干点别的事，不然干脆连作业也不做了。

有的孩子做什么事总是虎头蛇尾。拉开架势要读书，翻了几页觉得没意思，撂下书就走，以后再也不提；摊开一桌子学习用具准备做作业，做了一会儿忽然心血来潮，放下作业就去玩电脑；这一阵子想学乐器，报名参加了业余古筝班，学了一阵子，觉得太难，从此不再搭理；家里买来了好多书，却没有完整地读完一本。

有的孩子老是朝三暮四，没有明确的目标。读了居里夫人的传记，便立志要做一个物理学家；看到同桌在做数学作业，自己也顺手拿出来数学课本；忽然听到身后的同学在讨论物理题，于是扭过头去也参与讨论；正准备默写英语单词，抬头看见黑板上写着“明天交作文”，于是又赶快拿出作文本。这样一天到晚就像“小猫钓鱼”那样，一会儿捉蜻蜓，一会儿捉蝴蝶，老是找不着方向，结果一天天过去，一件事情也做不彻底。

有的孩子喜欢拖拉，得过且过，这一科的作业明天不交，那就先不做吧；今天的日记还没有写呢，没关系，明天补上。做作业总爱先磨蹭一阵再开始写，老是磨蹭到深夜才能把作业做完。由于睡眠不足，到第二天上课时哈欠连天，处于半瞌睡状态。于是,“明日复明日，明日何其多，我生待明日，万事成蹉跎”。

有的同学从来没有制订过一个明确的学习计划，学习活动全靠别人逼，老师逼得紧的科目就用时间多点，老师逼得不紧的科目用时间就少一点，或者干脆不学。坐下来开始学习时，需要用好长时间才能进入状态，并且一会儿思想就开小差了。

以上这些不良学习习惯，家长如果视而不见，不管不问，只到考试后才去关注孩子的分数和名次，孩子能学习好吗？

一定要多关注孩子的学习过程、学习状态、学习习惯，少关注孩子的学习结果。千万不要弄颠倒了！

有些家长督促孩子学习的方法很不合适。譬如有些家长常用吓唬的方法："你不好好学习，长大以后就得去挑大粪、扫大街、捡垃圾、当乞丐，你没前途。"这话根本没用！孩子才不会考虑几十年以后的事呢！有些家长用机械监督的方法：只要孩子在屋子里写，不管他写什么，家长就放心了。你过去看看，他正在写呢；你走了，他干别的事了；等你一进来，他又在那儿写。结果，学习没搞上去，拖拉、忽悠家长的习惯倒养成了。

有些家长喜欢拿自己孩子的成绩和别人的孩子比，有些家长喜欢在吃饭的时候教训孩子，这些方法都会使孩子觉得心烦意乱，又不能解决任何问题。

孩子学习成绩不好的原因绝大多数是由动力不足、习惯不好、情绪不佳造成的，而不是由智商不高造成的。

## 3. 良好的学习习惯从哪里来

良好的学习状态来自哪里呢？首先是来自学习动机。这是孩子学习的根本动力。对于低年级孩子来说，学习的内在动机有两个：一是感兴趣；二是想受夸奖。这是小孩子学习的两个最本质的动力，别的都不管用。只要内在动力强劲，孩子学习就会"不待扬鞭自奋蹄"。

其次，良好的学习状态也与情绪有关。孩子年龄小，经历简单，情感比较脆弱，情绪容易受外界影响。譬如与老师的关系、与同学的关系、与家人的关系，都会影响到孩子的学习情绪。

孩子毕竟是孩子，什么事情没做好，只要让他感受因此带来的不便，就已经够了。孩子每有一次失误，让他感受到失误带来的不便或损失，他的内心就会产生相应的调整需求，就像渴了自然就想去寻找水喝一样。这种调整需求是每个正常孩子都会有的。家长不生气，不过分指导，孩子才能有机会主动调整。如果孩子一做错，家长就批评孩子一顿，要求他做出什么保证，或者由家长直接给出一个解决方案，那孩子就失去了主动调整的机会，这种主动调节能力也就会慢慢退化。可以说，儿童所有顽固性的坏习惯，几乎都是小问题没得到合理的疏导解决，长期和家长或教师摩擦冲突形成的。让儿童养不成好习惯的最有效方法就是：命令、唠叨和指责。所以当家长责怪孩子某个习惯不好时，首先应该反思自己的教育方法。

## 实践与操作

孩子到底应该怎样学习？首先应该养成良好的学习习惯。那么，孩子需要养成哪些学习习惯呢？

### 1. 课业学习程序化的习惯

在预习时，要做到：了解教材的大概内容，找出本章或本课内容与前面已学知识的联系，找出所需的旧知识，找出本课的难点和重点作为听课的重点，对重点问题和自己不理解的问题做出标记。通过预习，发现疑问，以便上课时带着问题听课，听课效果会更好。所以，每天晚上，要让孩子自己去预习第二天上课要学习的内容。

上课听讲一定要专心致志。要把老师在讲课时运用的规律和方法理解清楚，目的是向老师学习如何科学地思考问题，以便使自己思维能力的发展建立在科学的基础上，使知识的领会进入更高级的境界。

对刚学过的知识，应及时复习。随着记忆巩固程度的提高，复习次数可以逐渐减少，间隔的时间可以逐渐加长。要及时“趁热打铁”，学过即习，方为及时。忌在学习之后很久才去复习。这样，所学知识会遗忘殆尽，就等于重新学习。

复习过去的知识能使知识系统化，使所学的概念和原理回到知识系统中的应有位置上去，把多而杂的知识变得少而精，使知识简约化，从而完成书本知识由“厚”到“薄”的转化过程。

做作业可以加深对知识的理解和记忆，可以促进知识的“消化”。不少学生正是通过做作业，把容易混淆的概念区别开来，对事物之间的关系了解得更清楚。可以说做作业过程，使知识的掌握进入应用的高级阶段。作业中出现的问题，会引起积极的思考，在分析和解决问题的过程中，不仅使新学的知识得到了应用，而且得到了“思维的锻炼”，使思维能力迅速得到提高。

作业题是应该经过精选的，有代表性、典型性的。作业也不是做得越多越好。

反思是解题之后的重要环节。一般说来，习题做完之后，要从五个层次反思。

（1）怎样做出来的？（解题采用了哪种方法）

（2）为什么这样做？（思考解题依据的原理）

（3）为什么想到这种方法？（思考解题的思路）

（4）有无其他方法？哪种方法更好？（培养求异思维）

（5）能否变通一下而变成另一习题？（培养发散思维）

当然，如果发生错解，更应进行反思：错解根源是什么？解答同类试题应注意哪些事项？如何克服常犯错误？做到“吃一堑，长一智”，不断完善自己。

孩子的学习一般是按这个顺序进行的。这是比较科学的。

## 2. 劳逸结合的习惯

曾有人这样说：“光学习，不玩耍，聪明的孩子要变傻。”所谓“头悬梁，锥刺股”，只是精神可嘉，方法未必科学。列宁曾经说过，不会休息的人就不会工作。爱因斯坦演算疲劳后，就拿起他的小提琴拉上几曲自己喜欢的曲子，使自己从那些符号中解脱出来。马克思在研究中感到疲劳时，就画一些画来转移大脑的兴奋区域。

为了保证孩子的劳逸结合，就要做到学习活动的定时、定量。

所谓定时，就是对于哪些时间学习哪些内容，已经成为自觉行为，不需要别人提醒。譬如听英语广播，到了时间，自己就准时打开收音机；什么时间该写日记了，自己就自觉打开日记本。所谓定量，就是在固定的时间内完成定量的学习任务，不轻易改变。譬如记忆英语单词，每天5个，雷打不动，即使走亲戚、会朋友、节假日也从不间断。这些习惯养成，在开始的时候家长要鼓励也要强制，一般一个月后，习惯就形成了。对于有些孩子，家长还要经常督促，以防孩子半途而废。

## 3. 翻查工具书和参考资料的习惯

不少中小学生不会使用一些必要的工具书。例如，有的学生不会查字典、词典，有的学生看不懂书目和资料索引。他们在学习中碰到疑难时，不能自己解决，只得去问别人。这样既影响了他们学习的质量和速度，又不利于自学能力的培养。这个问题应该引起重视。

学会利用工具书，是学习的一个重要习惯，必须要加以培养，尤其是到了高年级。

有时候老师和家长不需要太“勤”，老师和家长太“勤”，学生必然会变懒。学生有不懂的地方，宁愿让他暂时不懂，也不直接告诉他答案，应该想方设法让学生自己去探究。

我们要让孩子一遇到生字词就查字词典；一遇到不懂的专业术语就查专业词典；一遇到生疏的历史典故就查历史典籍；一遇到不清楚的地名就查地图或地图册……

## 4. “不动笔墨不看书”的习惯

要看书，先找笔。看书时一边看一边圈点勾画，标出重点、难点、精彩之处，或随手批注。自己读过的书，一定要留下痕迹。青少年的读书不能像有些老年人的读书，纯粹是为了消遣；青少年读书是为了武装自己，丰富自己，提高自己。所以每读一本书都要有所收获。每一本书读完后，再从头翻一遍，把标出的重点部分再读一遍，把精彩部分摘抄下来。如有突出的感想、体会，还可以写成读书笔记。到此，一本书才算看完了。书看完之后，还要善于用自己的话向别人复述书中的内容。这个习惯坚持下去，会对孩子一生的学习和工作有很大帮助。

## 5. 总结归纳的习惯

每章每节的知识是分散的、孤立的，要想形成知识体系，课后必须有小结。对所学知识进行概括，抓住应掌握的重点和关键。对比理解易混淆的概念。每学习一个专题，要把分散在各章中的知识点“连成线、形成面、结成网”，使学到的知识系统化、规律化、结构化，这样运用起来才能得心应手。

## 6. 活学活用的习惯

首先要经常把书中的知识、书中的道理、书中的故事讲给别人听，每讲一次，都是对所学知识的一次复习和巩固。其次要将所学知识运用到生活的各个方面。书中的知识只有为我所用，才能真正成为自己的知识。这种活学活用不仅可以促使孩子深刻地领会所学知识的精髓，还能使孩子真正体会到学习的乐趣，从而激发孩子坚持不懈地主动求知，培养孩子自觉主动学习的积极性。譬如，我们从语文课堂上学到了关于某种篇章结构或某种修辞手法的知识，那么我们就可以马上在我们的作文中或日记中运用这种技巧。

活学活用，还包括把书中的故事和知识讲给别人听，每讲一次都是一次复习。《学记》上讲：“独学而无友，则孤陋而寡闻。”每一个人都必须努力吸取别人的优点，弥补自己的不足，像蜜蜂似的，不断吸取群芳精华，经过反复加工，酿造知识蜂蜜。从一定意义上说，“讲”是最好的“学”，给同学讲解，不但等于又温习了一遍功课，还能把原来那些虽然也懂但不够清晰的知识简约化、条理化，更加便于记忆。

要让孩子把自己生活、学习中的感受和心得与家长、同学、老师交流，要主动参与一些发言、辩论、演讲。这样孩子会觉得自己越说越想说，越说越会说，越说越敢说，越说越自信。善于表达的人容易赢得威信；善于表达的人，容易摆脱烦恼；善于表达的人，容易建立良好的人际关系；善于表达的人不容易被埋没。所以，多说，不仅对于学习是必要的，而且对于孩子一生的事业都是必要的。

## 7. 朗读背诵的习惯

对一些优美的文章，经典的文章，最好用大声朗读的方法。每天早读都要坚持，朗读要如入无人之境，排除干扰。从小学到高中的 12 年时间可以读很多好文章。读出声可以帮助你体味文章的情感，读出声可以帮助你体味文章的节奏美，读出声有助于记忆和背诵。

中学时代，是背书的最好时期。中学生如果能背诵几百篇优秀的文章，等于为你一生的文学功底、语言功底打下一个扎实的基础。它会为你以后一生的书面表达和口头表达提供帮助。背书时，不要不理解就背，不要一句一句多次重复地读，要分层背诵。一段一段解决。

## 8. 写日记的习惯

让孩子坚持写日记，能培养孩子的观察能力，能使孩子养成随时随地观察社会，思考生活的好习惯，能为他的学习积累大量的知识和生活素材。坚持写日记，能够充实并完善孩子的精神世界：一则日记，就是心灵的一面镜子和人生的一个脚印。一个有追求的孩子将在自己的日记里审视自己的思想，反思自己的生活，评价自己的道德……而这正是孩子提升境界、走向成熟的过程。要使自己手中的笔随心所欲，就得天天练笔，练笔最好的方法就是天天记日记。通过写日记，孩子可以用文字把自己的生活场景和人生感悟点点滴滴地记录下来，使孩子对自己的学习、生活进行总结和深入思考；可以锻炼他观察生活的能力和驾驭语言的能力，提高他的写作水平；可以使孩子尽情倾诉自己的感情，调节自己的情绪；可以培养他独立的个性和独立思考的能力；可以开阔他的心胸，净化他的心灵。

记日记形式不拘，长短不限，可记叙，可描写，可抒情。一般来说，记日记起初多记事，之后到发表议论、抒发感情。起初可能觉得无内容可写，你可以让孩子慢慢观察，先写本班同学，然后写动物、植物，写家中摆设，写读后感，写多了就慢慢会写了。为了提高孩子写日记的兴趣，你可以让孩子不断变换日记的内容和形式。如插图日记、摘抄日记、备忘日记、描写日记、随感日记、想象日记、仿写日记、采访日记等。

孩子起初写日记会像挤牙膏一样，坚持几年以后，思维拓宽了，文字就像从心里流淌出来似的。从心里流淌出来的才是文字的精灵，是丰富的情感，是思想的火花。

孩子最初开始写日记的时候，家长不要急于纠正他的错别字、病句、标点符号等小毛病，因为这种过多的指责容易挫伤他的积极性。

写，是整理思想的过程。思想不加整理，如一团乱麻，如商店中胡乱摆放的一堆货物，需要时可能找不到。如果经常整理知识，整理思想，知识就有了系统，有了纲目，思想就有了体系。人也就成了有思想的人。

## 9. 勤于自学的习惯

自学是获取知识的主要途径。就学习过程而言，教师只是引路人，学生是学习的真正主体，学习中的大量问题，主要靠自己去解决。阅读是自学的一种主要形式，通过阅读教科书，可以独立领会知识，把握概念本质内涵，分析知识前后联系，反复推敲，理解教材，深化知识，形成能力。从小学、中学到大学，再到读硕士、博士，学习的层次越高，自学的意义越重要，因为会自学的学生就是有学习潜能的学生。

自学，还包括自己摘抄和整理知识。读书时如遇到精彩的描写、精辟的议论、优美的抒情、名人名言、凡人妙语，应立即摘抄下来，并注明出处。刚开始摘抄时往往不分类，时间长了，自己就想动手给它分类了。分类就是整理知识的过程，你记的东西，经过自己几次归类整理，这些知识就属于自己的了。每整理一次，印象就加深一次。平常课堂上零零星星学到的知识如果不定期整理，这些知识就像堆在仓库里的货物，杂乱无章。对学过的知识进行整理，就像把仓库里的货物分类摆上货架，急用时就如探囊取物一样方便。

# 第四节 阅读习惯培养

## 理念与认识

### 1. 人的精神发育靠读书

读书是孩子净化心灵、升华人格的一个非常重要的途径。而一个民族的精神境界，很大程度上取决于这个民族的读书水平。世界上最有创造力的民族也就是最爱读书的民族。世界上平均读书最多的民族是犹太人。犹太人可以说创造了世界奇迹，近百年来，伟大的思想家多是犹太人：马克思，犹太人，他的唯物史观改变了人类对历史和社会的认识；爱因斯坦，犹太人，他的相对论改变了人类对时间和空间的认识；弗洛伊德，犹太人，他的精神分析学改变了人类对自身的认识。诺贝尔奖获得者中，犹太人占的比例最大。

一个人身体的发育靠什么？靠食物。当我们离开母体的时候，我们躯体的发育最初靠母亲的乳汁喂养，之后靠每天的食物。如果到了两三岁以后再吃母亲的乳汁，那么这个孩子一定会营养不良，从而导致身体发育不良。这时孩子需要主动进食，汲取各种各样的营养。

一个人的精神成长需要阅读学习。学校的课本就像母亲的乳汁，在我们人生的关键时期，它能给我们营养和滋润。而一个人的精神发育绝不能只靠学校的课本。如果只靠课本，那么这个孩子的精神发育也是不良的。一个人的精神境界与他的读书是紧密联系在一起的。

从生物学的角度而言，人和动物是没有区别的，而人之所以被称为“万物之灵长”，主要原因在于人的“精神境界”。通过阅读，我们可以建构无愧于作为一个“人”的精神世界。对自己生命的追问，需要我们徜徉于人类精神文明的长廊，在触摸人类历史的同时憧憬人类的未来，在叩问心灵的同时感悟世界。作为教育者，无论是教师还是家长，都应该在孩子的童年时代，用一本又一本的好书把他们引入一个高尚的精神境界，为他们的人生打好“精神的底色”。

## 2. 阅读量决定孩子的发展后劲

我们之所以要读书，并不仅仅是因为要考试，而是因为我们要生活。我们应让阅读成为伴随孩子终生的生活习惯。

喜欢读书的人一辈子不寂寞；不喜欢读书的人一辈子都不知所措。可以说，孩子成长过程中出现的很多问题都与不读书有关。一个人如果缺乏了书的滋养，他的思想和心灵就会处于荒漠和干涸状态，就不会充满生机。孩子读书多了，知识和思想积淀到了一定程度，再辅之以生活的实践和感悟，他的生命就升华了。

少儿时期是孩子学会读书、养成读书习惯的关键时期。作为父母，让您的孩子爱书、读书吧，这是送给孩子的最好的礼物！打造一个书香门第，可让世代受益；一个没有书的家庭就像一个没有门窗的房子；没有读书气氛的家庭是“缺氧”的家庭。

在儿童早期教育中，家长们往往更愿意看到那些立竿见影的效果。大人们热衷于把孩子送进学前班提前去学拼音、学外语，热切期待孩子每次考试都能拿好成绩，热情地给孩子报许多课外班，培养各种才艺，他们认为这就叫做“不输在起跑线上”。这种急躁心理很容易使他们失去判断力。其实，从长远来看，孩子阅读质量和数量的差别才是影响输赢的重要因素。

孩子从小学到初中，只要学好课本，就能取得较好的考试成绩，这给不少家长带来幻觉，以为课外阅读可有可无，甚至认为它会影响学习。事实上，不重视孩子的课外阅读是家庭教育中严重的错误行为之一。那些不读课外书的孩子，即使他们在小时候表现得聪明伶俐，成绩突出，但由于他们储存的智力能源有限，往往从高中开始，他们就会显得综合素质越来越平庸。而那些阅读量大的孩子，由于积累了大量的智力能源，这种能源的威力会在高中、大学以后逐步释放出来，形成坚强的发展后劲。这些孩子即使不赢在“起跑线上”，也很可能赢在“终点线上”。

## 3. 思想贫乏和语言贫乏的原因是阅读贫乏

这里还有必要说一下阅读与写作的关系。写作从来都不仅仅是语言文字上的功夫，语言文字只是表达工具而已。文章写作从根本上说是用语言文字来表达思想认识的过程。阅读的意义不仅在于让孩子提高语言文字水平，还在于能丰富孩子的内心世界，提高他们的思想认识水平。一个阅读量大的孩子，在书中“倾听”了众多智慧的语言，分享了无数智者的思考成果，他们不仅仅在思想上更加成熟，在价值观上也更完善——这是做人的根本，也是作文的前提。

阅读贫乏的人，往往也是语言贫乏的人，同时也是思维贫乏的人。那些心灵苍白、思想空洞、没有成熟价值观的人，恐怕再研究写作技巧也很难写出具有深刻见解的文章来。

一个不阅读的人是蒙昧的，一个不阅读的家庭是无趣的。可现在一提及素质教育，人们总是想到琴棋书画类的“技巧”。有人主张用打高尔夫球培养“绅士风度”，用跳交谊舞来培养“艺术气质”。一个不读书的人哪来的风度和气质！

然而，并不是所有的孩子从小就喜欢读书。尤其是当今的社会，孩子成长在一个媒体发达、信息驳杂的社会氛围中，青少年特别容易崇拜影视明星、文体明星。许多家庭拥有高档家用电器，而没有一个摆放书籍的书柜；许多家长乐于和孩子一起欣赏歌舞表演、体育竞技等电视节目，而不愿意和孩子一起读书。几乎每个家庭里都保存有球星、歌星的照片，而很难找到读书笔记和文摘卡片。孩子们聚会时，大家谈的也是流行歌曲、电视小品、球星歌星，而很少谈到经典著作。

因此，父母肩负着一种义务与责任，那就是引导孩子喜欢读书。其引导的办法就是为孩子营造一个良好的家庭阅读氛围，创造让孩子自由选择阅读的条件，培养孩子的阅读兴趣，养成良好的阅读习惯，循序渐进地培养孩子爱读书、多读书、读好书的意识。

孩子自发地喜欢上书的年龄阶段并不长，一般在七八岁到十二三岁之间。在这个年龄阶段中，如果他对某类书籍的喜爱不能得到满足，过了这个阶段，他的心思便要被许多其他的东西所吸引，他的心灵会被许多成长的烦恼所占据，到这时，父母便失去了一个启发孩子阅读兴趣、帮助孩子养成读书习惯的绝佳机会。

## 实践与操作

要让孩子读书，主要不是靠逼迫，而是靠“诱惑”。如何诱惑呢？以下建议，供你参考和选择。

### 1. 给孩子营造读书的环境气氛

父母是孩子最好的老师，言传身教比任何的说教都直接、有效。如果爸爸妈妈不读书，不学习，成天不是看电视，就是打麻将或上网聊天，要让孩子爱学习，爱阅读，恐怕是很难吧！所以，家长爱读书是孩子爱读书的最直接的示范。

假如你家有个小学二三年级的孩子，建议你在家里孩子经常走过的合适的地方放个小书柜，里面放些童话故事、科幻故事、传奇故事和英雄人物故事、名人传记、动物知识、海洋生物知识、简易的历史地理知识类书籍，让孩子随手都能拿到手里，在不知不觉中发现一个吸引他们的世界。事实上，很多伟人正是在艰苦的童年因为读了几本书，哺育了他们的心灵，确定了他们一生的奋斗方向，甚至造就了他们未来的事业。

给孩子朗读作品，对儿童早期的阅读提高具有十分积极的意义。家长用自然的气息，清晰而响亮的声音，正确而流畅的语音，把孩子感兴趣的作品一字一句地朗读给孩子听，能使孩子通过语言接受书籍的熏陶。成人要选择适合于儿童特定年龄的图书，在朗读之前，要先对图书有一个大致的了解，对故事发展情节、角色人物的特点、语言风格有所理解，从而有助于朗读时更好地运用声音、语气、语速去表达作品。让孩子坐在自己的身边，书的高度与孩子视线平行，以便集中孩子的注意力。还可以在朗读前引导儿童通过观察封面图画预测故事情节，然后向儿童提出“书里面的故事是怎样的呢”的问题，使儿童带着问题聆听故事，吸收新的信息，思考新的问题。

## 2. 和孩子一起读书

家庭里最好能留出固定的读书时间，比如每次作业完成之后、每个双休日的下午、每天睡觉之前。家长和孩子一起安静地读一会儿书，或者和孩子一起讨论评价书中的内容。这样，效果将更加理想。一家人在晚间的灯下，彼此朗读一段书给家人听。这种习惯，不仅分享知识，也是维系家人感情的良好方式。

阅读要有声有色，要和孩子互动。当代中国的家庭，往往只是“生活的共同体”，除了柴米油盐、锅碗瓢勺、吃喝拉撒以外，常常找不到共同的话题，特别是两代人之间常常找不到沟通心灵的话题。如果养成了一家人一起读书的习惯，正是弥补这一缺陷的最佳途径。如果能经常和孩子聊聊书中的故事，复述书中的故事情节，谈谈读书的心得体会，这个家庭就会逐渐变得高雅。特别是图画书、故事书的内容，假如孩子能够清楚、正确地复述大意，就表示他已经吸收了书中的内容。就书中某一角色进行讨论，并说出自己的看法，这既帮助了记忆,也锻炼了思考认识能力。让孩子说说读完此书的心得和感想，这对孩子的表达能力也有很大帮助。这种崇尚学习的家庭氛围肯定有利于孩子的成才。

在孩子面前读书时，当家长看到有趣的地方，家长要表现得很兴奋，手舞足蹈，有趣的地方“咯咯咯”地笑出声来，让孩子感到书里趣味无穷，这容易引起孩子读书的欲望。

与孩子一起读书时，还有与孩子共同讨论书的内容。

在讨论中，家长的提问需要掌握一定的技巧和方法。就提问的类型而言，有以下几种：引导孩子观察和描述的提问，引发孩子回忆和比较的提问，启发孩子联想和想象的提问，引发孩子因果推测的提问，引发孩子假设、质疑的提问。当然，成人也要鼓励和激发孩子的提问，通过双向互动的探讨问题的方式，使孩子对图书作进一步的分析，将接收的新信息与原有的知识经验联系起来，由表及里地分析和综合，扩展或修正自己的认识，能极大地提高孩子的思维能力。

有一个母亲在谈到鼓励孩子读书时是这样说的。

儿子上学后，为了使他积累词汇，我们母子经常玩成语接龙的游戏。自然，一开始儿子经常输给我，我有时也有意输给他几次，他表现出了“不服气”的神色。于是他开始翻书、查成语词典，到处搜集成语。我看时机已到，便偷偷地买来《成语故事大全》，放在书架上。这一招果然很灵，趁我不在家时，儿子如饥似渴地读书，准备了一大串成语来对付我，还知道了不少成语的出处。儿子终于“大获全胜”。我佯装不知，但目的已经达到。这学期，孩子又报了一个书法培训班，为了调动他的积极性，我和儿子约好，每天放学回家后，儿子负责教我，我们每天练字一篇，看谁写得好，看谁进步快。儿子早已摩拳擦掌，准备与我一决高低。

就这样，我们母子一起游戏，一起学习，其乐融融。虽然说这样跟着儿子跑跑颠颠的，也耗费了不少精力，但你追我赶的滋味还蛮有意思，亲情有时变成了友情，母子有时又成了小“哥们”，而彼此的心却靠得更近了。

10 年教育儿子的路程使我深深体会到，做一个母亲很难，但我无怨无悔。因为我知道，做母亲是我毕生的伟大事业。我乐意与孩子一起学习，一起成长，共享痛苦与欢乐，共同体验成功与挫折。我虽然知道，终有一天，他会挣脱我的怀抱，像小鸟一样展翅高飞，但我不会为此感到遗憾，因为我除了拥有自己的天空，也分享了孩子的世界，是孩子使我生命的体验更加多姿多彩。

## 3. 给孩子讲书中的故事

为孩子讲书中的故事，是培养孩子读书兴趣的有效途径。它能凭借故事的魅力强烈地吸引孩子，从而诱导孩子为寻找乐趣而自觉自愿地去读书。同时，也能拉近父母与孩子的心理距离。这种要求也会逼着父母坚持看书学习，有一定的知识积累。

首先，要选择好讲故事的时间。给孩子讲故事最好在每天的固定时间进行。形成习惯以后，你和孩子每天都会期待着这一时刻，从而使这一活动成为每天家庭日常生活的一个组成部分。久而久之，家长和孩子都会更加自然地参加这一活动，彼此间合作会更加愉快。我认为给孩子讲故事最适当的时间是每天的上床睡觉前。因为这一时间既固定又不固定，具有一定的机动性，不容易被琐事耽误。

其次，你可以在家里安排一个固定的讲故事的场所。我认为最合适的场所是在卧室或书房。

再次，给低龄儿童讲故事，每次讲故事的开始和结尾最好有一个固定的动作。譬如，开始时你可以用手在书架上“捞”一个故事；结束的时候，把故事“扔回”到书架上。这样，会对诱导孩子看书起到暗示作用。

成人应以口语的形式，加上适当的表情、动作，把图书里的故事内容讲给孩子听。讲故事是用一种交谈或对话的方式进行的活动，这对儿童的阅读能力和文字认识能力的发展有很大的影响。

讲故事法与朗读法的不同之处在于，不仅要用口头语言来讲故事，还需要运用适当的体态语言去演绎故事的内容。成人在讲故事时应根据故事的内容，控制自己说话的声调、音量和速度，用脸部的表情和身体的动作等来表达角色和故事情节的变化。在讲故事的同时，可以引导孩子一边听故事，一边看图书插图及文字，可以促进孩子理解口头语言和书面语言的对应关系。

## 4. 表演书中的故事

孩子阅读故事图书后，可以在成人的引导下，以玩偶或自己扮演角色的形式，把图书故事情节表演出来。这是在图书阅读后进行的延伸学习的方法，对孩子的言语、思维、理解和表达等综合能力的发展有很大的促进作用。

在故事表演的过程中，要鼓励孩子模仿故事里各种动物的动作、叫声，模仿各种人物的活动姿态、行为与动作。帮助孩子学习故事里角色的语言特点，特别是对话语言。另外，要启发孩子把日常生活中自己观察到的、看到的人们说话的表情、语气、音调等运用到故事的角色语言中，发挥他们的表演潜力。通过故事表演，孩子对图画书里的角色、故事情节会有进一步的了解，并会逐步加深对图书内容的理解；通过故事表演，会提升他们自己的语言表达能力、增强阅读的兴趣和加深对文学作品的体验。

## 5. “缠着”孩子把书中的故事和知识讲给父母听

当孩子养成了自觉看书学习的习惯以后，为了强化孩子的读书兴趣，家长要有意地“缠着”孩子请他讲故事或讲书中的知识，或者以相互给对方讲故事为条件，“引诱”孩子讲故事。每次讲完后，家长可故意做惊奇状，大加赞扬，或“缠着”孩子问这问那，询问故事的细节。这会使孩子以后看书更加细心，也会使孩子产生一种成功的喜悦。这种做法会激发孩子以更大的热情投入阅读，使孩子读书的兴趣更加稳定。

讲故事的作用不仅是让孩子爱上读书，学会读书，还能从故事中获得教益。从“岳母刺字”到黄继光、董存瑞，从女娲补天到宇宙飞船，从安徒生童话到伊索寓言，从祖冲之到李四光，对真善美的追求，对假恶丑的鞭挞，对科学的向往，对世界的认知，就这样潜移默化地植根于孩子幼小的心灵之中，如春风化雨，润物无声。

## 6. 引导孩子从书中寻找疑难问题的答案

孩子一般都有缠着大人问这问那的习惯，当家长适时地告诉孩子，他问的问题在 ×× 书中有很好的解答时，孩子就会产生接近书本的强烈愿望。例如引导孩子读《十万个为什么》就适宜采取这种办法。家长对孩子讲完一个故事后可以告诉孩子，这个故事就在 ×× 书中，孩子也会慢慢对书发生兴趣。当你给孩子讲三国的故事讲到最精彩的片段时戛然而止，然后告诉孩子这个故事在《三国演义》的第几章、第几页，孩子就会主动去翻书阅读。

## 7. 指导孩子掌握一些常用的阅读方法

为了让孩子保持恒久的阅读兴趣和阅读热情，就必须指导孩子掌握一些常用的阅读方法。例如：精读、略读、跳读；朗读、默读。对于不同体裁的读物还要采取不同的阅读方法。对于经典的读物要精读，对于故事类读物要略读，为了寻找某些文献资料时可用跳读。优美的诗歌和散文适宜朗读，较为深奥且逻辑性较强的文章适宜默读。

在这里我要特别提示：在教育中，你要孩子接受什么，就去诱惑他；想要他厌恶什么，就去强迫他——这是非常有效的招数。凡是达不到目的，做得事与愿违的家长，一定是把方法用反了。如果家长想让孩子喜欢课外阅读，就千万不要直接要求他“读书去”，也不要总拿他爱不爱读书这件事当话题来聊，更不要用读书的事来批评他，教训他，而是去诱惑他读书。

# 第五节

## 专注意识培养

### 理念与认识

#### 1. 没有专注就没有成功

专注让人们疯狂、大胆、冒险、不惜一切地去投身于自己所钟情的事业。专注的表现是：长时间醉心于某一件事，不会轻易分心，不会轻易被打断；始终坚持，即使失败了，也会收拾残局，从头再来；没有时间感，经常忽略正常作息时间，不分昼夜，废寝忘食，讨厌别人干扰；不觉得疲倦，即使体力透支也不觉得苦。所以，对于个人事业的成功来说，专注和激情比智力更重要。

孩子的“专注精神不强”,就是我们平常说的学习“注意力不集中”。但是，请不要轻易断定孩子注意力不集中。小孩子很难长时间地做同一件事。他们往往做不了多久就会抛开，或者时不时地东张西望，交头接耳。所以，只有表现特别突出的“注意力不集中”才算不良习惯，才需要矫正。

有些孩子，一上课思想就开小差，双眼一直滴溜溜地转，一会儿望左边的同学，一会儿望右边的同学，显得心不在焉。如果这些孩子日复一日、月复一月、年复一年，终日饱食，无所用心，从来不专注于学习，这就要引起家长的注意了。

孩子小时候的“注意力不集中”一旦形成习惯，到了成年以后，就会对从事的任何活动都没有持久的耐心和恒心。

大量的社会现实告诉我们，即使是最普通的人，一旦把全部精力集中到一个目标上，也会有所成就；即使是绝顶聪明的人，如果把精力分散开来，扑来扑去，最后也将一事无成。

美国有这样一个故事：一天早饭后，有人要将一块木板钉在树上当搁板，贾金斯走过去管闲事，说要帮他一把。他说：“你应该先把木板多余的部分锯掉再钉上去。”于是他找来了锯，但没有锯两三下就撒手了。说这把锯子太钝了，得磨快些。于是他又去找磨锯的锉刀。锉刀找来了，他发现锉刀没有把柄，必须先在锉刀上安一个把柄才能用。于是他又去柴堆里砍木棍，可砍木棍时他发现斧头不锋利，得先磨斧头。磨斧头需要磨刀石。磨刀石找来了，又需要把它固定到板凳上才能用。于是，贾金斯又到村里去找板凳。板凳找来了，已经中午了。他愣在那儿：我找板凳是做什么的啊？他忘了。他忘了今天上午他的目标是什么了。

后来人们发现，贾金斯无论学什么都是半途而废。他曾经攻读法语、拉丁语、梵文，但都是有始无终。他从未获得过什么学位，也没有真正学到有用的知识。但好在他的先辈为他留下了一些本钱。他拿出 10 万美元投资一家煤气厂生产煤气。可生产煤气所需的煤炭价钱昂贵，这使他大为亏本。于是，他又以 9 万美元把煤气厂转让出去，开办起煤矿来生产煤炭。可是因为采煤机械设备价格太高，他没有赚到钱。于是，贾金斯又以 8 万美元把煤矿变卖了，转入了煤矿机械设备制造业。从那以后，他在各种工业部门中滑进滑出，没完没了。把家业也搞垮了。

在生活上，他恋爱过好几次，可每一次都毫无结果。有一次，他对一位姑娘一见钟情，十分坦率地向姑娘表露了心迹。但姑娘嫌他缺乏学识。为了获得姑娘的青睐，他到一所补习学校上课，但不久就坚持不下去了。后来，他又爱上另一位姑娘。可是，当他到姑娘家去时，却喜欢上了这个姑娘的二妹，不久，他又迷上了姑娘的三妹妹。到最后一个也没有谈成功。

在这个世界上，很多人每天都在像贾金斯这样东跑西颠地奔波着。光阴似箭，宝贵的青春岁月就是这样不知不觉地浪费掉的。世界上无数的终生一事无成的人就是这样造就的。有些人，很聪明，但一生一无所成，那是因为他一生都没有耐心去专心致志做一件认为有价值的事情。

如果我们的精力、我们的注意力、我们的思维不能够在一个具体的目标上予以集中，我们就很难有成功。所以，专心致志的精神是特别重要的一项素质。当我们赞叹、羡慕、向往和崇拜英才人物的成功时，不如认真用你的生命，用你真实的感情，用你全部的热情，坚持不懈地去做一件事情。其实，天才就是把全部精力专注于某一特定目标。

那些有经验的园丁往往习惯把树木上许多旁逸斜出的枝条剪去，为什么呢？为了使树木的养料不被浪费。那些有经验的花匠也习惯把许多花蕾剪去，为什么呢？是为了让所有的养分都集中在其余少数的花蕾上，使这些少数的花蕾能开放出更加硕大的花朵。

培养人才也和培植花木有相同之处。与其把大量的精力消耗在许多毫无意义的事情上，不如选准一个适宜自己的事情，然后大胆地举起剪刀，剪掉大脑中大量的杂乱无序的念头，集中所有精力，埋头苦干，全力以赴，去做你选中的一件事情。这样可能会有所建树，有所成就。

世界上无数的失败者之所以失败，恐怕主要不是因为他们才干不够，而是因为他们不能集中精力。他们使自己的大量精力白白地浪费掉。而他们自己竟然从未觉悟到这一问题。如果他们把头脑中的那些杂念一一剪掉，使生命中的所有养料都集中到一个焦点上，咬定青山不放松，他们一定会收获到丰硕的果实。

## 2. 选择专注的着力点

如果我们的孩子在走出中学校门时，已经明确了自己事业的方向，并且愿意在自己喜欢的领域投入大量的时间和精力，那么这个孩子将来的成就很可能会高于他的同学——即使他的同学出自北大、清华这样的名牌大学。

那么怎样确定自己专注的那个着力点呢？

首先，要找到自己的优势。成功不在于你学历高低，而在于你有没有找到自己的优势。越是什么都想去抓，越是什么都抓不到手。优势能掩盖自己的劣势。要允许自己在某些方面比别人差，理性地让出一部分。干这我不行，让；干那个也不行，也让。无论如何都让不出去的，就是自己的优势。人要只对自己的优势产生兴奋，对办不成的事情不予考虑，全部忘记。

原北京大学团委书记王登峰讲过一个笑话。

他说在上大学时，“我发现我们系里有好多同学在业余爱好方面能力超强，有爱诗歌朗诵的，有拉小提琴的，有唱卡拉 OK 的，我很羡慕。我也想发展一项业余爱好。我开始努力，但是，诗歌朗诵比赛，我选不上；练小提琴，我还不行；唱卡拉 OK，我还是不行。有些事情自己永远都做不成。毕业以后，我发现打‘双升’是我的强项。于是我把当年擅长诗歌朗诵、擅长拉小提琴和唱卡拉 OK 的同学请来，和他们打‘双升’，谁输了要钻桌子，结果我让他们钻了一夜的桌子。从此以后，我不比劣势，只比优势”。

学会放弃，其实就是淘汰自己的弱项，选择自己的强项。放弃不是不思进取。恰当的放弃，正是为了更好的进取。

在这个世界上，每一个成功者都是抓住了自己的长处，发挥了自己优势，以优势起步，从长处着手，才容易走向成功。优势里隐藏着巨大的潜力，隐藏着成功的密码。环顾四周，我们可以看到，能歌善舞的人走向了舞台，左右逢源的人走向政坛，笔下生花的人成了作家。其实，人的一生，不知道自己的劣势并不太可怕，可怕的是不知道自己的优势。

人的成功往往在于他能发挥自己的优势，只有多花点时间把自己的优势发挥到极致，才有可能走向成功。发挥自己的优势，是一种人生智慧，也是一种生存之道。

其次，要选择自己感兴趣的事情，这样做起来就有激情，不觉得苦，不觉得累，容易获得内在动力，也不用别人督促，自己即使废寝忘食也心甘情愿。

人的专注精神，就像一把锥子，它能把力量集中于一个点，所以穿透力特别强。如果我们选择了自己既有兴趣又有优势的事情来做，就容易做到专注、持久、耐心，那我们距离成功就不远了。

我们要记住：有所不成，才能有所成；有所不为，才能有所为；有所专，才能有所成。如果你无事不做，那你必然一事难成！

## 实践与操作

怎样培养孩子的专注意识呢?

### 1. 每次做事前尽可能清空大脑

大脑和我们的书桌相似，那里面也堆放着很多东西：光怪陆离的影像，喜怒哀乐的情绪，乱七八糟的思绪，杂乱无章的信息。我们一坐在书桌前开始工作，就要把这些东西一律清空，在大脑中就留下你现在要进行的科目，就像收拾你的桌子一样。大脑也像一块黑板，只有把原来上面的东西擦干净了，新写上去的东西才清晰。

当你将思想中的所有杂念都清除以后，一瞬间你就进入了专一的主题，这时你的大脑就充分调动起来，这时你的观察的能力、思考能力、记忆能力、想象能力、逻辑推理能力，都会活跃起来。如果不是这样，你坐在那里，十分钟之内脑袋瓜里一直是车水马龙，那么这十分钟是被浪费掉的。再有十分钟，不是车水马龙了，但依然是熙熙攘攘的街道。到最后学习开始了，难免三心二意，效率很低。

### 2. 每次学习前尽可能清空活动空间

很多人常常有这样的经历：自己坐在桌子前想学数学，刚好看到桌子上有一张报纸，自己就忍不住看了起来，看了半天才想起来，我不是来看报纸的，我是来学数学的。或者本来你是要学习地理的，从卫生间出来，看见客厅的电视还开着，孙悟空正在翻跟头呢，于是就站着看一会儿，看着看着，就忘了自己的今天要学习地理的打算了，思想便从地理王国飞出去了，飞到西游记那儿了。这是完全可能的。

所以，当孩子准备学习某项内容时，要把电视机关掉，把电脑关掉，把手机关掉，把书桌上玩具、零食、报章杂志统统收拾起来，把书桌上的其他东西全部清空，只留下你今天要学习的材料。这是训练注意力的最初阶段的有效手段。

## 3. 家长多观察，少唠叨

孩子在看书学习时，家长不要去干涉；同时还要尽量给他创造一个舒适安宁的环境，让他尽早进入学习状态。

孩子在做功课时，家长要尽量回避，无须在边上指指点点，那样容易打断他的思路。大家都有这样的体会，当你要写一篇文章时，旁边如果有一个人一会儿看看你写的什么题目，一会儿看看你怎样开头，你可能非常讨厌，也难以写下去。而家长的过分唠叨，往往使孩子注意力分散。

## 4. 学习与休息节奏鲜明

学习和休息节奏要鲜明。千万不要让孩子这样学习：我这一天就是复习功课，然后，从早晨开始就好像在复习功课，书一直在手边，同时一会儿干干这个，一会儿干干那个。十二个小时就这样过去了，玩也没玩好，学习也没有什么成效。

所谓节奏鲜明就是：从现在开始，集中一小时的精力，高度地集中注意力，尝试着一定把这段课文背下来。背完了，再休息。休息时间一定要让孩子离开学习的场所。只有休息时间让孩子玩得尽兴，学习时才能学得尽力。这叫张弛有度。

上课、读书、写作业不专心的孩子，往往没有计划意识，没有时间意识，没有效率意识。家长应抽出一定的时间，指导孩子制订学习计划。比如今天要完成哪几科作业，需要复习哪些内容，把这些任务具体分配到一定的时间段内去完成。天天如此，这样坚持一个月以上，孩子的计划意识会有所加强，学习的注意力会有所提高。

当然，培养儿童专注力的方法有很多，其具体实施方法也不尽相同。家长可根据孩子专注力发展的特点，采取适当的方法，有计划、有目的地训练和培养孩子的专注力。

## 5. 鼓励已成年的孩子 10 年做好一件事

10 年可以干好多事情。10 年能学会一样手艺，10 年可以学会一样乐器，10 年可以练一手好字……如果没有一个目标，不能专心去做一件你选定的事情，天天忙于事务，10 年后你仍然一无所有。

我经常鼓励年轻教师要选择一个 10 年后才能见效的课题，不懈地去研究下去，总会有所建树。

在今天这个浮躁的时代，这个急功近利的时代，如果谁能专心致志地坚持用 10 年以上的时间认真做一件事情，他就很可能是一个成功者。

当代教育家朱永新老师曾在网上声明要开一了个“教师 10 年成功保险公司”，确保教师经过 10 年努力成为受学生欢迎、同行羡慕、领导认可、成绩优秀的成功教师。投入多少参保金都可以，只要你入了保险后每天坚持认真反思你今天的教学情况：哪些地方是成功的，是值得总结经验的；哪些地方是失败的，是应该吸取教训的，并每天写出 500 字以上的书面教学反思日记，10 年之后保你成为当地闻名的优秀教师。不成功的话你可以拿着自己 1 825 000 字的手稿去找公司索赔，公司赔偿参保金的 10 倍。

近几年来，社会上的浮躁之风非常兴盛，经商的总想短时间内腰缠万贯；做科研的想三年两载达到国内领先水平；当演员的想一炮打响，成为当红明星；当官的想一年一个台阶，迅速成为一方要员。这些人中，很少人能如愿以偿。因为他太心急了。我们要不随俗，不趋时，不急功近利，要耐得住寂寞，平心静气地做自己选准的事，总会做出成绩的。

一个人如果找不到自己要去的目的地，不能正确地设立目标和制订计划，那就会只考虑眼前利益，就很容易陷入无序、无效的人生奔波中，到头来可能一无所获。

我们不少人，他们的一生看上去也很忙碌，很努力，但是最后却并没有走到自己的目的地。因为他们从一开始就没有搞明白自己到底要到哪里去。

培养专注精神，不仅适用于孩子，也适用于成人；不仅适用于短期的学习行为，也适用于长期的人生规划。

# 第四章

## 思维能力培养

# 第一节

# 观察能力培养

## 理念与认识

### 1. 观察，是认知的开始

著名的生理学家巴甫洛夫曾对自己的学生提出过这样的要求：“应当先学会观察。不学会观察，你就永远当不了科学家。”伟大的文学家鲁迅也曾教导文学青年：“如果要创作，第一要观察。”

大量的科技史料证明，人们的创造发明和科学研究都离不开观察。达尔文系统地观察物种 40 年才创立了进化论；富兰克林冒着生命危险在雷雨中放风筝，凭自己双手发麻的亲身感受才证实了雷就是电；伽利略认真观察了教堂里随风摆动的大吊灯，才发现了钟摆原理。

不仅自然科学研究需要观察，人文科学研究也同样需要观察。如作家、画家的创造都离不开细致的观察。“生活中不是缺少美，而是缺少发现美的眼睛。”美，时时刻刻都在我们的生活中，但是，有的人能发现，有的人却视而不见，这是怎么回事呢？原来是因为有人善于观察，有人不善于观察。现在的孩子由于学业负担太重，他们远离了山水田园，远离了小溪中的鱼虾，远离了草丛中的蝈蝈、蚂蚁，他们不知道自然是美丽的，他们也不知道生活中有真、善、美，也有假、恶、丑。

现在确有不少爸爸妈妈，他们拼命地为孩子买营养品，买学习用品，不管孩子需要不需要，喜欢不喜欢。但是，他们就是不让孩子到大自然中去观察体验，无情地把孩子与大自然和大社会分开，无情地剥夺了孩子亲近自然和观察社会的权利。

## 2. 思考源于观察

智慧源于思考，而思考又源于观察。观察在孩子的认知中有着极其重要的作用。但是，这个“常识”已经被许多家长遗忘了。目前有一种可怕的教育现状：当孩子能够熟练地操作电脑时，当孩子小小年纪就取得一大堆“特长”证书时，当孩子在国际奥赛中拿回金牌时……而他们作为人的某些功能可能正在退化——现在有不少城市的孩子辨别不出东西南北……这就如同在动物园长大的野生动物一样，失去了自然生存条件，就失去了很多天性和能力。

现在的学校教育，使绝大多数学生忙于学习应试，不关心国计民生，站不到时代的潮头，听不到时代潮汐的轰鸣，感觉不到国内外各种思潮的冲击和震撼，看不见人生百态，听不见老百姓的喜怒哀乐，听不见现实生活的涛声，自己对社会生活毫无见解，在这样的情况下，如果能写出好作文，那才是怪事呢！思想见解在哪里？就在对纷繁世事的体验思考之中。现在的学生作文中没有了对社会现实的关心，没有了真诚的使命感，没有了对天下生灵的忧患意识，而有的多是琐碎平庸的生活，浅薄幼稚的情趣，根本原因就在于学生没有对社会的观察和认识。

现实生活中，有波澜壮阔的生活画卷，有惊涛拍岸的改革大潮，有正义与邪恶的殊死搏斗，有惊心动魄的斗争，有卑鄙无耻，有残忍龌龊，有血气方刚，有大义凛然。对此，我们的孩子们不去观察体验，怎么能提高孩子对社会的认识能力？

## 实践与操作

怎样培养孩子的观察能力呢？这里提两条建议。

### 1. 把孩子带进大自然，确定观察对象

美丽的大自然是促进儿童智力发展的天然环境。这种丰富多彩的环境对促进儿童的智力发展具有重要作用。所以经常带孩子到大自然中玩耍，便是很好的智力开发方式。如碧绿的田野、清清的河水、虫鸟欢鸣的小树林、五彩缤纷的花草、玉塑银装的雪景等，这些外部环境刺激，在家庭的小院落里是寻找不到的。我们应该让孩子走进大自然，去玩泥巴，去蹚小溪，去踢足球，去趴在地上看蚂蚁搬家，和小伙伴一起磕磕碰碰，甚至擦破皮。孩子的行为可以引导，但童趣、童心不能被践踏。比如，你可以带孩子去野外春游，让孩子带上钢笔和笔记本，在郊游的过程中，引导孩子细心捕捉春天野外的 10 种颜色、10 种声音、10 种气味、树叶的 10 种形状；到动物园观察 10 种动物的体形、毛色、动作；在闹市中观察 10 个人穿戴、表情、姿态……回家后写入日记或作文。

家长带孩子外出时，可事先对孩子提出一些观察事物的题目：大街两侧有些什么建筑？其中哪些建筑最美？为什么？街道两旁都有哪些种类的树？不同种类的树，它们的树冠、树叶的形状有什么不同？田野里的麦苗在风的吹动下有什么特点？下雨天，天空颜色有什么变化？下雨时，雨是什么样子？雨落地会发出什么声音？……长此以往，孩子就会留心周围的事物，逐渐改变那种凡事漫不经心、视而不见的习惯。

生活中有许多科学现象，如月亮的圆缺、雨后彩虹、磁力现象、水的汽化和结冰、糖和食盐的溶解、铁生锈……我们也许无法向孩子解释这些现象，但可以引导他们去观察、去探索和发现。节日、假日，父母能带孩子上公园或是出去玩，如果父母仔细地加以引导，则能成为孩子观察和学习的好机会。

比如去动物园时，父母可以问孩子："你能发现老虎和豹有不同吗？"孩子绝对不会走马观花了，他会仔细地观察和认真地比较，通过异中求同和同中求异的观察，准确地区分老虎和豹。父母同时要及时地用语言指导孩子去观察，帮助孩子用语言表达他们所看到的动物。在日常生活中，父母可以通过许多小事发现孩子的观察是否敏锐。比如父母发式、服饰的变换，家里换了一块桌布或窗帘，孩子能否立即发现，如果孩子一点也不诧异，父母应该更加注意培养孩子的观察力。

一般来说，初中以下的孩子适宜多观察自然现象，初中以上的孩子要观察自然现象和观察社会现象并重。

## 2. 指导观察方法，写好观察日记

观察有多种方法，帮助孩子掌握多种观察方法有助于孩子写好观察日记。

A. 变换空间位置观察

观察一人一物可以远观、近观、俯视、仰视、前后左右环视。从远处可以观察他的步态身姿，从近处可以观察他的衣饰装扮，一笑一颦；观察云彩，地上仰望可见其飘飞之状，高山俯视可见其翻滚之势；观察一座山峰，从四面八方、高低上下的不同角度去看，会有"横看成岭侧成峰，远近高低各不同"的发现。

B. 变换时间观察

例如，观察田野，早上的麦苗和正午的麦苗各有什么不同的姿态；观察一座山，四季会各有其趣。正如《醉翁亭记》所写："若夫日出而林霏开，云归而岩穴暝，晦明变化者，山间之朝暮也。野芳发而幽香，佳木秀而繁阴，风霜高洁，水落而石出者，山间之四时也。"

C. 用不同感官感触

例如一花草，用眼睛可观其颜色、形状、大小，用鼻子可嗅其气味，用舌头可尝其味道，用手摸可感其质地。

D. 从变化中观察

例如观察泰山，可在晴天观察，雨天观察，雪天观察，雾中观察，风中观察，定能各得其趣。即使观察一棵树，风中、雨中、雪中、朝霞中、夕阳中、月光下，定然各有其姿态。

根据各家的条件，还可让孩子自己在家里养养小鱼、小蝌蚪、小鸟、小兔、小花、小草。让他们观察这些小生命的生活情况，了解它们的成长过程，并随时把观察到的现象记录下来，这样不仅可以锻炼孩子的表达能力和写作能力，也有助于培养良好的观察习惯，更有利于孩子身心的健康成长。

父母们，让我们把孩子放回大自然吧，不要再“圈养”孩子了！让他们在春天嫩绿的草地上，清清的小河边，快快乐乐地玩耍，融入大自然，观察大自然，认识大自然，这也是学习呀！

# 第二节

## 想象能力培养

### 理念与认识

#### 1. 小学阶段是培养孩子想象力的关键时期

当代人才最鲜明的标志是创造力，而想象力是人的创造力的本源之一。想象是许多创造活动的萌芽和开端。想象是人类飞翔的翅膀。没有想象力，人类无法续写生命的辉煌。

想象是人进行创造活动的必要因素，它在儿童的学习和思维发展过程中具有重要作用。小学阶段是求知欲比较旺盛、好奇心比较强的阶段，小学生的兴趣比较广泛，所以，小学阶段是一个人的想象力迅速形成和发展的时期。从目前的教育现状来看，学生进入中学以后，学习任务比较重，过早地注重对抽象逻辑思维能力培养，都会使儿童的想象力发展受到制约。此外，中学生的身体发展进入青春期以后，需要考虑的现实问题增加了，这些也会使想象和幻想的发展受到一定程度的影响。

中国孩子的想象和幻想能力究竟如何呢？教育进展国际评估组织对世界 21 个国家的调查显示，虽然中国孩子的计算能力世界第一，但创造力在所有参加调查的国家中排名倒数第五。而想象力就是创造力的重要本源之一。

早在2000年时，中国青少年研究中心与北京师范大学发展心理研究所的专家合作，就我国城市儿童的想象力做过一项深入的调查研究，目的正是为了从总体上把握我国儿童想象力的发展状况，探索我国儿童想象力发展的影响因素，从而为提出改善我国儿童的想象力发展状况的干预措施提供依据，更好地激发与培养我国儿童的想象力。这次调查的多项结果表明，中国青少年想象力的发展受到了极大的束缚，已经到了需要全社会关注甚至拯救的地步。

为什么中国孩子的想象力较低？因为以升学考试为中心的应试教育撒下天罗地网，正在从根本上摧毁一代孩子探索未来的兴趣和勇气，使他们变成没有个性更没有创造力的考试机器。除了学校以外，父母们也没有给孩子提供发展想象的心理空间。

## 2. 想象力是创造力的重要本源

教育管理学博士黄全愈在他的一篇文章中写道：美国的孩子学画画，老师往往不做示范，不定模式，让孩子从现实生活到内心想象，自由构图。孩子虽然画得“一塌糊涂”，但十分高兴。画完之后，只问老师“好不好”，而从来不问“像不像”。黄博士说：“回答像不像，是指复印得如何；回答好不好，是指创造得如何。”

一个美国的美术老师到中国来做学术交流，他给中国的孩子出了一个题目：《快乐的节日》，让学生作画。结果发现，很多孩子都在画圣诞树，而且画得相差无几。老师仔细观察，原来孩子们的视线都朝着一个方向：教室墙上挂的一幅画里有棵圣诞树！老师把墙上的画遮起来，要孩子们自己创作一幅画来表达这个主题，这群孩子竟然抓耳挠腮，一副茫然的样子……老师不得不又把那幅画揭开。

这个真实的故事确实令人深思。我们有千千万万个孩子在学画画，问题是怎么学？用什么方法学？是用“眼”画画，还是用“心”画画？这可能就是模仿与创造的不同点。

模仿，是一个简单的由眼睛到手的过程。由于没有心的参与，可以说是一个类似“复印”的过程。长此以往，虽然技艺会越来越高，可想象力却会越来越差。他的眼睛里有画，而心里没有。眼睛里的画却是别人的画，只有心里的画才是自己的。

有创造性的孩子，往往是用想象力画画，正是在用想象力画画的过程中，培养了创造力。

## 3. 艺术创作活动是培养孩子想象力的重要手段之一

有一天，日本教育代表团到北京和平里第四小学观摩四年级的美术课。美术老师胡明亮画了一只流着眼泪的小鸭子，让同学们以这只鸭子为重要素材，再在画面上添加适当内容，当场创作一幅画，并且自己给画命题。30 分钟后，全班 36 名同学创作了 37 幅画，令日本教育家们大为惊讶，连连称赞："孩子们太有想象力了！"

孩子们都画了些什么呢?

有的画的是《失去自由》：小鸭子被关在铁笼子里，望着一群高飞的大雁在默默地流泪。

有的画的是《不准动》：一个戴假面具的人，正用枪口对准一只流泪的小鸭子。

有的画的是《水污染》：小鸭子从被污染了的河里叼起一条小鱼，而小鱼只有骨头架子，小鸭子伤心地哭了。

画得最精彩的是《触景生情》：一只小鸭子呆呆地站在烤鸭店门前，看到爸爸妈妈都被挂起来烤熟了，自己成了"孤儿"，不禁伤心地流下眼泪。

我想，我们的美术课如果都能这样教，让孩子们充分展开想象的翅膀，那孩子可就解放了。

## 实践与操作

那么怎样培养孩子的想象能力呢？这里提 6 条建议。

## 1. 从感觉到的事物出发去想象未感觉到的事物

一个家长是这样培养孩子的想象能力的：他带孩子出去玩，天上飞过一只鸟，他就跟孩子说："你看，天上飞过一只鸟，你能想到什么？"孩子说："飞过一只鸟就是一只鸟呗。"然后家长就提示他说："你看见天上飞过一只鸟，你可以想，这只鸟是从哪里飞来的？它要飞到哪里去？它的家在哪里？它的家人还有谁？它今天做了些什么？"让孩子编一个故事，写入日记。

每一个孩子都是诗人，他们都有着无穷的想象力，所以，对于家长来说，所谓"培养"，并不是给孩子"空荡荡的大脑"里装进能力，而是一种激活，一种唤醒，一种维护，一种发展。

## 2. 给孩子讲故事要留下想象的空间

譬如，父母亲给孩子讲故事，每逢讲到"且听下回分解"时就停住，不要再往下讲，以后的故事情节鼓励孩子去大胆想象。下一次开讲前，先问孩子是怎么想的，然后父母再讲。当孩子猜中了部分故事情节时，或者孩子的想象比原故事情节更精彩时，家长要做惊喜状，大加赞扬，或者给予奖赏。据说，德国著名思想家歌德的母亲就是这样培养歌德的想象力的。这对歌德以后创作小说和剧本带来了很大的好处。

## 3. 积累生活经验，为培养想象力创造条件

生活经验的积累，直接影响到孩子想象的深度和广度；阅读文学作品和欣赏艺术，也可以让孩子展开想象的翅膀。家长要让孩子广泛地接触、观察、体验生活，并有意地在生活中捕捉形象。家长应该带领孩子到大自然中去观察，支持孩子参加一些课外兴趣小组活动，通过这些活动，会有大量的形象化的事物进入孩子脑海，这对于提高孩子的想象力十分有益。父母在与孩子相处时，要利用与孩子交流的机会，引导孩子去思考和想象，以挖掘孩子想象力的潜能。

家长要有意识、有计划地鼓励孩子去想象，不要把孩子的想象力指责为

“胡思乱想”或“吹牛”。要抓住各种时机，适时提供特定的情景启发和诱导孩子想象。

## 4. 把一种艺术形式转换为另一种艺术形式

可以选一些孩子会唱的歌，让孩子根据歌词的意思，自己编出相应的动作进行表演（即伴舞）。孩子在根据歌曲自编动作的过程中，头脑中就会进行有关方面的想象活动。有时，我们可以先让孩子听一首曲子（钢琴曲、小提琴曲、二胡曲、笛子曲等），再问孩子：听到这首曲子你的脑海中出现了什么样的画面？然后让孩子把这个画面画出来（即曲配画）或口述出来。

## 5. 回答反常规问题

例如，妈妈说：“如果天上下的不是雪而是白糖（或者白面），那该怎么办？如果这世界上没有白天只有黑夜（或者没有黑夜只有白天），那该怎么办？如果这世界上的动物都变成人了，那该怎么办？如果你长着一个长长的尾巴，那该怎么办……”我们把这个“怎么办”交给孩子去思考，让孩子的想象力自由驰骋。

再如，让孩子列出物品常规用途以外的用途：孩子正拿着毛巾擦脸，家长问：“毛巾可以用来擦脸，还可以用来做什么？”孩子答：“用来洗澡、擦脚。”“还有呢？”“当抹布擦桌子，当围巾围脖子，当枕巾盖枕头，当纱布包扎伤口，给小孩当被子……”孩子的生活经验越丰富，他的想象范围就越广阔，从这些回答中，家长会发现孩子思维的新颖性、灵活性和创造性。

## 6. 家长和孩子一起讲故事、编故事

多给孩子讲童话故事。童话故事适合孩子想象的特点，经常听童话故事的孩子其想象能力比不听、少听童话故事的孩子要丰富得多。家长讲完后，让孩子马上复述。孩子可能在复述中有添枝加叶的地方，只要主题大意不变，

家长就应该鼓励。千万不要泼冷水，以免挫伤孩子想象的积极性。

家长可以和孩子一起编故事，家长说一两句，孩子接一两句，或者家长讲一段，孩子接一段，家长再接着说，孩子也继续接下去，如此循环。或者给没有结尾的故事编结尾。当然，也可以改为书面语言的方式用同样的方法进行。在孩子小的时候，不管故事编得如何，编到哪儿，都不重要，重要的是能接上，逻辑上能说得过去就行。当孩子大一些的时候，就要增加故事的长度和难度。这里举个例子。

在一棵大树下，有一只狡猾的狐狸，它几天没有吃东西了，肚子饿得咕咕直叫。忽然，它抬头一看，树上有一只蹦蹦跳跳的小松鼠。狐狸眼珠子骨碌碌一转，说："小松鼠，你爸爸会闭着眼睛跳下来，你会吗？"小松鼠说："我当然会啦。"说着，它闭上眼睛往下一跳。狐狸连忙跑过去，一把抓住小松鼠，刚要往嘴里送，这时……后来，聪明的小松鼠没有让狐狸吃掉。

你知道它想了什么办法吗？请把它的办法补写在省略号处。这样，孩子就会千方百计地设想出小松鼠逃跑的办法来。

# 第三节 创新能力培养

## 理念与认识

### 1. 创新，思维定式的突破

马戏团的大象力大无穷，却能很安分地被拴在一个小木桩上。为什么会这样？原因是这样的：大象小时候很调皮，玩性又大，故用绳子把他拴在木桩上。它曾经试图挣脱，但由于小象力量小，始终无法挣脱，慢慢地也就安分了。等小象长成大象后，完全可以挣脱木桩，却因它从小认为木桩的力量比自己的力量大，是无法挣脱的，因此，它放弃了再去挣脱木桩的念头。

这就是思维的定式。

当周围的情况发生变化时，如果仍然习惯于原有的“惯性思维”，则会给创新设置重大的障碍。因此，父母要引导孩子打破思维定式，敢于幻想，勇于尝试，敢于怀疑一般人认为“理所当然”的事情。

思维能力是智力的核心。孩子是否“聪明”，主要表现在思维能力上。孩子智力的培养，主要在思维能力的提升与强化。

高层次的思维能力主要是通过后天的培养和训练发展起来的。可以说，人的大脑的思维能力是越训练越强，而遇事懒得思考的人，思维能力会越来越弱。人的大脑也是“用进废退”，越用越进化，越不用越退化。一个人从小养成了勤于思考的习惯，即使离开了学校，也能在不断学习新知识、解决新问题的过程中，不断发展自己，提高自己。在中小学时能力不相上下的同班同学，到了三四十年后会有明显的能力差别，主要原因就在于有部分同学的能力越用越进化，有部分同学的能力越不用越退化。

培养孩子独立思考能力的第一步就是要鼓励孩子敢于怀疑，敢于质疑，敢于提出问题。

爱因斯坦说：“提出一个问题比解决一个问题更重要。”能否提出独特的问题，是一个人创造能力的体现。一个善于动脑的人，就会不断发现问题，提出问题。由疑而问，由问而思，是学习积极主动的表现；相反，如果提不出问题,说明学习还不够深入。如果一个孩子在学习中从来都提不出什么问题，这至少说明他的思维还没有真正活跃起来。从某种意义上说，学习的过程就是一个不断提出问题、思考问题、解决问题的过程。

爱提问题是孩子的天性，在对孩子的教育中，有时不知不觉会扼杀孩子这一优秀品质，从而禁锢了孩子的思维。爱“打破沙锅问到底”，这是优点，是长处。切莫用“瞎问什么”“有完没完”之类的话来对待孩子，这样做，也许你正犯着一个特大的错误：扼杀一个天才！

## 2. “从众”心理，是创新思维的大敌

一天，在课堂上，哲学家苏格拉底拿出一个苹果，站在讲台前对同学们说：“请大家闻闻现在的空气中有什么气味。”

一位学生举手回答：“我闻到了，是苹果的香味。”苏格拉底走下讲台，举着苹果慢慢地从每一个同学面前走过，并叮嘱道：“大家再仔细闻一闻，空气中有没有苹果的香味？”

这时，已有半数的学生举起了手。苏格拉底回到讲台，又重复了刚才的问题。这一次，除了一名学生没有举手外，其他人全部举起了手。苏格拉底走到这名没举手的学生面前问：“难道你真的什么气味也没有闻到？”那个学

生肯定地说："我真的什么也没有闻到！"这时，苏格拉底对大家宣布："他是对的，因为这是一个假苹果。"

这个学生就是后来大名鼎鼎的哲学家柏拉图。

如果没有独立的思考，柏拉图不会在真理的探究之路上走得那么远。

善于独立思考，就不会迷信权威；善于独立思考，遇事就能运用自己眼睛去观察问题，用自己的头脑去思考问题，就能创造性地去认识和探索解决问题的途径。孩子如果养成这样的习惯，不仅有利于现在的学习，也能为将来的学习乃至终身的事业奠定基础。

## 3. 敢于质疑，是创新的前提

编者在每接到一班新生时都要告诉孩子们这样一段话："不要迷信书本！不要迷信古人！不要迷信权威！不要迷信老师！也不要迷信家长！我们扛在两肩上的是脑袋，是用来思考的脑袋！不是肉疙瘩！脑袋是干什么用的？是用来思考的！在青少年时代，我们的大脑中有太多等待解决的问题，充满了一个又一个的问号。每解决一个问题，我们都会有一分惊喜，一个问号就会变为一个叹号。我们要用自己的思考把自己头脑中的一个个问号拉直，变成一个个叹号！我们要用自己的眼睛观察现实生活，用自己的耳朵聆听时代的声音，用自己的脑袋思考面临的问题。在痛苦的思考之后产生的信仰才是最坚定的信仰，只有经过自己的思索、探讨，得到的结论才真正属于自己！"

对于中小学生，尤其是小学的孩子来说，独立思考意识的培养并不一定要求孩子提出什么特别新颖的观点来，而在于首先让他敢于讲出自己的想法。最典型的就是让孩子敢于对家长和老师的一些说法提出质疑。家长也可以告诉孩子，指出老师某些言行有不妥之处，这和背后说老师坏话完全不是一回事。这方面我们家长应该有坦然的心态。我们应该始终教育孩子要尊敬老师，但要允许孩子对老师的某些言行提出质疑，允许孩子批评老师，允许孩子在老师面前有自己的想法。

当然，我们在鼓励孩子的独立思考意识时，要引导孩子理解和接纳各种各样的人和事。健康的批判精神应该是视野开阔的，是有宽容气度的。

独立思考是一种卓越的品质。当普通人拘泥于一种思维方式而没有任何创新时，优秀人物则表现出一种独特的思维方式让人惊讶。正是这种独特的思维方式将思维引向深处，给人带来无限的成功机遇。孩子总是喜欢做出不同凡响的事情来吸引大人的注意，要利用孩子的这种心理，从童年时代开始培养和鼓励孩子的独立思考能力。

## 4. 不要用一个"标准答案"去限制孩子的思维

一位中国的老师在给美国小学一年级的同学讲课：

师：树上有10只鸟，猎人用枪打死了一只，树上还有几只鸟？

生1：9只——

师：不对！一只也没有了。都吓飞了！

生2：都飞走了吗？

师：都飞走了。

生3：老师，猎人的枪如果是无声枪的话，鸟就不会吓跑了呀？

生4：老师，那10只鸟中万一有聋子鸟呢？听不见响声的？

生5：老师，那10只鸟中万一有残疾鸟、受伤的鸟，不能飞的？

生6：老师，那10只鸟中万一有不会飞的幼鸟呢？

生7：老师，枪响后，有的鸟万一被吓傻了，惊呆了，愣在那儿了不会飞的呢？

生8：老师，被打死的那只鸟要是没掉下来，而是挂在了树枝上，它还算是树上的鸟吧？

生9：老师，那10只鸟中有没有特别勇敢的鸟，那它就不会害怕，不会吓飞了吧？

老师尴尬地站在讲台上，面对学生的创造性见解只能目瞪口呆。他当然更谈不上培养学生的创造性思维。

树上到底还有几只鸟呢？答案是丰富多彩的。而我们的思维却常常和这位老师一样，局限于一个"标准答案"：一只也没有了，都吓飞了！

中国的教育最习惯于惯性思维，最缺乏的就是创新思维的培养了。

我国传统的教育思想里，有一种“随大流”思想，许多孩子也形成了一种人云亦云的习惯，不敢表明自己的观点和见解，不敢否定权威。这就是缺少创新意识。而有些孩子有敢为人先的个性，敢于跳出原有的圈子，对一些疑难问题敢于提出自己独特见解，敢于向权威挑战，这些孩子就是具有创新意识的孩子。

惯性思维，就是思维定式。它是指一个人在考虑和解决问题的时候，只懂得沿袭固有的事物发展的直线性规律来办事，对着认定的目标直扑过去。这种思考的习惯对于简单的问题能快速简捷地解决，但是，这种思考的方式却往往不能应付随机出现的问题。

## 5. 创新思维就是对问题提出与众不同的解决方案

美国一所中学的一个物理老师给学生布置了一个课外作业：只给每个学生发一只气压表，让学生求出学校对面的一座摩天大楼的高度。

这个题目难度并不大，只是解决它太费时间。大家知道，气压跟高度是有关系的，二者之间有一个关系公式。绝大多数同学都是利用这个公式，在大楼底部测量一个气压值，再到大楼顶部测量一个气压值，代入公式，求出大楼高度。而有一个同学却说：“大楼门口那个老头是这个大楼的管理员，他肯定知道这个大楼的高度，我把这只气压表送给他，让他告诉我不就行了？”他这样做了，美国的这个老师不仅给了他满分，还充分肯定了他的创新精神。

这个中学生如果是在中国的学校里做了同样的事情，他能否得到中国老师的肯定和鼓励呢?

养成良好的创新思维意识，有利于我们对书本知识有选择地吸收，可以防止“死读书，读死书”，也可以不断激发灵感，促使我们有新发现、新见解。

## 实践与操作

下面谈谈怎样培养孩子的创新思维能力。

### 1. 给孩子提供独立思考的机会

相当一部分家长习惯于事事为孩子指路，而不习惯于给他自主思考的机会。家长不妨经常这样问孩子：“这件事怎样做更好呢？你能想出比这更好的办法吗？”这样提问会让孩子积极思考，有利于培养孩子的独立思考意识。孩子在自己的房间专心致志地琢磨一件事时，家长不要随意打断。当孩子在想问题时，父母不要太心急，应留给孩子足够的思考时间，尤其不要轻易把答案告诉他们。孩子如果把结果弄错了，家长可以用启发性的提问帮助他们思考，启发他们自己去发现和纠正错误。

### 2. 鼓励孩子多途径解决问题

当孩子遇到需要解决的问题时，鼓励孩子从多侧面、多途径寻求解决方案，并从中筛选出最佳方案。对孩子富有创意的思维要给予赞扬和鼓励。

当孩子想要某些他不容易得到的东西时，家长一般不要帮他，家长可以让孩子开动脑筋，诱导孩子想各种办法，最后由他自己去得到这些东西。这样做会培养孩子开动脑筋解决问题的能力，也会让孩子知道，做其他事情只要开动脑筋、多想办法，就很可能能成功。

德国数学家高斯，是近代数学奠基者之一。他10岁那年，有一次他的数学老师让他们全班计算一道习题：

计算出 1+2+3+4+5⋯+100=？

孩子们都想争取第一个算出来，立刻在纸上演算起来。

只有高斯没有动手，他在想，难道一定要经过这么复杂的计算过程吗？

这时候，老师看见了他，走上前来问他为什么还不开始演算。高斯说："我已经知道答案了，是 5050。"

老师十分诧异，问他是如何得到答案的。他告诉老师，他通过观察发现这一组数字中 1+100=101，2+99=101，3+98=101……这样的算式总共有 50 个，因此这道题可以化简为 101×50=5050。

"太精彩了！"老师赞扬他说。

这就是他的创新思维发挥了作用。

## 3. 打破思维定式，不迷信权威

有的老师和家长喜欢动辄吓唬孩子："我过的桥比你走的路还多！我喝的酒比你喝的水还多！我吃的油盐比你吃的粮食还多！难道我还没有你高明？"

编者曾见到一个学生问老师："老师，你今天讲的和我初中时的老师讲的不一致，你们到底谁说的对？"老师说："我是本科毕业，他是专科毕业；我是高级教师，他是一级教师；我是高中教师，他是初中教师；我是老年教师，他是青年教师。你说谁说的对？"

他们以为这样才能镇住学生，才能在孩子面前树起权威，才能让孩子无条件服从。其实，老师错了，这无疑是失去了一次培养孩子独立思考能力的绝佳机会。这种教法只会一点一滴地扼杀孩子的独立思考意识，最终把本来挺聪明的学生教成一群书呆子！

鼓励孩子不迷信书本，不迷信名人，不迷信老师，不迷信家长，敢于质疑，敢于批判，敢于超越。当孩子有了比较高明的见解时，要给以热情的鼓励。

北京的宁鸿彬老师在给学生上语文课。他给学生读了《北京晚报》上的一篇文章，大意是这样的：

一位乘客乘坐出租车回家，下车时疏忽大意，把一块贵重的手表忘在了车上。当他发现手表丢失时，他已不记得出租车的牌号了。但这位出租车司机第二天在车上发现这块手表后，又凭着记忆，找到了这位乘客的家，把手表还给了乘客。

读完后，宁鸿彬老师说："刚才我读的这篇文章，我没有读标题，现在请同学们根据文章的内容给它加个标题。看谁的标题最好。”

学生 1：我的标题是：《新风赞》。

老师：你的标题揭示了事件的意义。可以。

学生 2：我的标题是：《失而复得的手表》。

老师：这是以物命题，行。

学生 3：我的标题是：《拾金不昧的好司机》。

老师：这是以人命题，不错。

学生 4：我的标题是：《司机寻失主，乘客赞新风》。

老师：这是以事命题。很好。

学生 5：我的标题是：《乘客大意，司机细心》。

老师：抓住了事件的要害。太好了！

学生 6：我的标题是《粗心乘客与细心司机》。

老师：你的标题与报纸上的原文标题完全相同！你有记者水平！

学生 7：我认为报纸上的标题还不是最好的，我的标题是《粗心乘客巧遇细心司机》。

老师：（兴奋地把手一挥）太好了！你有超记者水平！

这就是培养学生的创新思维。

还是宁鸿彬老师在给学生讲初中语文课本中的《分马》（长篇小说《暴风骤雨》节选）一课时，竟然鼓励学生从课本中寻找错处，课堂上曾出现了以下场面：

学生：“老师，我认为这篇课文的标题错了。”

老师：“错在哪里了。”

学生：“从课文内容看，分的有马，有骡子，有牛，而标题中只说‘分马’，这显然不对。”

老师：“嗯，有道理。看来是作者疏忽大意弄错了。”

学生：“老师，您说错了。这不是作者弄错了。课文下面的注释中说，标题是编者加的。”

老师：“是是是，老师也错了。同学们真了不起！”

我们相信，这种局面根本不会影响到老师的威望。

不敢在学生和孩子面前认错，这也是老师和家长不自信的表现。

我们要主张教学民主，鼓励学生要“四不迷信”：不迷信古人，不迷信名家，不迷信老师，不迷信书本。

古人会错，名家会错，课本会错，报刊杂志会错，名著会错，电台电视台会错，老师和家长也会错！

我经常鼓励自己的学生敢于向权威挑战。因而，学生常常表现得思维活跃，敢于质疑。

有一个学生曾对我说：“老师，我发现中央电视台常播出的一则广告有语法错误。譬如给乌鸡白凤丸做的广告：‘女人的问题女人办’，这不是病句吗？应该说‘女人的问题女人解决’或者‘女人的事情女人办’。”

我肯定了他的说法。

有一个学生对我说，老师，我发现我们河南豫剧《朝阳沟》中有一个逻辑错误。剧中人物王银环有一段唱词：

强回头再看看栓保门口，忘不了你一家把我挽留。

你的娘为了我把心操够，好心的李支书为我担忧。

小妹妹为了我跑前跑后，栓保你为了我，又批评又鼓励严格要求。

这段唱词中前面说的是“忘不了你一家把我挽留”，而后面说的几个人中，“李支书”不是栓保家的人。

我也肯定了他的想法。

做老师和家长的，应该欢迎学生和孩子质疑，欢迎他们发表与老师和家长不同的见解，鼓励他们向权威挑战。

父母不能把一味地“听话”作为好孩子的标准，也不能要求孩子对家长和老师一味地服从和依赖。要让孩子记住一句话：“我爱我师，但我更爱真理。”我们可能都有这样一个经验：小时候特别听话的孩子长大后可能是一个“好人”，但往往没有大的作为。

## 4. 鼓励孩子标新立异

孩子有新奇的想法，父母不要否定孩子，要允许孩子标新立异，因为标新立异是具有独立思考能力的重要表现。

有一个推理故事是这样的：江上有座东西向横跨江面的桥，人通过需要5分钟。桥的中间有个亭子，里面有个看守者，他每隔3分钟就出来一次，看到有人通过，就会让他回去，不准他通过。有一个聪明的人想了一个巧妙的办法，他从东往西过桥，走了将近3分钟、即将到达亭子时就转过脸来往东走，当看守者出来的时候，就会让他掉过头来过桥了。

如果不破除常规，是无论如何也过不了桥的。当遇到难以解决的问题时，父母要引导孩子换种考虑问题的思路和换一个考虑问题的角度，经过合理的分析和整理、归纳，设想新颖的解决问题的方法，这对于提高孩子的思维能力很有帮助。

日常生活中存在大量这样的问题：一个问题可能有多种答案。解决这类问题，要鼓励孩子打破思维定式的束缚，从不同途径、不同角度扩散开去思考，去寻找多种解决方法。譬如曾在电视上看到的一则公益广告，老师问："雪化了以后是什么？"多数孩子答"是水"，有一个孩子答"是春天"。这两个答案就是从两个不同的角度思考的。我们不能用一个"标准答案"来扼杀孩子的独立思考能力。

## 5. 用讨论法激发思维的火花

遇到需要解决的问题时，组织十来个人在一起讨论交流，先提出需要解决的问题，然后轮流发言，要求每个人都要提出自己解决这一问题的途径和方法，且不许和别人的意见雷同。这种方法能激发人的思维的火花，提高人的思维活动速度。

在讨论或辩论的过程中，大家所提出的意见对每一个孩子都是一种信息刺激，于是新信息与旧信息融合，便会产生一些新奇的想法，或者在新信息的刺激下，通过联想激活另一个有价值的新观点的萌发。

有一个大型的味精厂，是全省唯一的味精生产厂家，包括全省各家各户厨房里装味精的盒子也是该厂生产的。目前产量在全省的市场已经饱和，但生产能力还有潜力。于是，厂领导召开了全厂员工参与的大型讨论会，要求全厂员工献计献策解决一个问题：尽可能在不增加销售成本的情况下，把本厂的产品销量再增加四分之一。

当时有人提出可以打开外地市场，有人提出给批发商增加回扣，有人提出加大广告宣传力度，有人提出降低销售价格……但这些办法都无法同时解决“市场饱和”和“不增加销售成本”这两大难题。这时一个员工说：可以诱导全省的家庭主妇们每次放味精时多放点。这一想法对一个年轻女工有了启发。辩论会之后，她向厂领导提出了一个创意：把本厂生产的厨房专用味精盒子的盒盖上的开口再加大四分之一。她说，我们只要把这种盒子设计得更加精美，它就会很快进入全省各家各户的厨房，这样，当每一家的家庭主妇做饭炒菜放味精时，就会仍然拧开盒盖开口摇一摇。由于盒盖开口大了，每家每次做饭炒菜的味精用量也就大了。厂领导采纳了该女工的创意，三年后，该厂的销售量果然神奇地增加了四分之一。厂里重奖了这个女工。

这个女工的办法正是创新思维的结果。

# 第五章

## 生存能力培养

# 第一节 合作与交际能力培养

## 理念与认识

### 1. 合作与交际是重要的生存能力

有这样一位女性，才华和容貌都很出众，可在事业上却一直不顺利。为什么呢？她每次与朋友见面聊天，总在抱怨或指责别人。她指责的人一般都是她的合作伙伴、朋友以及下属，她会一针见血地指出每个人的缺点和不足，然后抱怨同这些人相处是多么的困难。有不少很有才华的人与这位女士有同样的毛病。他们自视很高，自律甚严。在他们眼中，周围的人浑身全是毛病。他们习惯用自己的好恶标准去衡量要求别人。他们不乏精明，但少了一份容人的胸怀。

美国哈佛大学就业指导小组调查的结果证实：在数千名被解雇的男女职员中，人际关系不好的比技能不胜任的高出两倍。

在一些单位里，每年都新进来一批大学生，他们的学识、智商都很高，然而过一段时间以后，一些人成绩斐然，另一些人却黯然失色。这是为什么呢？答案是：前一种人主动与别人交往，能很快打开工作局面，而后一种人则不行。卡耐基说："一个人事业的成功，只有15%是由于他的专业技术，另外的 85% 要靠人际关系和处世技巧。”

现在有不少孩子，在家里成了“小太阳”，从小养成了以我为中心的心理定式，他们长大后走上工作岗位，会发现自己在单位里不是“小太阳”，不像在家里那样，一圈人都在乎自己。在集体生活中往往容易碰壁。

## 2. 合作与交际，促使孩子的性格和人格的完善

交往，有益于孩子自我个性的形成。在孩子的一群玩伴中，每个成员都会找到一个适合自己的角色去扮演：有的充当“领导”，有的充当“军师”，有的充当“办事员”。通过这种群体间的游戏，使每一个孩子的能力和个性都有了充分展现的机会，使每一个孩子都从他人眼里发现了自己，认识了自己，感受到了自己的价值所在。这非常有利于孩子自我个性的发展。孩子长大的过程也就是社会化的过程，而这个社会化的过程离不开与同龄群体密切交往的体验。让孩子从小生活在伙伴们的友谊之中，是避免虚拟时空诱惑的重要保障。

善于合作是个人心理健康和个人人格发展的重要基础。因为人自身的感受常常取决于别人对他的评价。善于合作者，不仅能从工作中找到乐趣，而且能从生活中找到乐趣。那种自我封闭、孤芳自赏、不与人交往的人是享受不到生活的快乐的。善于合作的人，在困难中也会比别人多几条道路；而不善于合作的人，在顺境中也常常自断门路。

交往也是孩子心理健康的需要。孩子的生理、心理都在迅速发展，有些感情他不能随心所欲地向父母老师表达，但在伙伴群体中却能畅所欲言，把自己的喜怒哀乐随意地表达出来，从而得到朋友的理解、体谅、认同。快乐的孩子，都有伙伴；孤独的孩子，性情容易变得古怪。会交往的孩子，很少有攻击性，容易受到欢迎；而那些性格孤僻的孩子往往具有攻击性。会交往的孩子遇到矛盾，往往会用商量、和解的办法去解决；不会交往的孩子遇到矛盾，往往用打骂、赌气的方法去解决。因为不愿与人交往的孩子容易被小伙伴排斥，所以他也容易感到孤独与寂寞。

人人都喜欢和快乐热情的人在一起工作和生活。一些从小很有才华的孩

子，就因为“不合群”，长大以后常常“怀才不遇”，自感“英雄无用武之地”。他们不仅才华得不到发挥，而且一生“郁郁不得志”。那些善于处理人际关系的人，才华也能得到充分发挥，自己的一生也会很快乐。

如果说在一百年前，一个人独往独来，孤芳自赏，依靠个人奋斗，还可能取得一点成绩的话，到今天，不要说取得成就，连生存都显得有些困难了。所以，合作与交际是孩子在社会中生存和发展的需要。正如一首歌中所唱的：“千里难寻是朋友，朋友多了路好走。”

## 实践与操作

那么，怎样培养孩子的合作意识和交际能力呢？这里提出以下建议，供你参考。

### 1. 支持孩子多参与群体活动

有的父母对孩子倍加呵护：孩子与别的孩子玩，怕自己孩子受欺负；孩子做值日，怕累着，于是自己替孩子值日；学校开运动会，孩子要参加服务队，为孩子谎称病假。这样，会拉大孩子与集体的距离，使孩子形单影只，顾影自怜，势必给孩子的发展留下隐患。

家长要为孩子创造接触群体活动的机会。比如带孩子去参观，游览，看球赛，参加公益活动；班里搞图书角，要让孩子把自己的书拿去支援；班里要美化环境，要让孩子把自己家的花贡献出来；班里或学校要参与某项赛事活动，要鼓励孩子为班里或学校多作贡献，至少也要当一个拉拉队员。绝不能让孩子觉得我在集体里可有可无，更不能像有些家长那样，一遇到班里举行与学习无关的活动就让孩子请假。

家长应适当地带孩子进入自己的社交圈。让孩子到外面去串门，找小伙伴玩耍，和同伴一起上学，一起回家，一起做作业，也应该允许自己的孩子邀请小伙伴到家里来做客。而不要干什么都由父母陪着。遇到合适的集体活动可以带孩子去参加。这样就满足了孩子渴望交往、渴望得到他人接纳和认同的愿望。家长可以指导孩子怎样和同伴一起玩。例如，家里买了新的玩具，家长可提醒孩子请邻居家的孩子来一起玩。孩子的同学、朋友上门来玩耍，家长要表示欢迎，消除他的恐惧心理，还要叫自己的孩子拿出好吃的东西招待他们。让孩子有充分的时间和小朋友们一起交往，得到更多的交往机会，体验到和同伴交往的乐趣。这有助于孩子在合作与交流中调整心态和取长补短。这样,孩子会越来越开朗,越来越会交往。反之,如果老是让孩子独来独往，孩子会越来越孤独，越来越不会交往。

热爱文体活动的人，往往也是社会交往中的活跃分子；什么文体活动也不爱好的人，往往也在社会活动中受冷落。我们常常看到，喜欢跳舞、唱歌、打球、下棋的人，往往有较高的“人气”。如果孩子多一些文体爱好，就可能在社交中增强人际吸引力。

孩子是社会的孩子，为了使孩子将来在社会的大舞台上能愉快生活，我们家长就不能把孩子束缚在狭小的空间里，而要鼓励孩子走进集体生活的大空间。

## 2. 在合作活动实践中启发孩子的合作意识

有一位老师在课堂上让学生做了这样一个游戏。

他先请一个学生上讲台，伸出自己的手，分别谈一谈每根手指头的优势和长处。学生们对这个问题很感兴趣，纷纷踊跃回答。这个说：“大拇指可以用来赞扬别人，可以按图钉。”那个说：“食指可以用来指东西，可以挠痒痒；小指可以用来掏耳朵……”几分钟里，同学们几乎数尽了每根手指的功能。

这时候，老师又问了一个问题：“哪根手指本事最大？”

同学们又各抒己见。这时老师拿出了一个装有小玻璃球的杯子,对大家说:“那么，现在就请你们用自己认为最有本事的那根手指把玻璃球从杯子里取出来！记住，只用一根手指。”

教室里的气氛一下子热烈了起来，每个学生都想尝试一下。可是，尽管他们很努力，仍然没有一个人能完成任务。这时老师才不紧不慢地说："现在你们可以用另外一根手指同原先那根手指合作。"这样，问题就迎刃而解了。

原来老师做这个游戏的目的是在启发孩子们：不管你是什么人，不管你有多大本事，都是难以独立生存的。很多事情都是需要别人的帮助与合作才能完成的。

## 3. 从"分享"中诱发合作意识

有人把"合作"作了这样的定义：合作就是把自己的权力和利益都让出去一些。这正是合作的核心和本质。那些死抓住自己的权力和利益不放的人，很难与别人真诚合作。

合作的物质目标是分享。那么，培养孩子的合作意识，往往需要从培养孩子的分享意识开始。

分享，对于幼儿时期的孩子来说，并不是容易理解和接受的观念。孩子小时，"归还"的概念还没有建立起来，所以他的东西借出去以后，会有"失去所有权"的感觉。所以，家长可以与孩子做一些"借与还"的游戏，让孩子感觉到东西借出去以后所有权仍然是他的。这样，孩子慢慢地就会乐于与小伙伴分享自己的东西了。

为了让孩子学会分享，家长还可以和孩子一块讨论以下问题：

怎样和同伴一块儿玩？

别人想玩你的玩具时怎么办？

你想玩同伴的玩具时怎么办？

你拿到同伴的玩具后该怎么说？

……

对这些问题，让孩子说出自己的想法，从而启发孩子与人分享的意识。

孩子小时候我们就要教他们和别人分享他们的玩具、零食，等他们长大一些就让他们和别人分享知识、经验。

家长要学会分享孩子的东西。

经常会发生这样的情景：孩子诚心诚意请妈妈一块吃东西，妈妈却坚决推辞，说："你吃吧，妈妈不吃！妈妈让你吃你就吃，装什么样子！"就这样，孩子与人分享的意识被父母扼杀了。久而久之，孩子也就没有了与人分享的习惯。其实，父母应该坦然地与孩子分享。当家里有了好吃的东西时，家长不能连尝也不舍得尝，让孩子独享，这对孩子分享意识的培养非常不利。在家里，可以让孩子为家人分苹果、分橘子等，让他们分给爷爷奶奶等长辈，再分给爸爸妈妈，然后才分给自己。在这种分东西的过程中，孩子既学会了分享，也学会了尊敬长辈。

怎样培养孩子的分享意识，这里分享一位家长的教子经验，给广大家长借鉴。

这位家长为了让孩子懂得尊敬父母，不小气，不自私，从孩子两三岁起就加以训练和培养。孩子特别喜欢吃红橘，他们要求孩子每次想吃时，都要同时拿三个，大的给爸爸妈妈，最小的留给自己。当最后只剩下三个橘子时，孩子舍不得再分了。家长告诉孩子：越是东西少的时候越考验人。这个时候能首先想到给长辈的，才是真正的好孩子。最后，孩子一边哭着一边按橘子的大小发给家长。发完后，眼泪汪汪地望着家长，希望家长不要把橘子吃下去。爸爸妈妈咬咬牙，狠狠心，把橘子掰开，在孩子眼巴巴的注视下，一瓣一瓣地把橘子吃掉了。两个橘子到底什么味道，父母二人谁也没有吃出来。从那以后，孩子逐渐养成了不吃独食的好习惯。

新东方的总裁俞敏洪说，他在北大上学的时候，每天都拎着宿舍的水壶去给同学打水，但是他并不觉得给同学打水是一件多么吃亏的事情。到1995 年年底，新东方做到了一定规模，他希望找合作者，于是就跑到了美国和加拿大去寻找他的那些同宿舍的同学。后来同学们回来了，但是给了他一个十分意外的理由："俞敏洪，我们回去是冲着你过去为我们打了四年水。"他们说："我们知道，你有这样的一种精神，所以你有饭吃肯定不会只给我们粥喝。"

## 4. 养成"利己又利人"的双赢思维

懂得利人利己的人，把生活看作一个合作的舞台，而不是角斗场。好多人遇事多用二分法：非强即弱，非胜即败。其实，世界给了每个人足够的立足空间，他人之得并非自己之失。因此，既利人又利己的“双赢思维”成为人们运用于处理人际关系的原则。

我们从小就参与各种比赛、考试，培养了一种你赢我输、你死我活的竞争心态。试想一下，谁又甘心在竞赛中认输呢？树立双赢思维就是要在人际交往中不断寻求互利，以达成双方都满意并致力于合作的协议。

具有双赢思维的人，往往忠于自己的感受、价值观和承诺；有勇气表达自己的想法及感觉，能以豁达体谅的心态看待他人的想法及体验；相信世界有足够的发展资源和空间，人人都能共享。

利人利己观念的形成是以诚信、成熟、豁达的品格为基础的。豁达的胸襟源于个人崇高的价值观与自信的安全感，所以不怕与人共名声、共财势。

## 5. 让换位思考成为孩子的思维习惯

我们常说遇事要将心比心。但与人沟通时，我们常犯不分青红皂白、妄下断语的毛病。因此，了解他人与表达自我是人际沟通不可缺少的要素。首先要了解对方，然后争取让对方了解自己，才是进行有效人际交流的关键，要改变匆匆忙忙去建议或解决问题的倾向。

要培养设身处地的“换位”沟通习惯。欲求别人的理解，首先要理解对方。人人都希望被了解，也急于表达，但却常常疏于倾听。众所周知，有效的倾听不仅可以获取广泛的准确信息，还有助于双方情感的积累。当孩子的修养到了能把握自己、保持心态平和、能抵御外界干扰和博采众家之言时，孩子的人际关系也就上了一个台阶。

## 6. 将热忱传递给别人

怎样将热忱传递给别人？有目示、手示、语示三种形式。

目示，就是看人时要用亲切热情的目光。因为亲切热情的目光能表示对人的亲近和喜欢，能迅速拉近人与人的感情距离。大家可以观察一下那些受人爱戴的老师，他们的目光总是柔和的、深情的、热忱的、慈祥的，能使人不自觉地想接近他。而那些不受学生欢迎的老师，他们的目光大都是冷冰冰的、阴森森的，很容易拒人于千里之外。

手示，就是用手势表达对人的热情。譬如，拍拍肩膀，表示的就是鼓励和表扬；紧紧地、用力地握手，表示的是热情和友好；微笑着给你一拳，表示的是一种亲昵。许多幼儿园的孩子和小学一二年级的孩子喜欢老师的抚摸。他们经常围在你的周围，这时你摸摸他的脑袋，他就会感到非常高兴。到了高年级，在孩子表现好的时候，家长拍拍他的肩膀，就表示了对他的赞许和信任。

语示，就是用热忱的语言给别人带去喜悦。要真心实意地肯定别人的优点，赞美别人的行为，感谢别人的帮助。

父母可以通过目示、手示、语示将自己的热忱传递给孩子，孩子受到启发和引导，也会慢慢学会热忱地对待别人。

## 7. 给孩子创造交流合作的机会

家长要允许孩子把小朋友带回家，一起玩，一起看书学习。还要有意识地带孩子参加集体活动，如节日活动、郊游等。家里来客人了，要让孩子参与接待，给客人倒茶、拿水果，客人走时和客人道别。让孩子感到人际交流是件快乐的事。

一群孩子在一起游戏的时候，你会发现他们中间总会有一个“头儿”，这个“头儿”往往有一种团结人、鼓动人、调动别人积极性的能力。这种能力就是孩子的合作能力。会合作的孩子往往能发现别人的优点，发挥别人的长处，所以，伙伴们都喜欢他，愿意在他的“指挥”下游戏。

你如果深入到孩子们中间去做一些调查研究，你就会发现，孩子们最不喜欢的是那些动不动就哭着跑回家找家长、动不动就去“报告老师”的孩子。那些动不动就向家长和老师“告状”的孩子，长大后不会是好的合作伙伴，也不会有大的出息。如果孩子在家长面前说别的孩子的坏话或者“告状”，做家长的要表现出“无兴趣”，并引导他去发现别人的优点，鼓励他自己去“斡旋”

解决一些自己面临的人际关系“危机”。

孩子认识社会，建立自己的人际关系，是从认识小朋友开始的。让孩子多交一个朋友，实际上就是帮助他多打开一个认识社会的窗口。这样的窗口打开得越多，孩子的视野就越开阔，心胸就越宽广，胆量就越大。相反，如果把孩子封闭起来，不让他与人交往，那么孩子就会有两种可能：一是变得孤独、冷漠、不合群、不自信；二是变得夜郎自大、故步自封，与别人格格不入，从而慢慢地对他人、对集体越来越疏远，心灵的世界越来越小，最后只剩下自己。其后果是相当可怕的。

家长要询问一些与孩子有关的人和事，要孩子对同小组、同班级、同年级、同宿舍的同学，同小院、同楼道的小朋友多给予关心，多留意周围发生的事情。这样会养成孩子关心他人、乐于助人的好习惯，有了这样的好习惯，孩子就会成为受人欢迎的人。

## 8. 掌握与人合作中的四项基本原则

第一个原则是：尊重别人意见。在合作谈判中，据那些有谈判经验的人介绍，不要一开始就从双方的分歧点开始，一开口就否认别人的意见；而应该先从双方都认同的地方开始，先肯定别人意见的合理之处，要“求同存异”。这表现了尊重对方的诚意，所以也容易获得对方的好感。在合作伙伴中，不要总是觉得只有自己重要，要认识到每个人都很重要，并且要让对方觉得他是个重要人物。

第二个原则是：欣赏别人的长处。合作的意义在于扬长避短，发挥各自的长处，回避各自的短处。人类本性最深层的需要就是渴望得到别人的欣赏。每个人都乐意跟欣赏自己的人在一起工作和生活。要让孩子成为受欢迎的人，就要让孩子学会真诚地欣赏别人。如果你希望别人喜欢你，你一定要对别人感兴趣。能够及时地发现并真诚地赞美别人长处的人，肯定受到大家的欢迎。聪明人总是取长补短，而愚蠢的人总是嫉贤妒能。

第三个原则是：感谢别人的帮助。要经常告诫孩子：你现在所取得的成就并不完全是由你个人奋斗的结果，肯定有人曾经帮助过你。你一定要对这些人表示真诚的感谢。知道感恩的人更容易得到别人的帮助，会表达谢意的人更容易收到别人的谢意。

在你每天所到的地方，不妨多说几句感谢的话，留下些友善的印象。这些印象有可能变成友谊的种子。

第四个原则是：原谅别人的过失。人无完人，谁都会有过失。我们要记住别人的好处，不要总是把别人的过失记在心里。把身边的人看成天使，你就生活在天堂里；把身边的人看成魔鬼，你就生活在地狱里。

孩子生活的小天地实际上就是大社会的一个缩影。在这个小天地里，他们学会了与人相处，和别人打交道，感受生活，形成初步的人际关系。他们毕业后走上社会怎么与人相处，很大程度上取决于他们在小时候所获得的与人相处的经验。通常在小时候拥有很多朋友、很受老师和同学欢迎的孩子，在毕业后也一定是个在人际交往中得心应手的人。反之，那些在小时候孤僻、自我封闭、不爱与人打交道的孩子，在毕业后与人相处的过程中，必然四处碰壁，成为人见人畏的“怪人”。

## 9. 在交际中学习交际

家长在节假日可以和孩子一道走出家门，走向社会，走向大自然，或探亲访友，或旅行购物。在外出过程中有时需要买车票、住旅馆、进饭店、问路、购物，大人要有意识地让孩子去做这些事情，那么孩子就可以直接接触到交际对象，熟悉交际内容。在这些交际活动中，孩子可以接触到各种各样的人，各种各样的事，有利于孩子加深对人情世故的了解和认识，从而提高自己的交际能力。孩子由于缺乏经验，在这些交际过程中会出现差错，对此，大人不要过多指责，以免影响他们学习交际的信心。

青少年之间的交往有明显的不成熟的特征，如不负责任，感情冲动，动不动就“上纲上线”，动不动就“分手”。而成熟的交往心态表现为心平气和地协商，客观理智地建议，诚心诚意地交流，不硬性干涉他人行为，尊重对方人格，互相承担各自的责任义务。当孩子在交往过程中遇到矛盾时，家长应告诉孩子，与人交往要谦让、友好，要宽以待人。越是这样，朋友之间的友谊越深，凝聚力越强。对朋友不能求全责备。不管是谁，都有长处也有短处，要看到朋友的优点，宽容朋友的缺点，这样友谊才能牢固。

## 10. 适当交一些“异类”朋友

在选择朋友的问题上，不少人存在着一个误区：一般都乐意寻找与自己年龄、性格、志趣、经历、学识以及家庭社会背景相同或相近的人做朋友。确实，交这样的朋友比较容易，与这些朋友们相处，容易找到共同语言，意见也容易一致，所以才为多数人所接受。但是，从有利于孩子全面成长的立场出发，这样交朋友局限性较大。孩子将来要面对的是大千世界上各种各样的人们，如果孩子总是跟自己相同或相近的人在一起相处，今后面对纷繁的社会，孩子会觉得难以适应。当他们遇到与自己性格、志趣不相同的人，与这些人相处，他会感到别扭，甚至还会发生摩擦和冲突。

所以，家长在指导孩子选择朋友的时候，应让他们选择一些与自己有所不同的人做朋友，以便长短互补。有不同之处，就意味着有互补的可能，你的长处会给对方吸收，你的不足也会被对方的长处所弥补。两个彼此相异的人相处久了，互相影响对方的同时，自己也会变得完美。不同类型的孩子一起交往、相处，会让他们成长得更加全面，成为一个能够适应社会的人，而不是一个孤独怪癖的人。例如，孤僻的孩子需要交开朗的朋友；胆怯的孩子需要交勇敢的朋友；过于谨慎的孩子需要交有冒险精神的朋友。

城市孩子和农村孩子交朋友，老师和学生交朋友，性格内向的孩子和性格外向的孩子交朋友，干部子弟和普通百姓子弟交朋友，学习成绩好的学生和学习成绩差的学生交朋友。我们也应该提倡跨越10个、20个、30个年龄阶段的忘年交，也可以指导孩子谨慎地结交一两个异性朋友。

家长把这些交朋友的原则和方法告诉孩子，对孩子的成长有益。

## 11. 家长适当融入孩子的社交圈

家长应该熟悉孩子的社交圈。特别是当孩子升学、转学以后，家长至少每个月到学校去和孩子的老师交谈一次，或者和孩子的同学、同学的父母作一些交流，或者不定期地和孩子一起去看场电影，或者偶尔听一听孩子爱听的流行歌曲，或者邀请孩子的朋友来家里玩一次，同他们交流一些他们关心的话题。比如他们喜欢看什么电视节目，在学校最喜欢哪门课，同班同学有没有闹过矛盾，问问孩子都有哪些朋友，他们各有什么优点。这有利于你对孩子交往情况的了解，为你指导孩子的交往提供一些帮助。

## 12. 鼓励孩子自己化解与朋友的纠纷

孩子之间的争吵是儿童交往的一种调味剂，他们会在争吵中慢慢体会出与人相处的一些基本原则。当孩子与小伙伴发生纠纷时，家长不能代替他们去处理矛盾，更不能充当孩子的保护伞。而应该鼓励孩子独立去处理问题，化解矛盾。孩子之间发生一些不愉快的争吵，这是一种正常现象，也许过不了多久便会言归于好。家长的介入，反而有可能把事情弄糟。况且，孩子经历一次纠纷，处理一次纠纷，孩子就多一次体验，这对孩子的成长是有益处的。

每个孩子在学校都可能遇到“坏孩子”的欺负，如果需要家长出面，目的应该是帮助孩子解决问题，化解矛盾，而不是去帮孩子“报仇”。家长处理这类事情要有一个底线，那就是在生理上和心理上都不能伤害那个“小敌手”，要考虑到你所采用的方式对两个孩子人格的影响以及对他们今后人际关系的影响。

## 13. 在“独当一面”中锻炼合作能力

麻省理工学院面试官蒋佩蓉女士在讲到合作能力的培养时举了她妹妹的一个例子。

我妹妹曾经单独负责设计和布设为我们学校的音乐剧表演所用的舞台布景。为搭建布景，她列了一个所需材料及工具的单子，学会了在有局限的条件下工作，包括有限的预算、有限的人手、有限的时间，当然还要顾及安全。

作为整个团队的协调者，她需要授权分配各种必须要完成的任务。当发现搭建舞台的首选材料过于昂贵时，她要想办法用便宜一些的替代品，她要与人协商、折中；当有团队成员不兑现他们原先的诺言或因事要退出时，她又要出面协调；当团队中一些后勤人员受到“明星”们不友好对待时，她又需要去化解冲突。她就是这样学会了与人打交道，学会了与团队内外的群体一起工作。比如寻找合适的商家提供材料，并与他们协商价格，确定供货时间，敲定运输费用。她还学会了有创意地使用有限的材料来缓解紧张的预算，学会了与节目导演、学校领导沟通，最终成功搭建了舞台布景。我妹妹告诉我，她在做搭建舞台布景的工作时学到的东西比她在课堂上学到的东西要多得多，要实用得多。这一经历更有助于她以后成功担当世界500强公司的企业主管。

合作能力和领导能力就是这样炼成的。

在目前的教育体制下，我们醉心于对考试分数的疯狂追求，而缺少的正是这样的实践课程。

# 第二节 自立能力培养

## 理念与认识

### 1. 摆脱依附、追求自立，是人生使命

人生下来的第一声啼哭，就是人脱离母体的独立宣言。人离开母体来到人世，一个重要的使命就是摆脱依附，追求自立，在这个世界上形成带有个人印记的个性标志。

从一个人的成长历程来看，一生有几次独立的标志。

一是出生，人开始脱离母体，成为独立的个体，摆脱对母腹的生理依附。

二是断奶，孩子脱离母乳喂养，摆脱对母乳的营养依附。

三是学会爬和走，离开“育儿袋”，不依赖他人而自由行动，摆脱对大人怀抱的依附。这时，孩子从意念上到行为上都开始摆脱他人控制。如果你注意观察就会发现，孩子在刚学会走路的时候，往往会推开父母搀扶的手，要求独立行走。

四是在青春期，孩子会把自己的东西锁进抽屉里，不让父母看。这是在心理上要求独立的外在表现。

五是孩子工作以后，开始从经济上摆脱父母。

人一生中这种不断追求独立的想法自始至终没有停止过。

要求独立是人的天性。所以，父母不能把孩子看作自己的附庸，不能要求孩子一切按照父母的意志行事，父母不能根据自己设想的模型来塑造孩子，约束孩子。一个人没有独立的生活能力，也就没有自由。从小生活在动物园里的猫头鹰、熊猫、老虎、豹子等，因为没有独立的生活能力，所以它们没有自由。一旦把它们重新放归山林，没有人伺候他们，他们很有可能会饿死。

自立，是塑造孩子性格的一个重要方面。有自立意识的孩子会显得成熟，有主见，他有依据自己的看法做出决定的能力，而不是随波逐流。有自立意识的孩子不可能在早上起来因为不会穿袜子而哇哇大哭，不会在晚上必须在家长的监督下才能完成作业。

## 2.“公子哥”怎能成为栋梁之才

某大学开学了。一个新生竟然由6个大人护送报到。在报到现场，妈妈填写注册表格，爸爸领取发放的物品，叔叔在询问宿舍的地点……那个在树荫下乘凉的就是新生本人。

办完报到手续，这支“7人小分队”开始往宿舍区行动。有提包裹的，有拿脸盆的，有拎茶壶的。那个什么也没拿、两手插裤兜里在后面跟着的，就是家长所期望的国家的栋梁——新生本人。

宿舍安排停当以后，妈妈忽然发现这个宿舍是处在该楼层的卫生间隔壁，就说：“这个地方不太好，得想办法调整一下。”爸爸就说：“我认识这个学校的副校长，我去找他解决。”于是爸爸去找这个副校长，副校长又找后勤处长……两个小时后，问题终于解决了。

这里，家长是在想方设法创造一种外部环境去适应你的孩子，你还在教育你的孩子“要努力适应新的环境”。岂不怪哉！而作为一个家长，你有多长的生命，你有多大的本事能保证你永远为你的孩子创造适宜他的外部环境？再说，你的孩子凭什么就不能住厕所旁边？你认为谁的孩子应该住厕所旁边呢？在这所学校你有点关系，你就想为你的孩子谋点利益，但你的孩子将来要到很多地方，也有可能出国，那怎么办？

## 3. 一屋不扫何以扫天下

某名牌大学计算机专业的学生李斌从自己家里 6 楼阳台跳下身亡。原因是，生活不能自理使他对生活丧失了希望。

李斌从小学到高中，学习成绩一直排在最前面，每次考试后他都会问老师："这次考试谁是第二？"因为他自信，第一名肯定是他的。

为了李斌能够集中精力学习，除了学习以外的任何事情，父母都会代替李斌去做：吃饭时，妈妈会及时地把饭端到李斌的手边；衣服脏了，当然是妈妈的事情；笔记本用完了，也是妈妈去买；屋里乱了，妈妈负责整理打扫。慢慢地，李斌习惯了"饭来张口，衣来伸手"的生活，而且有时候还为自己的这种生活沾沾自喜。

事实上，到了十七八岁，早应该具备洗衣服、做饭这些最基本的生活技能，但李斌和别的孩子不一样，他没有具备这些能力。

高中三年后，李斌参加高考，以优异的成绩考取了北京某名牌大学。然而大学生生活开始不久，李斌就表现出了困惑，他不会买饭，不会洗衣服，不知道该如何和同学相处。这让李斌万分苦恼，无奈之际，他提出了休学，学校根据他入学以后的表现，同意他休学回家。

第二年，学校及时寄去了复学通知书。收到通知书的李斌没有丝毫兴奋，反而产生了无比的恐惧，他害怕再次离开父母，担心自己依然不能适应学校的生活，在这种思想的驱使下，他便采取了跳楼的方式，结束了年轻的生命。

由此可见，如果孩子的事情不让孩子自己做，而是由父母替他做，时间长了，孩子就不会做了。可是，父母不可能替孩子做一辈子，等到了没人替他做的时候，他的低能就彻底显现出来了。

## 4. 父母应给孩子留下点什么

做父母的，都想给孩子留下点什么。但究竟应该留下点什么呢？不同的父母留给孩子不同的礼物，而不同的礼物又给孩子带来不同的人生。

有的父母留给孩子的是一大笔金钱，而孩子却学会了挥金如土，最后反而衣食无着；有的父母留给孩子的是一份产业，但孩子不会经营，最后落个企业倒闭，倾家荡产；有的父母留给孩子的是一栋房产，而儿女们为了瓜分财产，相互之间打得头破血流……这些事情这几年我们见的还少吗？

物质财富早晚有一天会用尽，只有人的自身成了财富，才有可能去创造永远也用不完的财富。

如果从小教会孩子如何做人，如何做事，即使父母没有金钱留给孩子，孩子也能靠自己的本事挣来金钱；即使父母没有什么家产留给孩子，孩子也能靠自己的本事赢得财富；即使你没有依靠自己的权力和金钱为孩子铺平道路，孩子也会凭借自己人品和能力为自己开创辉煌的事业。

现在的一些千万富翁、亿万富翁们，事业上的赫赫业绩却不能驱散他们内心的忧虑。现在，在一些富裕人群中，已经有人开始研究怎样预防“富裕病”了。所谓“富裕病”，是指那些“富二代”由于有用不完的钱而整天花天酒地，堕落成放荡不羁、纸醉金迷的寄生虫，最终被社会所抛弃的情况。

1999 年，世界首富比尔·盖茨宣布，他和妻子已经慎重地做出决定，将他们两个孩子的遗产继承金额严格限制在 1 亿美元以内，剩余的财富，全部捐献给慈善机构和社会福利事业。

父母想鼓励自己的孩子成才，而不是想给孩子太多的钱。这是许多有远见的富翁们的心愿。真正对孩子负责的父母，是培养孩子的自立能力。

## 5. 让孩子做高山，父母做小草

有这样一个故事：一个人走进大森林，几天后，他迷路了，带去的食物也吃光了。就在他生命受到威胁的时候，遇见了一个老猎人。他请求猎人给他一点吃的东西，老猎人没有满足他的要求，而是送给他一杆猎枪。靠着这杆猎枪捕食，他活着走出了大森林。

父母不要总把自己当作高山，把孩子当作小草，让孩子靠着你，仰视你，惧怕你；更不要把自己当大伞，视孩子为小鸡，为孩子遮风挡雨，让孩子弱不禁风。

换个位置，换个形象吧！让孩子做高山，父母来做小草，孩子就会长成高山；让孩子当大伞，父母做小鸡，孩子就能顶天立地。你时时处处都想为孩子做靠山，做保护伞，还想让孩子成长为顶天立地的男子汉，那可能吗？

## 实践与操作

我们怎样培养孩子的自立能力呢？

### 1. 给孩子一点自由，让他自己去选择

一事当前，家长不必为孩子安排好一切，只需要给他一些鼓励，提供一些“参考资料”，让他自己去安排。这种安排本身就是一种能力锻炼和能力体现，又是一种主体精神的体验。所以我们家长要时时提醒自己：让孩子自己对自己的事情做出选择和安排。

尊重孩子的选择，并不能保证孩子的每一次选择都是正确的。不过，“辨别”的能力只能在“选择”的实践中培养。所以，最好的培养还是多为子女提供“自作主张”的机会。在这个过程中，孩子肯定会摔几个跟头，走一段弯路，这是孩子成长需要付出的必要代价。孩子的选择能力，正是在一次次选择的尝试中得以提高的。家长不必用“不听老人言，吃亏在眼前”的责备来阻止孩子选择的实践。

当孩子面对机遇的时候，家长应该做的是什么呢？应该鼓励孩子“该出手时就出手”，该参赛时就参赛，在赛事中积极表现，敢于挑战，敢于承担责任，敢于尝试未做过的事情，做错了也不要紧，只要去做！

孩子自己的事情要让孩子自己做主。如学习方法的选择，学习时间的安排，零花钱的使用等，家长不能代替孩子做主。让孩子自由选择，也不是说父母就无所作为，父母可以引导，可以帮助分析，可以提出自己的意见，但最终的选择权应在孩子手里。如果孩子选择错了，他自己将承担责任，自己将为自己的选择付出代价。他一旦意识到自己错了，他会自己改正，也会为他以

后的选择提供经验。如果是你帮助孩子做出的选择，即使对了，他的积极性也不会太高；要是错了，他会埋怨你，因为责任在你。

有一位聪明的家长，他每天都给孩子一段自己可以支配的时间，让孩子安排自己最喜欢做的事情。孩子有时去踢球，有时去读自己喜欢的书，有时画画……当然，有时也忙来忙去，什么也没干成，但孩子在这样的锻炼过程中逐渐学会了安排自己的事情，学会了统筹计划。

## 2. 给孩子一点困难，让他自己克服

每一位孩子都会无休止地提出一个又一个的问题，那么如何使孩子得到问题的答案呢？面对孩子的问题你如何反应呢？如果你直接告诉孩子答案，那会使孩子形成这样一个想法：不会的问题问别人最省事。如果你要鼓励孩子动脑筋，你最好只给孩子指出解决问题的大致路径，或者你和孩子一道解决。在解决的过程中，你只起指路作用，而每一步路必须由孩子亲自走。总之，必须让孩子有动脑筋想办法自己解决问题的意识。

家长不必想方设法让孩子避开困难，把他生活的道路铺得平平坦坦。有的家长就是这样有意锻炼孩子的：家里有汽车，但不接送孩子上学，孩子每天上学放学要自己走回家，在外地上学的要自己坐班车回来。当孩子在学校给家长打电话要什么东西时，家长有意识地往后推一周才满足他的要求，在这一周内孩子必须自己想办法克服困难。

## 3. 属于孩子的事情，让孩子自己去安排

随着孩子生理的发展以及能力的增强，他的独立意识会越来越明显地展现出来，开始出现“给我……”“我要……”“我会……”等自我独立意向。这时候孩子非常希望自己尝试和参与成人活动。当孩子的独立活动的要求得到某种满足或受到成人的支持时，孩子就表现出高兴、自豪等自我肯定的情感和态度。这时，家长应及时引导孩子做他们力所能及的事情。让他们在日常小事中，得到成功的体验，从而增强自己独立处理事情的自信心。这样，

以后遇到更大的挑战时，不至于不知所措。

家长可以让孩子自己先说说什么时候开始做作业，什么时候开始看课外书，什么时候开始看电视，准备各用多长时间。然后按照他说的执行。家长的工作就是督促孩子按照自己制订的计划去做，该做什么，就做什么。家长不要乱加干涉，更不要越俎代庖。

学会选择和放弃，关键是要学会权衡利弊得失，分清轻重缓急，在这个原则下，我们要尽可能地留些机会，让孩子自己去决定；留些漏洞，让孩子自己去思考弥补；留些时间，让孩子自己去支配。

## 4. 孩子与孩子的冲突，让孩子自己解决

一般来说，小孩子在争论中没有彼此妥协的自制意识。家长能不干涉就不干涉，也不必一定要承担冲突中的责任。这种冲突，从某种意义上来说，又是一种特别的人生教育。一般来说都会自生自灭。让孩子经历一些冲突，对他们来说也是一种历练。在没有任何冲突的环境中长大的孩子，往往耐挫力差，这对孩子成长反而不利。经受的冲突多了，孩子自然就学会了处理矛盾的办法。

家长一旦参与了冲突的解决，那就要坚持一些基本原则，那就是让孩子通过矛盾的解决，从中学会宽容，学会忍让，学会妥协，学会自省，学会承担责任。例如，让“有理者”学会宽容，学会忍让，学会原谅，养成大度、开朗、不拘小节的胸怀；让“无理者”学会自省，学会妥协，学会检讨自己，承担责任。通过矛盾的解决，使孩子受到一次教育，把坏事变成好事，这才是高明的家长。

当有些孩子在外面挨了骂，挨了打，受了欺侮，回家向家人诉说委屈时，有些家长会说：“你没长嘴？你没长手？笨蛋！就会哭！没出息！”对于一般的冲突，家长们不可热衷于做审判官，更不要做自己孩子的保护神。必要时可做适当调停，以防矛盾激化、升级，过多地干预孩子间的交往，会使孩子失去朋友。但是，当孩子总是处在被欺侮或欺侮人的地位上时，家长必须给予特别的帮助教育。

## 5. 给孩子营造适宜的环境，促使孩子独立

培养孩子的独立意识、独立能力，是一个长期的不可间断的教育过程，这样的教育培养要渗透在孩子生活的时时处处、点点滴滴中。无论是在家里还是在学校，要为孩子提供一个相对宽松自由的环境。家长完全可以这样做：对于较小的孩子，他跌倒了，鼓励他自己爬起来；吃饭时，给他准备好合适的餐具，不要怕他弄脏、弄洒，让他自己吃；玩玩具时鼓励他做出不同的尝试和玩法；孩子再大一点，可以让他们走出家门，自己去找朋友玩；孩子在遇到困难的时候，不要一味地给予帮助，告诉结果，而应该指点他通过哪些途径可以自己去解决，引导他千方百计自己想办法克服。当然这一切，家长要运用教育的艺术，让孩子在快乐自然的环境中成长，而不是粗暴地逼迫和训斥。父母还要有意识地为他们创造独立判断、独立运用自己能力的机会。尽管在这一过程中孩子会吃到许多苦头，走许多弯路，做许多错事，但事实会证明这种独立能力的锻炼会让他终生受益。

## 6. 鼓励孩子的独立活动的勇气和信心

几乎所有的孩子在刚开始尝试独立做事时都会面临“我不行、我不敢、我害怕”等想法。这时，我们应对孩子作必要的指导，鼓励其信心，让他们勇敢地去尝试，在不断的探索中增长信心。我们应在孩子很小的时候开始有意识让他们经历一些有难度或令他们“害怕、不敢”的事情，比如，在黑夜、陌生的环境中独处等。所有这些，儿童的自然反应是希望得到帮助或有家长代替他们去面对这些。但除非必要，一定要让他们自己去经历或尝试。家长要做的只是鼓励和关注,以增强他们的勇气和信心。孩子在生活中尝试得越多，得到的锻炼越多，他们解决问题的能力就会大大提高，这自然会增强他们独立的勇气和信心。在这一过程中，孩子会感觉到自己越来越能独立做事，即使遇到困难也会千方百计地去解决而不是退缩。

在孩子独立活动的过程中肯定会有许多的困难，也会费时费力，并且开始时会做得不是很好。但是，只要他努力了，哪怕他做得很不好，只要有点

滴进步，我们也要适时适当给予肯定和恰当的表扬，让孩子看到自己努力的成果，体会到“自我独立做事”的快乐和成就感。

## 7. 对孩子关心而不干涉，协助而不代替

孩子的可塑性很大，及早大胆放手让孩子去独立做事，就可能唤醒他的天赋，培养他的生活技能。技能的提高，又会促使他自信心的提高，而自信心又是孩子走向成功的最不可或缺的一种心理能量。

下面我们看一位母亲的教子经验，也许对家长们有所启发。

女儿从小爱在厨房里跟进跟出，常说要自己动手做蛋糕，而且一心想要“独立作战”。起初，妈妈想，这还得了，5 岁的孩子，要打鸡蛋，要和面，肯定会把厨房弄得一片混乱，孩子也会弄得一头、一脸、一手、一身的面粉和面糊。但是，妈妈马上又想到女儿 4 岁时在保姆家中的情景。

那是一个星期天，妈妈到保姆家中去接孩子，看到孩子正把奶油涂到烤好的蛋糕上。女儿穿着一件大围裙，小心翼翼，满面笑容。那种神情令人难忘。保姆在一旁微笑观看，不停地夸奖鼓励。虽然桌子上斑斑点点，保姆却并不插手，让孩子自己做完。做的形状当然不美观，奶油涂得也不平整，但这又有何妨呢？既不是参加比赛，又不是招待客人，吃到肚里还不是一样？但孩子很开心，从来没见她这么开心过。这不是挺好吗？

想到这里，当女儿在家再要求自己动手做蛋糕时，妈妈虽不放心，但还是同意了。于是，准备好了做蛋糕的材料后，女儿就开始量分量，打鸡蛋，和面……由于个子矮，她站在椅子上，系着大围裙，兴奋地操作着。最后打开烤箱，调好温度。所有过程，都是她自己动手，妈妈在一旁耐心地看着，默默地告诫自己不要插手。只有在使用电器时妈妈握着孩子的小手去操作。

这样几次以后，孩子已经熟练掌握了蛋糕的制作方法，往后家里请客、日用蛋糕都由女儿负责，她也乐意干。再往后，孩子学会了用电饭锅做饭，用微波炉热菜，用洗衣机洗衣服，会自己收拾房间，缝扣子，修拉链。外出远行，自己收拾行李，不需劳驾家长，家长减少了很多负担。

这位母亲从小培养孩子生活能力的经验是值得学习的。希望孩子的父母

们再“懒惰”一些，早点放手让孩子自己动手做事。

在培养孩子自立能力的问题上，父母要做的最难的一件事就是：什么也不参与，看着孩子犯错误。怕孩子喝水，孩子就学不会游泳；怕孩子摔跤，孩子就学不会走路。

关心而不干涉，协助而不代替。这是父母教育孩子的正确态度。

其实，孩子的自立能力就是在这些生活细节中培养起来的。

要保证孩子将来能立足于社会，就要让孩子及早在社会上摸爬滚打，积累一些能力资本。生活中磕磕碰碰的事情是不可避免的。对孩子来说，不必过于逃避各种危险，应该学会怎样去面对，去忍受。因为长大之后的生活境遇需要忍受的东西更多。

# 第三节

# 自信心培养

## 理念与认识

### 1. 自信心，为孩子的灵魂补钙

所谓自信心，就是自己相信自己的力量，自己相信自己的能力，自己相信自己的价值，自己相信自己的作用。自信心是孩子生存的精神支柱。

自信心是人的能力的催化剂，自信心能将人的积极性调动到最佳状态。一个充满自信的孩子，往往处世乐观进取，做事主动积极，勇于尝试，乐于挑战；反之，如果一个孩子缺乏自信，就往往在一事当前退缩、畏惧、胆怯、悲观、被动、犹豫不决、心灰意冷。大家可能会发现，那些成功人士，多多少少都会有些“自高自大”，有些“胆大妄为”。如果换一个角度看问题，这些所谓“自高自大”和“胆大妄为”其实正是“有自信心”的表现。根据我自己当教师几十年的观察，那些从小有些“自高自大”，有些“胆大妄为”的学生，那些办事风风火火，有点“好出风头”的学生，走上社会以后成功的概率明显较大。请读者朋友回忆一下你从小到大所观察到的自己周围的人，是不是存在这样的规律性。

一个人要取得成就，除了必须具有较高的智力因素以外，还要有良好的心理品质。心理品质中最重要的因素就是自信心。

很难想象，一个性格上唯唯诺诺、毫无主见的人如何去创造自己生命的辉煌。当一个孩子在潜意识中产生了“我能行”的信念后，就会在各方面的挑战面前跃跃欲试。遗憾的是有很多孩子甚至不知道自己身上有什么优点，因为他们从来没有得到过老师的赞誉和家长的赏识。

学校衡量学生，家长衡量孩子，除了考试分数以外，还有很多可以衡量的东西。而多一个衡量标准，就会多一批好学生，多一个好孩子。学生一旦感觉到自己是好学生，孩子一旦感觉到自己是好孩子，也就产生了自信心，就会在各方面尽自己的最大努力，从而走向成功。

“人贵有自知之明”这句话，我们好多人理解片面了。如果某人被告诫要有“自知之明”，说话人的潜台词是：你不要翘尾巴了，要知道自己的不足之处。其实，真正的自知之明，应该是既知道自己的短处，也知道自己的长处。只有知道了自己的长处，才能使自己充满自信。

## 2. 有自信就有“底气”

现在，用人单位招聘人才非常注重面试这一关。面试是应聘者最难“准备”的，因为你摸不透他们要考什么。实际上，从一进入面试室，主考官就开始留意你的一切了，从你走路的姿态看你是否坚定，从你的目光看你是否自信，从你说话的表情看你是否诚恳……通过你的不设防，他们可以更多地了解你的综合素质。

一位硕士生参加了招聘会以后，正在家里等待结果。一天，用人单位的领导通知他去谈话。领导见他以后说：“你各方面的成绩都很优秀，但这次的名额只有一个，所以很遗憾，你没有被录取。”这位硕士生当时想也没想，马上说：“没关系，我相信我的实力，今年没被录用，明年我还来应聘！”

“没想到，这是最后一道考题——考我的自信心。我被录取了。”这位硕士生很高兴地获得了工作岗位。

他的故事给我们这样的启示：人生的答卷不是背出来的。在将来的人才市场上，孩子面对的已经不是纸制的答卷，而是一道道生活的实践题，而做好这些实践题的“底气”就是相信自己的实力。

## 3. 自信心从哪里来

自信心是从何而来的呢？孩子的自信心来自成长感、价值感和胜任感。因此，家长在日常生活中要经常告诉孩子，他在长大、在进步；他是有用的、被需要的、被喜爱的；他是有能力的、有潜力的。

得到他人的欣赏，是每一个人心中的渴求。所以，父母或老师在日常教育工作中，应当采取积极的激励措施，放大每一个孩子的优点，使他们在肯定中获得自信，从而产生前进的内在动力。

教育家认为，孩子有没有自信心，与家长的教育密切相关。要培养孩子的自信心，需要家长对孩子多赞赏，多激励，多鼓励，使孩子树立起一个“我能行，我优秀，我自豪”的积极的心态，促使孩子的自信心逐渐萌发，生长。父母对孩子的积极的心理暗示可以逐步转化为孩子的自我暗示。当孩子遇到困难时，父母对孩子说：“你肯定能克服这个困难，我相信你的能力！”这句话就会对孩子的心理产生暗示作用。久而久之，孩子就会觉得：我行，我肯定行！在这种心理作用下，孩子的思维也会被充分调动起来，智力也会得到最佳发挥，这个困难有可能真的得到克服。每克服一次困难，他的自信心就会增长一分。自信心就是这样培养起来的。

在一个人还是孩子的时候，如果父母一直提醒他：你是最优秀的，你的失败是暂时的，再做一次肯定会成功的。那么，这些话在事实上也就激励孩子不断尝试，直至成功。这无疑就培养了孩子的自信心。

可是，不少家长却并没有意识到这一点。一些家长看到孩子考试成绩不好，张口就说：“你怎么这么笨！你真给我丢脸！”虽是一时的气话，可说出来对孩子的心灵是一个极大的摧残。它伤害了孩子的自尊心，使孩子觉得自己无能，从而产生自卑心理。久而久之，父母对孩子的这种消极的心理暗示也会逐步转化为孩子的自我暗示。当孩子再次遇到困难时，他就会觉得，我不行，我太笨，我肯定没有能力来克服这个困难。在这种心理作用下，孩子的智力和思维处于被抑制的状态，这个困难有可能真的克服不了。每失败一次，孩子的自信心就减少一分，自卑心就增加一分，直到自信心被彻底击垮，自卑心占据整个心灵。孩子的自信心就是这样被消磨掉的。

## 4. 越不干越不会干，不会干就不自信

一个小孩出生在一个条件相当好的家庭里，家里有爷爷奶奶和父母，四个长辈对孩子非常喜欢，达到了溺爱的程度。

小孩一天天长大，慢慢需要学会做一些事情，如穿衣服、穿鞋袜、骑童车等。刚一开始，孩子做不好，这时大人不是鼓励孩子做，而是亲手帮孩子做。在做的同时还提醒孩子：不会做的事情不要做，做也做不好。慢慢地，孩子就有了这样一种自我意识：有些事情我不能做，做也做不好。我不做也有人替我做。这样，孩子就慢慢不主动做事了，当然也不去思考做事的方法了。在这种自我意识的主导下，小孩就逐渐形成了一种消极心态，对自己的智商和能力开始持怀疑态度，认为自己无能。这种心态又导致孩子懒惰，不思进取，依赖性强。随着时间的推移，孩子慢慢形成了不自信的性格。习惯于衣来伸手，饭来张口，既不勤奋向上，又不承担责任，凡事总想让别人去做。

当不自信的性格主宰着一个人的学习、工作和生活态度的时候，他就有了“不求有功，但求无过”的思想。“无过”的最好办法就是不做事，或者按照上司的意思按部就班去做，自己不求创新，不会随机应变。这样的人害怕遇到挑战，害怕承担风险和责任。这样的人很难有大的出息，只能在世俗的潮流中随波逐流。因为他们害怕挑战，害怕风险，从来不主动做事，即使做事，也只能是别人的附庸或跟班，他会一直扮演着“跑龙套”的社会角色。这样的性格决定了他终生一事无成的命运。

自信心，是孩子成长过程中的一种精神激素。孩子如果缺乏自信，不但在学习和工作上难以取得成功，在生活中也很难有幸福感。

## 实践与操作

那么，怎样帮助孩子建立自信心呢？这里提 6 条建议。

### 1. 给孩子以积极的心理暗示

下面一个经典故事可能对家长们有所启发。

在美国有一个叫亨利的青年移民，站在河边发呆。这天是他 30 岁生日。可他不知道自己是否还有活下去的勇气。因为他是个孤儿，从小在福利院长大，不知道自己的家在哪里，没有任何亲人，且身材矮小，貌不惊人，讲话又带着浓重的乡土口音，所以一直很自卑，连最普通的工作都不敢去应聘，没有工作也没有家。

就在亨利徘徊于生死之间的时候，他的好友约翰兴冲冲地跑过来对他说：

“亨利，告诉你一个好消息！我刚从收音机里听到一则消息，拿破仑曾经丢失了一个孙子。播音员描述的这个人的特征，和你非常相似！”

“真的吗？我竟然是拿破仑的孙子！”

亨利一下子精神大振。

他开始联想：我的爷爷曾经以矮小的身材指挥着千军万马，用带着泥土芳香的法语发出威严的命令。他顿感自己矮小的身材也同样充满力量，讲话时的法国口音也带着几分高贵和威严。

就这样，凭着“我是拿破仑的孙子”这一“感觉”，他自信心大增，一股英雄之气油然而生。他决心要成为一条好汉，成就一番事业，不能愧对“英雄的后代”这一称号。由此，他开始打拼，20 年后，他竟然成了一家大公司的总裁。后来，他请人查证了自己的家世，证明他并非拿破仑的孙子，但这早已不重要了。

这个故事的结果，称其为“亨利效应”。即给人们以积极的心理暗示就有可能刺激人们产生积极的态度，从而使人们表现出异乎寻常的正面效果。“亨利效应”在心理学中也称为“期望效应”。

当一个人没有得到应有的注意和期待时，往往就会被埋没在人群中，他很可能就这样一直平庸下去。而当他被周围人寄予厚望并频频鼓励时，他有可能宛若新生，做出一番令人不可思议的“壮举”。因此，家长给予孩子怎样的评价和暗示，对于孩子的成长和前途是非常重要的。

我们做父母的是不是善于发现孩子的长处？我们是不是善于给缺乏自信的孩子正面的激励？要知道，简单的一个积极心理暗示，可能造就以后顺理成章的事业与功名。许多事实证明，人的能力、性格的形成，相当一部分取决于他人对自己的期待。

## 2. 让孩子经常体验到“成功”的滋味

孩子在初级学习阶段特别需要自信心。这时候，家长要对他那脆弱的自信心小心呵护。家长可以经常安排一些比较简单的事情让孩子做，将孩子置于他容易取得成功的地方，以此为突破口，让孩子感受到成功的乐趣和自身的能力。一有成绩，就给予赞扬。每成功一次，他的自信心就会增长一分。久而久之，自信心就会建立起来。

家长也可以指导孩子将目标分解成一个个比较容易达到的小目标，这样，每达到一个小目标就是一次胜利，从而让孩子带着胜利的喜悦去攻克下一个小目标，直至攻克最终的大目标。

几乎所有的伟人和那些取得辉煌成就的人们，都在童年时期就体验到了什么是成就感，什么是自豪感。一个孩子之所以能坚持不懈地做一件事，之所以能够从蒙昧渐渐走向成熟，就是因为成就感给他的力量。不难想象，假如一个小孩子拼命地用功读书都丝毫没有感到自己的进步，也没有感到这种进步带给他的荣誉和自豪，那么他就很难有坚持下去的勇气和信心，也就很难有坚持下去的动力。

广东英豪教育集体总裁陈忠联曾说，他在教他儿子打羽毛球的时候，儿子一点都不会。按他当时的水平，一拍一拍杀下去，儿子根本就接不住。这样打下去，儿子也不可能对打羽毛球产生信心和兴趣。为此，陈忠联和儿子打羽毛球的时候，总是故意“笨”一些，故意把球送到儿子面前，让他总能接到球。有时还故意“输”给儿子。慢慢地，他儿子对打羽毛球从没有兴趣到产生兴趣，从接不好球，到能自如接球，从接球没力到能够扣杀。这样，孩子逐渐学会了打羽毛球。

将自己变小，孩子才能不断长大；我们变成“矮子”，孩子就会迅速长高。

有些高官、富商们常常抱怨自己的孩子不够拔尖，不如前辈成功。那可能是因为你是大人物，是成功人士，所以你在孩子面前就显得不可一世，让孩子习惯性地仰视你，你对孩子的行为也习惯指指点点，对孩子的能力不屑一顾。这样，你的孩子在你面前总是缩手缩脚，不敢有超过你的想法，不敢在你面前表现自己，这就抑制了孩子创造能力的发展。

要培养孩子的自信心，我们完全可以请孩子给家长当老师，让孩子感觉到他自己“很不简单”。譬如，家长完全可以向孩子请教，寻找他会而你不会的东西，向他求教。孩子一旦当上你的老师，你就会发现孩子对你越来越亲近，在你面前话也多了，人也活泼了。每当教会你一些新东西，脸上就会洋溢兴奋和自豪的神色。这时，孩子就会觉得：老爸原来也有比我差的地方！原来我也挺棒的！

一位学习成绩很差的孩子非常自卑，甚至连老师的鼓励都不能激起他心中的自信。有一天自习课时，老师把他叫到办公室，神秘地对他说：“今天，你回家把第 13 课的课文背一下，不要和其他人讲，就算我们之间的一个秘密好不好？”尽管他不知道老师葫芦里装的什么药，但还是答应了，回家后认认真真地把课文背完了。

第二天，老师上课的时候宣布，跳过一篇课文，讲另一篇课文。那篇课文正是老师让那个孩子先背过的。

老师讲了一会儿，然后对同学们说：“现在你们开始背诵这篇文章，10 分钟后我来检查。”

其他同学都着了急，没想到老师会来这一招。

10 分钟后，老师来检查了。几乎没有同学能背完的，就连那些最优秀的同学都背得丢三落四。老师意味深长地望了那个同学一眼，叫了他的名字。孩子自信地站了起来，背诵得十分流利。

同学们都惊呆了，纷纷流露出钦佩的神情。而孩子在这种神情的包围下，表现出了从未有过的兴奋与自豪。

从此，这个孩子对于背诵课文特别努力，语文成绩也逐渐提高。

## 3. 给孩子以“我很优秀”的自我意识

自卑感之所以会影响到我们的生活，并不是因为我们在知识和能力上不如人，而是因为我们有不如人的自我感觉。自卑意识，又往往是不思进取、自甘平庸的主要原因。所以，有许多本来可以做大事、立大业的人却终生平庸。自认为“我很优秀”的孩子，常常表现为积极、乐观、自信、自豪、大方、潇潇洒洒。自认为“我很卑微”的孩子，常常表现为消极、悲观、自卑、怯懦、猥猥琐琐。自信的孩子会越来越自信，这种自信会助推孩子走向成功；而自卑的孩子会越来越自卑，这种自卑会导致孩子走向失败。所以，对于好多自卑的孩子，家长和老师需要给他们以“我很优秀”的自我意识。

人的自我意识是从哪里来的？人在很大程度上是从别人的眼光中来认识自己的。

苏联的一个心理学家是这样改变孩子的自我意识的：

一个大学一年级的一个女生，长相不够漂亮，学习成绩也不够优秀。她自己也很自卑，平常也不愿意多与人交往，走路总是低着头，不敢正眼看人。自己也没有信心和兴趣去打理自己的仪表，这又越发使她显得邋遢、猥琐，更谈不上有什么风度气质了。这位心理学家就选定了她作为实验对象。

心理学家担任了这个班的兼职班主任（辅导员），有意地创造条件让这个女生做些公益活动，并尽可能地重用她，寻找机会夸奖她，找她谈话，肯定她的潜在优势，并暗中鼓励几个男生向她献殷勤，陪送她回家，且向她示爱。目的就是引导大家改变对她的印象，从而帮助她改变对自己形象的看法。

一年过去了，在这个女生身上渐渐出现了变化：说话大胆了，敢于和人交往了，脸上有了笑容了，走路挺胸抬头了，注意穿着打扮了。

三年过去了，奇迹出现了：她变得姿态婀娜，气质优雅，不卑不亢，潇洒大方，充满青春活力，一扫过去的邋遢、猥琐的形象。

气定神闲、不卑不亢的风度从哪里来？潇洒大方、优雅从容的气质从哪里来？不是来自东施效颦式的模仿，而是来自内心的自信！

从这一方面说，自信可以改变人的风度和气质！自信可以美容！

## 4. 鼓励孩子参加赛事活动

参加比赛，是训练孩子自信心的重要形式。鼓励孩子多参加一些自己感兴趣的赛事活动，尤其是鼓励孩子参加一些能发挥自己特长的比赛，更能激发孩子的自信心。这里要特别强调一下，鼓励孩子参赛的指导思想一定要正确，这个指导思想就是：过程重于结果。也就是说，不要把参赛的目的单纯锁定在得奖上。通过比赛前的心理准备、体能准备、物质准备，培养孩子完成任务的信心，培养孩子的夺标精神、培养孩子的团队合作意识，才是最重要的。

一位母亲曾谈到自己鼓励孩子的做法。

暑假后开学不久，儿子便告诉我，他要自荐当班长。听后我感到非常欣慰。以往他参加这样的活动都需要我给予适当的鼓励，这次他能够主动报名，的确是一个不小的进步。对于儿子的每一点进步，我都会及时地给予表扬和鼓励。但是我非常了解儿子的性格。我深知他的自尊心非常强，对于能否当选，会有一点小小的压力。于是我告诉儿子："妈妈非常支持你，这是一个展示自己能力的好机会。但是妈妈并不看重最后的结果。因为自荐的权利在你自己，而选不选你的权利在别人。如果你没有被选上，证明有人比你更优秀，也可能说明你不适应做这个工作，或是你的能力这次还没有充分展示出来。妈妈看重的是你的勇气和自信，这才是最重要的。"儿子听后一脸的轻松，高高兴兴地准备竞选演讲去了。结果，儿子只差一票，真的没有当选班长，而是当了纪律委员。我想，儿子虽然没说什么，心里肯定有点不舒服。我搂着儿子的肩膀安慰他说："做纪律委员很好啊，这说明老师和同学们在这方面信任你。以后就看你的了。"儿子的一声"OK"，我已经听出了他的释然。

其实，作为家长，就是要从点滴入手，抓住每一个契机，引导和鼓励孩子，胜不骄，败不馁。孩子的这种“体验”远比多做几道题更有价值。

## 5. 放手让孩子自己去大胆做事

**案例 1：**

6 岁的小男孩在母亲的带领下到公园玩耍。孩子瘦瘦的，高高的，非常文静。孩子在水边扒沙子，看到别的孩子荡秋千，便问妈妈：“我能不能也玩玩秋千？”

妈妈说：“荡秋千有危险，有妈妈保护才能玩。”

于是孩子拉着妈妈的手，来到秋千旁边，妈妈把孩子抱上秋千，告诉孩子抓紧，然后轻轻地推动秋千。

孩子说：“能不能让我自己玩，不用你推。”

妈妈说：“不行，那样你会摔下来的。”

玩了一会儿，孩子就厌倦了。妈妈把孩子抱下来，拉着孩子的手往前走。走过单杠，孩子站在那里，看着其他小朋友在上面荡来荡去，还把脚倒挂在单杠上，很羡慕。

孩子说：“妈妈，让我也试试吧！”

妈妈说：“不，孩子，那太危险了，我们还是坐滑梯吧。来，慢慢走上去，小心不要摔着，我要在下面接着你。”

孩子小心翼翼地爬到滑梯上面，坐下，往前挪一挪，两手紧抓扶手，就要下滑了。妈妈说：“别急，等一等，等其他孩子滑完了你再下滑，要不他们会撞到你的。”

这样，滑了几次滑梯，孩子说：“我累了，不想玩了。”

于是孩子拉着妈妈的手回家了。

在这个游玩的过程中，孩子没有大声叫过，没有放开嗓子笑过，没有尽情地跑过，跳过，他玩得并不开心，所以容易厌倦。妈妈对孩子的过分保护，使孩子失去了对自己的信心。妈妈怕孩子伤着，所以让孩子这个要小心，那个要小心，不能做这个，不能做那个，失去了自信心的孩子感到玩起来很没意思，总是在妈妈的监控之下，干什么都要得到妈妈的许可，他的自信心怎么能树立起来呢？

孩子在他一生的成长过程中，磕磕碰碰的事情是不可避免的。孩子需要学会忍受生活中身心上遇到的伤痛。头上碰了一个疙瘩，过几天会渐渐退去，但自信心受了压抑却难以恢复，甚至会影响他一生。

妈妈过分地照顾孩子，其实是剥夺了孩子发展自己能力的机会，剥夺了孩子克服自卑、增加自信的机会，也会使孩子养成强烈的依赖心理。孩子会从这些小事中觉得自己是多么的软弱和无力，而妈妈又是多么的强悍和能干。于是，孩子的自信心被抑制，依赖性被强化。如果孩子小时候跟在妈妈身后叫着："我要自己浇花，我要自己煎鸡蛋"，而妈妈却回答："乖乖，你还小，你去玩吧。"如果你这样教育孩子，那么，到了孩子十二三岁时，妈妈说："孩子，把我洗好的衣服搭在晾衣架上！"孩子很可能觉得奇怪：这种事情，干吗喊我！

妈妈还没有弄明白，正是妈妈把孩子教育成这样的。

家长必须清醒地认识到，孩子从小到大，挫折是不可避免的，挫折也是孩子成长所需要的。体验挫折肯定是痛苦的。但一次又一次的挫折体验，又会使孩子尽快成熟起来。这就是对待挫折的辩证法。当孩子遭遇挫折的时候，家长要予以安慰和鼓励。要鼓励孩子从失败和挫折中总结经验，吸取教训。在哪里跌倒就从哪里爬起来，不要一蹶不振。这样才能使孩子重拾信心，振作精神，去迎接新的挑战。

**案例 2：**

一个 6 岁的女孩看着妈妈给花浇水，便走过去，小心翼翼地拿起水壶，想要帮助妈妈。这时，妈妈赶紧跑过来对女儿说："别动，孩子，你看，水洒到身上了，让妈妈干吧，你还小着呢。"

在这个例子中，妈妈无意中打击了女儿的自信心。女儿会在这件事中感觉到自己是多么渺小。妈妈的这种心理暗示，降低了女儿对自己能力的认识。其实，6 岁的女孩是完全可以给花浇水的，即使她把衣服弄湿了，弄脏了，又有什么关系呢？如果让孩子亲自动手来浇花，并让孩子看到经自己浇过水的花开放得更加美丽，她就会充满自豪感，会引起她更多的劳动兴趣。父母理应给孩子提供这样的机会。做错了也比不做强！但很遗憾，这里的妈妈因太“关心”女儿了，她没有给孩子提供这样的机会。

**案例 3：**

一个 3 岁的男孩在自己穿鞋。妈妈过来了，说：“来，孩子，妈妈给你穿，你穿得太慢。”妈妈抱过孩子，三下两下就穿好了鞋，系好了鞋带。孩子面对妈妈熟练的动作，更感到自己的无能。他灰心了。以后每次穿鞋的时候，他都把脚伸到妈妈跟前叫道：“妈妈，给我穿鞋！”

其实，放手让孩子自己去穿，第一次有可能穿得不好，穿得不快，经过一次又一次的练习，逐步会穿得又快又好。到时候再表扬几句，孩子会认为自己又学会了一技之长。孩子以后处理其他事情也会更有信心。对于这些许许多多的小事，家长最好不要认为孩子干不了，干不好，干不快，而不让他们干。如果我们注意观察孩子们的表现，就会发现，孩子们总想试着去干那些大人们干的事情，孩子们都在努力发现自己的能力，好奇心也在驱使他们一次次地接受挑战。他们会跟在大人身后，大人做什么，他们就做什么。然而父母们却常常给孩子泼冷水。当孩子自己穿衣服的时候，父母会说：“穿错了！穿反了！”其实，穿反了又有什么关系呢！再反过来不就是了。当他们吃饭的时候，父母会说：“看你把衣服弄得多脏！”父母又会把勺子拿过来，一口一口喂他们吃。如果孩子不高兴，不让喂着吃，坚持要自己吃，父母还要大发脾气。其实，衣服脏了又有什么关系呢！为了保证孩子的衣服一尘不染，就什么也不让孩子干，那么，怎么能培养出孩子的自信心呢？

## 6. 给孩子树立“跳一跳够得着”的目标

在教育孩子的过程中，在给孩子找感觉的过程中，家长常常会犯这样的错误：给孩子定的目标太高太远。就好像孩子在摘树上的苹果，苹果的高度是让孩子跳一跳能够得着的，孩子就会努力；如果孩子跳一跳还够不着，孩子就会失去努力的信心。因为孩子总是跳，总是够不着，孩子就找不到成功的感觉，而失败的感觉却在加深。结果，孩子灰心，大人绝望。

如果硬逼着孩子去摘取永远无法摘到的果实。孩子就会因压力过大而失去信心，会因为长期看不到前途而觉得茫然，会因为对实现目标无望而陷入失望的境地。

打个通俗的比喻，爬山的时候，如果总是看着山顶这个最高目标，就会因为终点太远而丧失信心，但是如果把这段路途划分成一个个小段，爬起来就有信心得多。

“跳一跳够得着”的方法，既是针对孩子的，也是针对家长的。即家长对教育效果的预期不要太高，总想着一旦找到了一种好的教育方法就会立竿见影，这是不现实的。

要知道，教育是慢的艺术。

# 第四节

# 坚强意志培养

## 理念与认识

### 1. 跌倒了再爬起来，就是坚强

一位父亲很为他的孩子担忧。因为他的孩子已经十五六岁了，却依然娇嫩柔弱，稍微遇到点困难就哭。于是他带着孩子去拜访一位禅师，想请这位禅师训练自己的孩子。禅师说：“你把孩子留在我这里，三个月以后，我一定把你的孩子训练成真正的男人。”父亲同意了。三个月后，父亲来接孩子。禅师安排孩子和一个空手道教练进行了一场比赛，以展示这三个月的训练成果。

教练一出手，孩子便应声倒地。他随即站起来继续迎接挑战，但马上又被打倒在地，他又站起来……

这样来来回回一共七八次。

禅师问这位父亲：“你觉得你孩子表现怎样？”

父亲说：“我羞愧死了！我想不到我送他来这里受训三个月，结果却仍然这么不经打，被人一打就倒。”

禅师说：“我很遗憾你只能看到这表面的胜负。你没有看到你儿子那种倒下去又立刻站起来的勇气和毅力。而这才是真正的男子汉气概啊！”

面对失败和挫折，永不服输，永不言弃，跌倒了再爬起来，面对困难和挫折百折不挠，这是一个人意志坚强的表现。让孩子在艰苦的环境中一洗养尊处优的习气，磨砺坚强的意志，培养他们的韧性，他们才会“泰山压顶不弯腰”，才会在任何困难和挫折面前永远保持乐观情绪和昂扬的斗志。

## 2. 意志薄弱者，难成大事

松下电器公司采取笔试与面试相结合的方法招聘一批基层管理人员。计划招聘 10 人，报考的却有几百人。经过一周的笔试和面试之后，通过电子计算机计分，选出了 10 位佼佼者。当公司总经理对录取者一一过目时，发现面试时给他留下深刻印象的一个年轻人未在 10 人之列。这位青年叫神田三郎。于是，总经理当即叫人复查考试成绩。结果发现，神田三郎的综合成绩名列第二，只因电子计算机出了故障，把分数和名次排错了，导致神田三郎落选。总经理立即纠正错误，给神田三郎补发了录用通知书。

第二天，公司转告总经理一个惊人的消息：神田三郎因为得知自己没有被录取而跳楼自杀了。

总经理助手自言自语地说：“太可惜了！这么优秀的一个青年，我们没有录用他。”总经理摇摇头说:“不！幸亏我们没有录用他，意志这么不坚强的人，是干不成大事的。”

人生的道路上，有平坦的大道，也有险峻的高山；有缓缓的小溪，也有汹涌的江河；有灿烂的阳光，也有风雨雷霆。只有那些勇敢者才能自豪地跋山涉水，顶风冒雪，披荆斩棘，到达人生的目的地。

我们做父母的，不愿让孩子去经历苦难，总是千方百计地为孩子铺设充满阳光和鲜花的大道。但是，生活是无情的，也许有预想不到的灾难在等待着你的孩子。人的生命似激流奔泻，不遇上暗礁险滩，难以激起美丽的浪花。迎接挑战、战胜困难的过程本身，就会使勇敢者获得幸福。一帆风顺中长大的孩子，很难创造出生命的辉煌。

美国女作家海伦·凯勒从小双目失明，两耳失聪，然而面对黑暗而寂静的世界，她依靠顽强的毅力坚持写作，成为受人尊敬的作家。张海迪自幼高位截瘫，凭着坚强的意志，出版了多部著作和译著。看一看残疾人运动会上那些顽强拼搏的人，我们不能不惊叹意志力量的伟大与神奇。

为什么从战争年代走过来的人往往有坚强的意志？为什么出身贫寒的孩子往往有坚强的意志？为什么说“磨难是人生的一笔财富”？为什么说“自古雄才多磨难，从来纨绔少伟男”？答案大家应当明白。

## 3. 抗挫折能力是在艰难困苦中磨炼出来的

培养孩子的抗挫折能力，主要是对孩子进行“承受挫折”的训练。有人也把它叫作“挫折教育”。现代社会里，一些发达国家已经开始重视对孩子进行挫折教育了。日本比较流行的做法是，定期向学生供应清汤煮萝卜的“饥馑午餐”，相当于我们的“忆苦饭”，目的是让孩子们体验什么是“饥饿”，学校还在较冷的季节规定一天必须穿短裤短裙，在较热的一天规定必须穿长衣长裤。无论天气再冷、再热，必须按规定着装。目的是让孩子们体验什么叫寒冷难挨，什么叫酷暑难耐。每年，日本都有一些人花钱让孩子来中国参加夏令营活动。让孩子背着沉重的背包跋山涉水，尝一尝吃苦的滋味。在这些夏令营活动中，老师们普遍反映，日本的孩子身上有一种不怕困难、坚忍不拔的精神。

请家长们留意一下这种现象：一些生活在贫困环境中的孩子，由于生活的磨炼，比家庭条件优越的孩子更容易形成良好的品质。

承受挫折的良好心态，是在童年和青少年时期与艰难困苦的斗争中磨炼出来的。我曾经对我的女儿说，如果再来一次“三年自然灾害”，我不会害怕饿死！因为现在到了山上我仍然能认出几十种能吃的树叶、树皮和树根！因为我曾经依靠这些战胜过一次死亡！

家长对孩子无微不至的关照，只能是让孩子一次次地与困难和挫折失之交臂，使得孩子缺乏战胜挫折的勇气和经验。那么孩子一旦遭受挫折，便会束手无策，一蹶不振。一个人受不了委屈，经不起挫折，害怕困难，他怎么能成为社会的栋梁之材！

未经锻炼的翅膀将难以搏击人生的风雨，从温室里培养的花草难以经受酷暑严寒，屋檐下的燕雀经不起狂风暴雨。父母不可能永远做孩子的避风港。要让孩子在激烈的竞争中立于不败之地，必须从小培养孩子应对挫折的能力。

可是，有的父母把孩子吃什么、穿什么、玩什么、用什么都考虑得非常周到，有的父母一天两趟往学校给孩子送吃的，有的父母大把大把地往孩子手里塞钱，有的父母在孩子结婚之前就给孩子准备好了房子、汽车、高档家具……不少孩子就是这样得不到“克服困难”的锻炼,失去了锻炼意志的机会，从而显得越来越笨。这种教育态度，已经在孩子身上造成了恶果！相当一部分孩子娇气、任性、固执、脆弱、缺乏坚韧性，经不起一点委屈和磨难。越来越多的专家呼吁：应该为孩子提供一些克服困难的机会，应该让孩子体验一些挫折，这才是对孩子的真正爱护。譬如，孩子应该体会饥饿、劳累、悲伤等情绪，体验漂泊在外时对家乡和家人的思念，感受舒适与痛苦的差别。

我们常看到不少家长为了孩子在学校的一点“不平等待遇”而烦恼不已，他们担心老师的一次瞪眼会让自己的孩子信心全失，他们担心老师的一句指责会使自己的孩子萎靡退缩。其实，你不必担忧孩子会因为一次失败就一蹶不振。每一个孩子的内心深处都有一个“自我帮助系统”，这样的系统会在处理挫折的过程中，自动生成各式各样应对各种危机的“方法”。而这个系统的特点是“用进废退”，长期不用，它就可能失去自己的功能。对孩子的过度保护会造成孩子性格上的胆怯，这比一些不严重的外伤对孩子的伤害更大，而且这种性格上的影响是终生的。一个小小的外伤会很快痊愈，而性格软弱却不是一朝一夕能改变的。

如果在挫折面前，孩子总是怨天尤人，唉声叹气，或者什么事都不能自主解决，一遇到困难就等待着他人的帮助，那么他的明天是不堪设想的。

孩子的“意志薄弱”病的“发病率”与家庭环境密切相关。

意志品质不是天生的，也不是一蹴而就的，坚忍不拔的意志和自强不息的精神来自平时点点滴滴的日常小事的锻炼培养。坚强的意志绝不会单靠理智的沉思反省和情感的体验而来，最重要的是要在平时的实际活动中锻炼。每一次克服困难的过程，就是意志不断强化的过程。坚强的意志是在克服困难的实际活动中形成和发展起来的。

## 实践与操作

下面就培养孩子意志品质问题，给家长朋友们提出 6 条建议。

### 1. 以远大志向催生坚强意志

30 年前，一位美国少年立下了 150 多项志向，包括跨越大沙漠、攀登 8000 米以上的高峰、漂流亚马孙河、登中国长城、登上月球等。30 年来，他竟完成了一大半！因为志向能催生意志。2012 年河南省嵩县的一个 20 岁女孩党家逸全程骑自行车行驶数千公里，历经 40 天，于 5 月底成功到达西藏拉萨，这一磨炼意志的壮举来源于她五年前树立的一个志向。

我们要鼓励孩子从小树立远大志向，不要饱食终日，无所用心，游手好闲，吃喝玩乐，不学无术，不要把父母的权势和财产当作靠山。只有那些志向远大的人才会藐视困难，勇往直前。

### 2. 让孩子在体力劳动中锻炼意志

体力劳动本身就是一种需要克服困难的行动。家长应当鼓励孩子积极参加生产劳动、社会实践、社会调查、军训、参观等体力活动。在这些活动中，孩子总要克服大大小小的困难，从而使意志得到锻炼。一般来说，当过兵的人意志都较为坚强，运动员的意志比较坚强，为什么？因为部队上那种严明的纪律、严格的军事训练、艰苦的拉练活动和运动员的刻苦体力训练，对人的意志的磨炼作用太大了。

### 3. 让孩子在体育竞技活动中磨炼自己

体育，是通过身体活动达到对孩子进行教育的目的。它的最大特点是身体实践。但体育教育绝不局限于身体素质的培养。它也是一种非常有效的心理素质的培养形式。人的意志品质的形成与体育锻炼的过程密切相关。真正优秀的运动员都具有坚强的意志和毅力。邓亚萍把练乒乓球的坚强意志运用到了学习外语上，照样取得了惊人的成就。

指导孩子在体育活动中锻炼意志，家长首先应注意把控任务难度。任务应该既是困难的，但又是力所能及的。太容易的活动没有锻炼意志的意义，太困难的活动也会挫伤锻炼的积极性。孩子如果在活动中遇到困难，家长应予以指导，但不要代替他们克服困难。

其次要因地制宜选择锻炼项目。如果场地允许，长跑是最好的锻炼意志的运动项目；如果没有场地，在床上做俯卧撑或仰卧起坐也一样能起到锻炼作用。

## 4. 给孩子提供适度的负面刺激和“挫折情景”

所谓“负面刺激”，就是指令人不舒服或不愉快的外界刺激。例如，饥饿、劳累、困难、批评。家长们不妨为他们设置一些困难，让他们尽力去克服，以锻炼他们的意志和能力。该批评的绝不能迁就！因为，奖功罚过是普遍的社会规则，也是最基本的社会规则，孩子从小就必须认同这一基本理念！

年轻的父母们不妨狠狠心，“制造”机会，让孩子们尝尝饥饿的滋味，肯定能增加孩子的食欲！有很多的家长问编者：“孩子不好好吃饭怎么办？”编者建议：“吃饭时间过后不要给他零食！下一顿，最多下一天他就吃了！”

当孩子受到“负面刺激”时，可能当时感到不愉快甚至痛苦，但这对孩子健康成长是有益的，这对锻炼他们的社会生存能力是有帮助的。家长要让孩子明白，苦难、不幸、挫折这些人生经历可能使人沉沦，也可能铸造一个坚强的灵魂，完善一个充实的人生。

怎样培养孩子承受挫折的能力？就是给孩子创设适度的“挫折情景”，家长应根据孩子不同的心理水平和特点，设置不同难度的挫折项目，使之既有利于提高孩子的心理承受力，又不超过孩子的心理承受度。在孩子遇到麻烦的时候，处在困难的时候，家长不要急于帮助他，要静观面临困境的孩子，观察他们如何迎接挑战。家长只需给予孩子战胜困难的勇气和信心。

家长不妨有计划地精心设计一些挫折场景，设置一些困难情景，让孩子经历一下挫折，体验一下失败，吃到点苦头，然后因势利导，进行挫折教育，使孩子增强对挫折的抵御能力，增强对失败的心理承受能力。

生命，总是在挫折和磨难中坚强；思想，总是在徘徊和失意中成熟；意志，总是在残酷拼搏中坚忍。

## 5. 养成“说了算、定了干”的好习惯

意志薄弱的人一般都缺乏计划性，每天得过且过，遇到什么事做什么事，遇到难事就绕过去。意志坚强的人都习惯于给自己订计划，如每年做哪些事，每个月的具体目标，每天的作息时间表等。

订了计划，贵在执行，贵在坚持。“无志之人常立志，有志之人立长志。”为了防止“常立志”，开头的计划要留有余地，不要过高。力求从小事做起，如每天跑步1000米、记忆3个英语单词、写一篇日记等，天天坚持，绝不半途而废。日久天长，习惯就形成了，意志的磨炼也就在其中了。

意志不坚强的孩子有一个共同的特点，那就是当自己做不好事情时喜欢找客观原因，喜欢埋怨别人。自习课没完成作业，他会埋怨同学干扰；上课没有听懂，他会埋怨老师没讲明白；毕业后找不到工作，他会埋怨家长无能；工作不如意，他会埋怨社会不公……家长面对孩子的这种埋怨，有的家长就觉得真是自己无能，不能给孩子创造更好的生活条件，使孩子受了委屈，从而为孩子“鸣冤叫屈”。那么孩子心里那棵埋怨的幼芽就会节节疯长，长成苗，长成树，从而遮蔽了孩子自强不息的心灵世界。

## 6. 正视自身缺陷，正视人生的不公平

要告诉身体有缺陷的孩子，从空间上说，我们生存的这个星球从来就没有绝对公平过。从时间上说，人类社会从诞生的那一天起，就没有公平过。将来，再过一千年、一万年，人类社会也不会绝对公平。就算没有剥削，没

有压迫，人还会面临先天的不公平。人生下来就面临着不公平：或出生在战乱年代，或出生在和平年代；或出生在发达国家，或出生在落后国家；或出生在富裕家庭，或出生在贫苦家庭；或生来体格健全，或生来肢体残缺；或生来长相俊美，或生来长相丑陋。既然差别总会存在，那么我们埋怨差别、痛恨差别，都是无效的。有效的办法就是理智地承认差别，正视自己的缺陷。

怎样正视缺陷呢?

第一，有了缺陷，就不必掩盖缺陷。有身体缺陷的人之所以苦恼，常常是不愿意承认自己的缺陷，不敢正视自己的缺陷，有时甚至还设法掩盖缺陷。这样做容易使人精神苦恼。其实，倘若你眼睛斜视，便大大方方地往人群中一站，该做什么做什么。别人问时，你坦坦然然地说："我左眼斜视，老天爷给的。"你轻松，别人也轻松。

第二，有了缺陷，注意力要赶快向自己别的长处转移。眼睛有缺陷，就充分利用嘴，使它讲起话来雄辩滔滔，唱起歌来字正腔圆。如果嘴不好用，便研究用手，写一手好字，画一手好画，练一手绝活。如果手不太好用，便练腿脚，使它跳得高，跑得快。如果五官四肢水平都一般，或多少都有点毛病，那就发展自己的大脑，那里有 140 亿个脑细胞，那里边潜力无穷！身体有缺陷而人生有成就者大有人在!

东方不亮西方亮，黑了南方有北方。天无绝人之路!

# 第六章

## 健康体魄与健康心理培养

# 第一节

# 身体素质培养

## 理念与认识

### 1. 目前中小学生体能下降令人忧虑

据《2010年广州市学生体质与健康状况调研结果报告》显示，与2005年相比，学生身高高了，体重重了，营养不良的少了。可惜的是，学生的运动能力堪忧，耐力、力量、速度等体能指标持续下降；超重和肥胖检出率大幅增加，有接近一成男生检出肥胖；视力低下检出率依然居高不下。

中国孩子的营养状况在不断改善，但是中国孩子的体质、体能却在不断下降，这是不争的事实。教育部2011年对全国中小学生体质、体能的最新检测结果也显示，在学生营养状况改善的情况下，学生的速度、爆发力、耐力、肺活量却持续下降，超重及肥胖检出率上升，初中、高中视力不良率分别达到58%和76%。

根据这一调查结果，教育专家认为，由于片面追求升学率，社会和学校存在重智育、轻体育的倾向，学生课业负担过重，休息和锻炼时间严重不足，加上体育设施和条件不足等因素，学生体育运动难以保证，导致中小学生形成了“久坐不动、以静代动”的生活方式。由此而引出的后果是学生的运动能力严重下降。

如此下去，我们有可能再一次把中华民族的下一代摧残成东亚病夫！

## 2. 健康体魄，德与能的载体

对于孩子的成长来说，生命与健康是第一位的，道德修养是第二位的，能力提升是第三位的，知识学习是第四位的。

身体健康是生命赖以生存和发展的基础，是每个人都想拥有和追求的宝贵财富。培根说："健康的身体是灵魂的客厅，病弱的身体是灵魂的监狱。"毛泽东说："体者，为知识之载而为道德之寓者也。其载知识也如车，其寓道德也如舍。"也就是说，健康的身体是为人的发展提供最基础的保障和平台。身体素质是心理素质、文化素质、道德素质的载体。这里讲的是德、智、体的辩证关系。

一个体弱多病的人，他有能力和精力去关爱别人吗？让自己有个健康的体魄，才有能力去做自己想做的事，乃至做成大事，为别人为社会做出贡献。自己的健康不仅能为自己带来幸福生活，更可以为家人带去幸福的生活。我们应该让家庭因为有我们的存在而精彩，而不该让家庭因为我们的存在而无奈。个人的身体健康问题绝对不是小事情，而是与家庭、事业密切相关的大事情，是构建美好人生大厦的基础工程，是生命的奠基工程。有了健康的体质，才能经营健康的事业，创造健康的生活，赢得健康的人生。

汉唐时代的不少读书人，上马可以杀敌立功，下马可以写诗赋文，其胸襟气概，绝非只会夸夸其谈的酸秀才们所能比的。所以毛泽东主张青年人要"野蛮其体魄，文明其精神"。

## 3. 体育锻炼能强化人的多种素质

人的很多重要素质，是无法通过读书和上文化课来训练的，只有通过体育课才能学到！

良好的体质使人反应灵敏、精力充沛，这种功能和价值是人类活动的其他形式无法取代的。经常参加体育锻炼，有利于提高孩子适应环境，抵御疾病的能力。体育锻炼是孩子文化知识学习以外的另一块天地和乐园。在体育竞技运动中获得生命的高峰体验是刻骨铭心的。有过生命的高峰体验，对于一个人来说，无疑是一笔值得一生自豪的财富。

体育锻炼有利于培养孩子的团队精神。许多有益身体健康的运动都需几人甚至几十人共同参与。在训练中,孩子们需要相互的关心与帮助。在比赛中，孩子们需要团结协作。面对比赛成绩时，大家共享胜利的喜悦，共担失败的责任。这种由体育运动所展示的集体荣誉感和责任感，是许多活动都无法比拟的。比如登山等集体活动中，孩子们的相互关爱、相互帮助、相互照顾的团队精神将体现得淋漓尽致。

体育锻炼能磨炼孩子的坚韧不拔的意志。人的肉体和精神是不可分的。为了让坚强的精神能够寄寓于强健的肉体，就有了马拉松，有了掷铁饼，也有了斗牛、拳击、摔跤……正是在这些体育项目中，人们的竞技精神、奋斗精神、冒险精神、创新精神才得以培养和展现。这种追求“更快、更高、更强”的体育竞技精神，对于成长中的孩子是非常重要的。优秀的退役的运动员往往做很多事都能成功，原因在于他们有坚强的意志。李宁、邓亚萍就是典范。

体育锻炼还能改善孩子的气质，形成热情活泼、积极向上的精神风貌。经常参加体育锻炼的人常常兴高采烈，能吃能睡，心胸开阔，乐观自信。缺乏体育锻炼的人常常无精打采，沉默寡言，失眠厌食，抑郁多虑，畏畏缩缩，工作学习效率低，缺乏自信，面对意外情况和社会压力时，应变能力差，往往摆脱不了心理挫折和失败的阴影。这些都是身体不健康导致的心理不健康，可以通过加强体育锻炼去改变。

所以，拥有一个健康的身体是人生的第一财富，也是人生的重要资本。

## 4. 为了考试分数而牺牲健康是低级错误

现在的孩子中，独生子女较多。而由于家长对独生子女这棵“独苗”的过分呵护，使得孩子吃苦耐劳的品质、抵御挫折的能力以及果断、自制、坚韧等意志品质难得有培养的环境和机会。孩子从小被喂娇了，抱懒了，惯坏了。有的成了“胖墩”，有的成了“小豆芽”，有的成了“药罐子”。这恐怕比孩子学习成绩不好更值得忧虑。

现在许多青少年体能在下降，其主要原因是运动不足。青少年正处在成长发育期，爱玩、爱运动是他们的天性。可是，面对目前的一次又一次的考试压力，面对家长望子成龙的期待，孩子们从小就没时间享受运动的乐趣。尤其是城市，蚂蚁群一样的汽车，闲置了造物主赋予孩子们的双足；悠闲的生活使他们失去了肩挑背扛和爬坡越岭的锻炼；课本、电视、电脑是他们仅有的伙伴。于是，小近视眼，“小胖墩”比比皆是。不少孩子，宁愿多睡一会儿懒觉，多看一会儿电视，也不愿抽出时间去从事体育锻炼。这是非常令人担忧的现象。

为所谓的“优秀”而牺牲健康，这是非常低级的错误。健康永远比所谓的“优秀”更为珍贵，有健康才有未来。毛泽东说：“欲文明其精神，先自野蛮其体魄。”叔本华说：“一个健康的乞丐比有病的国王更幸福。”

如果想让你的孩子拥有强健的体魄，请让他参加体育锻炼吧！

如果想让你的孩子拥有坚强的意志，请让他参加体育锻炼吧！

如果想让你的孩子拥有拼搏的精神，请让他参加体育锻炼吧！

如果想让你的孩子拥有积极的人生态度，请让他参加体育锻炼吧！

## 实践与操作

生命在于运动，健康在于运动，青春在于运动，美丽在于运动。运动的状态才是人生最饱满最自然的状态，它也能带给人许许多多生命中不可缺少的流光溢彩，带给人许许多多生命里最重要的体验。让孩子热爱运动，享受运动，在运动中体验运动的魅力，获得运动的快乐，是素质教育的重要内容。那么，怎样帮助孩子爱上体育运动呢？这里提出以下几点建议。

### 1. 根据孩子心理特点帮孩子选择合适的运动项目

体育运动对弥补心理缺陷有较好的帮助，而且不同的体育项目对不同的心理缺陷功效不同。北京回龙观医院心理专家赵晨滨，针对孩子不同的心理缺陷，为孩子们列举了有针对性的体育运动项目。

第一类，孤独、怪僻的人，可以选择足球、篮球、排球以及接力跑、拔河等集体项目。这类体育项目共同点是要求每一位成员互相配合、交流，强调团队精神。多参加这样的运动会促进孩子与他人交流、增强换位思考的意识，弥补孤独、怪僻的心理缺陷。

第二类，腼腆、胆怯的人，应该多参加游泳、溜冰、滑雪、拳击、摔跤、单双杠、跳马、平衡木等体育项目。这些项目共同点是，如果失败会有一个可能受伤的后果，这就逼迫孩子去战胜困难、越过障碍，进而培养勇敢、无畏的精神。

第三类，优柔寡断的人，适宜于多参加诸如乒乓球、网球、羽毛球、拳击、摩托、跨栏、跳高、跳远、击剑等体育活动。因为这些项目不允许深思熟虑，需要的是瞬间的判断能力。多练此类项目能培养孩子果断的性格。

第四类，急躁、易怒的人，下棋、打太极拳、慢跑、长距离的步行及游泳、骑自行车、射击等需要耐心的项目都是很好的选择。因为存在这类心理缺陷的人，一般都比较冲动，即刻满足感很强，忍耐能力较差，这些项目正好可以培养一种延迟满足的心理。

第五类，缺乏自信的人，可以选择跳绳、俯卧撑、广播操、跑步等一些相对简单的体育项目，因为这类孩子做事总是觉得自己做得不够好，担心完不成任务，容易不断否定自我，有一种习惯性的消极认识。选择简单的体育项目，可以很快就获得成功的满足感，从不断的成功中建立自信心。

当然，以上建议是从帮助孩子弥补心理缺陷的角度去考虑的。如果从发挥潜质、扬长避短来培养专业运动员的角度考虑，则要与上述意见相反而行。

## 2. 给孩子创造运动的条件

我们可以因地制宜为孩子提供安全的场地。孩子从幼儿园或学校出来时，总希望在外面玩一会儿，这时父母不要急着把孩子带回家，应该让他做些必要的户外活动。可以在居住地的周围找一块空地让孩子蹦蹦跳跳。父母可为孩子配置必要的用具，增加活动的兴趣性，如球类、橡皮筋、跳绳。另外，为了方便孩子运动，应该让他穿运动鞋和运动服。要创造条件，鼓励、支持孩子参加各种体育锻炼，以增强孩子身体各部位的机能和适应环境的能力，增强孩子的体质。

## 3. 让孩子养成爱好运动的生活习惯

孩子的可塑性大，最容易接受成人的引导与训练，这正是养成自觉锻炼身体习惯的好机会。如果错过了，随着年龄的增长，由于受旧习惯的影响，新习惯就难以形成。家长要经常带孩子到公共场所观看他人的运动，让他感受运动给人带来的活力，从中获得感染。那里的气氛特别能带给男孩子阳刚之气和青春活力，孩子也能意识到运动是人的一种需要。所以家长最好根据孩子的爱好，帮助孩子孩子发展一两项固定的体育活动，有比较固定的活动时间和活动场所，让孩子感受到体育活动带给他的兴奋和愉悦。

## 4. 父母参与孩子的运动游戏

由于许多子女缺少玩伴，父母就不可避免要充当这一角色——孩子的玩伴，如与孩子一起拍球、传球、单腿跳等。每天规划 30 分钟的时段，和孩子进行健康体能游戏活动，还可以与孩子进行比赛。比赛时父母要适当“示弱”，以增强孩子的信心。这既能促进孩子运动能力的提高，又能增进亲子间的感情。

# 第二节

## 健康心理培养

### 理念与认识

### 1. 孩子需要“解放”

一名南京的大学生，爸爸妈妈都是大学教授，夫妇俩一心想让自己的孩子出国深造，于是从小学到大学，天天看着儿子学，逼着儿子学，从不给儿子一点自由，儿子被压得喘不过气来，终于忍无可忍，用皮带勒死了自己的父母亲！

这个案例反映了一个问题：父母的不良心态，导致了孩子心态的畸形和扭曲。

要想让我们的孩子一生快乐，就要培养孩子从小有个积极健康的心理，让他永远微笑着面对这个世界。

心灵舒展的孩子必然会快乐而轻松地飞，心灵压抑的孩子只能痛苦而缓慢地爬。

早在 20 世纪初，意大利女教育家蒙台梭利就提出了“解放儿童”的主张，可是当人们送别 20 世纪的时候，却遗憾地发现，当今的儿童非但没有被解放，相反，却被戴上了更加沉重的镣铐。

那么，怎样解放儿童呢？教育家陶行知先生提出了“五大主张”：解放儿童的头脑，使其从成人的成见中走出来，让他们大胆去想；解放儿童的双手，使其从“不许乱摸乱动”的束缚中走出来，让他们大胆去做；解放儿童的嘴巴，使其从“不许乱说”中走出来，让他们大胆去说；解放儿童的空间，使其从“鸟笼”中走出来，让他们走进大自然和大社会；解放儿童的时间，使其从作业、考试中走出来，让他们享受快乐的童年。

这样的教育，才是常态的教育。常态的教育，才能培养常态的孩子。具有健康的心态，才能拥有快乐的人生。

## 2. 让孩子成为“人中人”

对于一个具体的孩子来说，心理健康教育就意味着让孩子成为一个快乐的人：让孩子体验求知的快乐，思考的快乐，创造的快乐，成功的快乐，野外嬉戏的快乐，天性被纵情释放的快乐，青春激情随意挥洒的快乐……

陶行知先生早就告诫过天下的父母们：“不要希望孩子成为人上人，也不要让孩子成为人下人，也不要孩子成为人外人，要让孩子成为人中人。”

人中人就是常态的人，就是心地平和、能与人和谐相处的具有健康人格的人。

孩子在学说话、学走路的时候，家长对孩子总是一个劲地鼓励，孩子对自己含混不清的言语、摇摆不定的步伐也就充满了自信。那个时候，孩子是“人中人”。而一上学，很多孩子的这种感觉就被破坏了：不是变成“人上人”，就是变成“人下人”，要么变成“人外人”。这种非正常状态，使得孩子不是膨胀，就是压抑，心灵始终不得舒展。

什么叫“人下人”的感觉呢？用一句话来解释就是老觉得“人家行，我不行”。在这种情况下，孩子会觉得活得很无聊。现在，有“人下人”感觉的孩子太多了。上学后，分数成为衡量一切的标准，所有家长都希望自己孩子是第一名，但第一名只能有一个，于是，大多数孩子不得不听这样一句话：“人家是第一名，你为什么不是？”孩子使尽浑身解数仍然够不着这个标准，只好体味着“人下人”的痛苦。

什么是“人上人”的感觉呢？就是老觉得“我行，你们不行”。这是孩子群体中百里挑一、千里挑一的考试高手。他们是应试教育精心塑造的“学习模特”。他们往往把全部时间和精力都用到了学习上，他们是学校、老师和家长的掌上明珠。老师和家长对他们哄着、捧着、溺爱着、迁就着，使他们成了“小皇帝”。这些孩子生活在层层光环之中，容易自我膨胀，往往自认为天下第一，养成了唯我独尊的意识，与其他同学交往甚少。其实这些孩子的内心非常孤独。这些孩子一旦走上社会，往往以自我为中心，以“人上人”自居。他们到了一个新的环境以后，一旦失去了这种“人上人”的感觉，非常容易产生心理问题。这几年屡屡出现的大学生自杀事件中，有不少属于这类学生。

我们的很多家长都希望自己的孩子成为“人上人”。有太多的家长告诉孩子说:“不受苦中苦，难做人上人。”但对于多数孩子来说，成为人上人太难了！当不了“人上人”又不愿意当“人下人”的孩子，有可能成为“人外人”。“人外人”的表现是“失去信仰，失去理想，不在乎行与不行，追求另类”。有人把他们叫作“垮掉的一代”，有人把他们叫作“新新人类”。这些孩子往往过早地离开学校，摆脱了家长的掌控，成为无业游民，心态扭曲，什么教育对他们都无能为力。他们拉帮结派，组织起各种小集团，要么坑蒙拐骗偷，要么吃喝嫖赌抽，要么打群架，甚至抢劫路人、强奸少女，要么沉迷于网络游戏，成了五毒俱全的幽灵，自我感觉与众不同，走上一条“异端”的道路。入夜以后，我们会看到这些染着黄发、行为不羁的花季男女三五成群地聚集在一起，在光怪陆离的旋转灯光下，在强劲的音乐节奏中，在舞池里发泄青春期过剩的精力。玩到了热火朝天的高潮时，你会看到他们男男女女嬉笑打骂、勾肩搭背的场景。他们以无知为荣耀，贪图享受，不屑脚踏实地做事，常常以反叛社会的面目出现，以边缘的角色定位自己，试图引起别人的关注。他们信奉不劳而获、胜王败寇的实利主义和肤浅的“兄弟义气”，渐渐蜕变为行走于锋刃和荆棘中的危险分子。

一个“人中人”的孩子，他的内心是和谐的，他与周围的环境也是和谐的，他的人生是快乐的。“人中人”就是心理健康的人，他的特点是有以下几个方面。

（1）能正确地面对现实，对人对事具有清醒而客观的认识。对生活中出现的各种问题、困难和矛盾，能以切实的方法予以处理，常常表现出积极进取的精神，能较快地适应环境。

（2）了解自己，有自知之明。不仅能正确地认识自己的优点、弱点，而且能正确估计自己的能力、个性和情趣，能正确地认识自己，接纳自己，控制自己，能根据自己的优势和劣势妥善地安排自己的学习和生活。

（3）与人为善，乐于与人交往。对别人满腔热情，能与多数人建立良好的人际关系，能更和谐地与同学相处，积极态度（尊重、信任、喜悦）多于消极态度（嫉妒、怀疑、憎恶）。

（4）自尊自重，谦而不卑。在社会交往中既不狂妄自大，又不退缩畏惧。在行为上独立自主，有所为也有所不为。

（5）情绪乐观，心胸豁达，情绪稳定，热爱生活。对未来充满希望，遇到逆境或烦恼时，能自行解脱。能以高涨的情绪投入群体活动中去。

很显然，我们应该让我们的孩子成为“人中人”，而不是“人上人”“人下人”或“人外人”。

## 3. 让孩子心里阳光灿烂

我们常常会见到这样一些人，一天到晚发牢骚，骂大街……反正逮住谁骂谁，说到谁骂谁，对谁都不满意。说到某某同学，便说：“我们俩是同学，他现在当官了，而我却下岗了，凭什么？这是什么世道？”他觉得国家对不起他，社会对不起他，单位对不起他，领导、同事，谁都对不起他，只有自己是最能代表正义的。他从来没有觉得自己有什么问题。有这种心态的人很难在社会中立足，也很难得到重用，也很难有幸福感，他的一生都在痛苦与烦恼中度过。

换个角度看待自己，是一种突破、一种解脱、一种超越、一种高层次的淡泊宁静和自由自在的乐趣。换一个角度看世界，世界无限宽大；换一种立场看待人事，人事无不平安。

积极健康的心态是一把万能的钥匙，它能帮助你打开成功路上的大门，让你的人生路途上阳光普照。消极的不健康的心态是一张网，是一个沼泽，一旦陷入其中，只能越挣扎勒得越紧，越挣扎陷得越深。

请记住以下几句格言：

你改变不了环境，但你可以改变自己；

你改变不了事实，但你可以改变态度；

你改变不了过去，但你可以改变现在；

你不能控制别人，但你可以掌握自己；

你不能预知明天，但你可以把握今天；

你不能样样顺利，但你可以事事尽心；

你不能左右天气，但你可以改变心情；

你不能选择容貌，但你可以选择表情。

有了这种对生活的积极认识，我们才能坦然面对人生的曲折坎坷，才能从容地面对生活——这就是健康的心理，这就是积极的人生态度。

## 实践与操作

如何在日常生活中关注孩子的心理健康呢？以下 12 条建议供家长们参考。

### 1. 让孩子多说“太好了”，少说“太糟了”

人有两种心理状态。我们姑且称之为“阳光心态”和“月光心态”。

月光心态的表现是，情绪稳定性差，阴暗狭隘，冷淡孤傲，忽冷忽热，忽云忽雨，说话冷，容易伤人。无论遇到任何事情都觉得“太糟了”“糟透了”“真倒霉”“烦死了”！这种人的心态就是：看这不顺眼，看那烦死了。脸上总是阴沉沉的，永远没有快乐的时候。

阳光心态的表现是，豁达开朗，活泼轻松；无论遇到任何情况都觉得“太好了”！具有阳光心态的人，往往情绪稳定，乐于与人沟通，工作态度和生活态度都比较积极；对他人，对家庭，对单位，对社会，肯定的多；对人宽厚，生活开心，要求不苛刻，自我控制能力强；面对困难和逆境，他会豪迈地说：“太好了！我又多了一次锻炼的机会！”面对人生的不幸，他想到的是，万事万物，有一弊必有一利，有一失必有一得，相信自己一定能在不幸中获得人生教益。这种心理能把不利因素变为有利因素，把负能量变为正能量，把负效应变为正效应，把消极变为积极，把坏事变为好事。这样心态的人永远都有一种快乐感。

大家都知道，世界上有许多有成就的人反而是残疾人，或者是屡遭磨难的人。贝多芬耳聋以后，并没有影响他创作出世间最动听的乐曲；柴可夫斯基生活十分困窘，却创作出了不朽之作《天鹅湖》；列夫·托尔斯泰一生历尽磨难，却创作了影响世界的《战争与和平》。达尔文说：“如果我不是有这样的残疾，我绝不会做到我所完成的这么多工作。”

在生活中，如果你遇到不幸，你就想想比你更不幸的人，想想他们是如何走出困境、寻找幸福的。就像一个为没钱买鞋而发愁的人，出门见到一个没有脚的人，立刻觉得自己还是太幸福了，因为虽然没有鞋子，但是还有两只脚，还可以自由自在地走来走去。

让孩子从小学会使用“太好了”三个字，他就从小学会了乐观，就可以潇洒地面对人生。将来无论遇到什么样的困难和挫折，都能微笑着去面对，他的生活也会是愉快和幸福的。

## 2. 让孩子多说“我能行”，少说“我不行”

现在，许多孩子做什么事他都不想做，张口就说：“我不行！”这些对自己没有信心的孩子，长大后怎么会有开拓进取精神呢？

“我不行”，是一种负面信息，如果经常用这种信息来暗示自己，缺乏自信的心态就被自己不知不觉地塑造出来了。“我能行”是一种正面信息，如果经常用这种信息来暗示自己，坚强自信的心态就被自己塑造出来了。

令人不安的是，在当今的家庭中，父母对孩子说“不行”的次数要比说“行”的次数多得多。大人常常指责自己的孩子：“太差了！太糟了！太不争气了！太没出息了……”整天在这种负面信息暗示下长大的孩子，他们的潜能可能被埋没。于是，他就真的“不行”了。

为人父母者一定要帮孩子树立起“我能行”的信念，放手让孩子去干事情，去亲身品尝成功的喜悦和失败的痛苦。孩子去参加比赛了，父母要鼓励他：“相信你一定能行！”孩子比赛输了，哪怕是最后一名，你也要说：“敢去参加比赛就是好样的！”自己的孩子自己都不相信他能行，那谁还会相信他呢？喊着“我不行”长大的孩子，将来肯定竞争不过那些喊着“我能行”长大的孩子。当“我能行”成为一种信念，并随着时间的流逝悄然沉入孩子心底的时候，孩子就真正长大了。

人类伟大的力量，是由每个人的伟大之处组成的。人要多看自己的长处，少看自己的短处，尤其是要少看自己那些无法改变的弱项。

有一位作家曾非常肯定地说：“人人都是天才。”因为每个人都在某一方面与众不同，或优胜于他人。大自然赐给我们每个人以巨大的潜能，等待我们去发现，去开发！你要相信，没有什么人是没有天赋的。那些认为自己没有天赋的人只是一些尚未开发出自己潜能的人。

要让孩子觉得自己行，就必须让孩子经历一次次战胜自己、挑战极限的体验，然后他就会惊喜地发现——哇，我能行！

每一个人都有一个神奇的大脑，都有一双能创造奇迹的双手，但表现出来的才能却各有不同：有的同学善写会画，有的同学能歌善舞，有的同学勤于思考，有的同学善于动手……聪明的人善于发挥特长，愚蠢的人却爱嫉贤妒能。

我们应让每一个孩子在思想上相信“我能行”，在行为上表现“我能行”，在情感上体验“我能行”。

许多孩子常常说“我不行”。这种意识有两个来源：一是源自自我；二是源自他人。有些家长总觉得自己的孩子不行。一位男孩说：“我想学游泳，我妈妈说，你不行，你从小体弱，下水太危险了！我想学炒菜，我妈妈又说，你不行，会烫着手的！我想学骑自行车，我妈妈说，你不行，会摔着的……不行，不行，我什么时候才能行呢？”

“我不行”在孩子头脑中一旦扎下了根，孩子就会变得对做任何事情都没有信心，会觉得离开了父母和老师自己就寸步难行。

主宰命运的，是勇气，是自信，而这种勇气和自信要从小培养。

## 3. 让孩子对优秀者多一点亲近，少一点嫉妒

人的情绪既多种多样，又千变万化。可以分为若干组:愤怒、恐惧、快乐、喜欢、惊讶、耻辱……我们每个人日常都生活在这样的情绪之中。这些情绪的发展，可能趋向积极方向，也可能趋向消极方向。我们需要的是引导孩子的情绪向积极的方向发展。

例如，“羡慕”这个情绪向消极方向发展的次序是：羡慕—嫉妒—憎恨—陷害；

“羡慕”这个情绪向积极方向发展的次序是：羡慕—亲近—学习—超越。

能够把自己的情绪引导着向积极方向发展的人是高情商的人。

羡慕变成亲近，亲近有知识的人，你就会越来越有知识。但如果把羡慕变成嫉妒、憎恨、陷害，那就非常不利于你的发展。譬如说，一个人到熟人家做客，见到熟人家住房豪华，家财万贯，于是走出熟人的家就想：明天一场大火把它烧个精光才解气，而不是思考怎样去赚钱。也正像两个人赛跑，见到别人跑在了前面，不是设法咬紧牙关追上人家，而是暗想：要是跑道上突然出现个石头，把他绊倒碰掉两颗牙才美呢！这是情商低的人。这种人一生都在嫉妒、牢骚、生气、烦恼、憎恨、陷害中度过。这样他自己太操心，活得太累。别人也会因为他的存在而提心吊胆，也麻烦，也累。这种人很难在单位有威信。越没有威信他就越烦恼，越烦恼就越嫉妒提防别人，这样就越来越孤独。一个单位有一两个这样的人，就会使单位不得安宁！可是他还觉得是别人不能正确对待他。

健康的孩子欣赏人，信任人；病态的孩子妒忌人，贬损人。

嫉恨成功者的人，自己很难成功；而学习成功者的人，容易取得成功。

积极的心态有助于你在逆境中勇敢地面对，使你在逆境的磨砺中变得更加出色。消极的心态则让你无法面对一个个人生挫折，挑不起生活的重担，只能自甘沉沦，被挫折击垮。人生的挫折和逆境无法避免，唯一能做的就是改变我们的心态。

## 4. 让孩子多“站在太空看世界”，少“站在谷底看脚下”

面对人生的诸多烦恼，魏书生老师让我们这样想：从宇宙空间角度看，宇宙中有一千亿个银河系，银河系有一亿颗恒星。仰望星空，我们看到那满天繁星中的牛郎星、织女星，我们就想，我们的地球是比牛郎星、织女星还要小得多的一个星球。生存在这个小星球上的人有60亿，那么一个人不就是一粒尘埃吗？从人类历史的纵向角度看，人类已经有数百万年的历史。一个人活一辈子，八九十岁，也就是人类历史的几万分之一，是个极其短暂的瞬间。人这么渺小，人生这么短暂，我们何必去自寻烦恼！

经常站在太空的角度看世界，人就自然大度，就会练就宠辱不惊的健康心态，就会不太在乎别人的毁誉。别人赞美你，不必特别高兴；别人诋毁你，也不必特别难过。要做到“心静如水”。水给人以柔和的印象，却拥有惊人的力量，滋润了万物，孕育了生机。然而它从不炫耀，也不自卑，总是默默奔流于天地之间，成为永恒的生命方式。这就是自然的境界。

站在谷底看脚下，便会产生过分的自我保护意识，名誉、地位、财产、别人的议论都事事在意，作为包袱背在身上，结果心理负担越来越重，苦恼越来越多。

## 5. 给孩子多一点好消息，少一点坏消息

孩子的心态好不好，生活快乐不快乐，在一定程度上取决于家长的心态。在生活温饱的前提下，快乐不快乐，只是一念之差。怎样把快乐教给孩子？一个很重要的办法就是“多给孩子好消息，少给孩子坏消息”。每天得到一个好消息和每天得到一个坏消息，生命的状态就会大不一样。

肯定有人会说，生活中能找到那么多好消息吗？能！正如罗丹所说：“生活中不是缺少美，而是缺少发现美的眼睛。”而我们要说的是：生活中不是缺少好消息，而是缺少发现好消息的心灵。

好消息无所不在。天晴是好消息，因为阳光明媚；下雨是好消息，因为雨能令万物滋润；下雪是好消息，因为雪让大地一片洁白。窗外的柳树发芽

是好消息，小草冒头是好消息，花开是好消息，月升月落都是好消息……一切都可能是好消息！

大自然是慷慨的，充满了好消息；社会也不是苛刻的，真、善、美随处可见。关键是我们要有发现好消息的心灵。

有许多优秀的家长，尽管家境贫寒，但他们始终对生活充满了热爱，他们无声地为子女们传递着“活着就是好消息”的信息，用自己的坚强和乐观为子女挡住了消极悲观的人生态度的浸染。

有的家长却恰恰相反，生活衣食无忧，却动辄就抱怨整个世界，怨天尤人，让孩子从小脑子里装的全是坏消息。在孩子的眼睛里，这个世界一片黑暗，他的生命也就暗淡了。

给孩子捕捉好消息，就是让孩子用赏识的目光来看待整个世界，那样，孩子就学会了在日常烦琐的生活中寻找光芒，学会在阴云密布的日子里享受没有阳光的时刻。

“多给孩子好消息”，目的是想让孩子经常保持一种快乐的心态。不少老师都有这样一种经验：如果哪一天你表扬了哪个孩子，这个孩子一整天的学习情绪都会很高涨，课堂发言积极，作业认真。原因就在于那一天孩子的心情是快乐的、舒展的。

每天给孩子一些好消息，实际上就是每天给孩子找点快乐。

就像孩子的身体发育需要物质营养一样，孩子心理的发育同样需要精神营养和心理支持。孩子在骨骼的发育期如果缺钙，就会患佝偻病；孩子在心理发育的关键期如果缺少了心理营养，也会导致心理畸形或人格变态。弗洛伊德有句名言：“从成人的精神障碍中都能看到儿时的影子。”童年理应是快乐的，应该快乐的年华而无快乐，孩子就容易在心理上出问题。

如果你天天想的是快乐的事，你就会天天快乐；如果你天天想的是烦恼的事，你就会天天烦恼；如果你天天想的是可怕的事，你就会天天害怕。人的心态，能把地狱变成天堂，也能把天堂变成地狱。有很多事情，你想通了就是天堂，你想不通就是地狱。作为父母，我们应以自己的积极乐观的情绪感染和影响孩子，让孩子天天处在快乐的氛围中，这对孩子的心理健康起着潜移默化的作用。

## 6. 让孩子对生活多一点微笑，少一点愁容

笑一笑，十年少；愁一愁，白了头。这是智者的忠告。生活并没有亏欠我们任何东西，所以没有必要总是哭丧着脸。微笑是对生活的一种态度，跟贫富、地位、处境没有必然的联系。一个富翁可能整天忧心忡忡，而一个穷人可能整天乐乐呵呵；一位贵夫人可能会愁眉不展，一位残疾人可能坦然乐观……

一个人的情绪受环境的影响，这是很正常的，但你哭丧着脸，一副苦大仇深的样子，对处境并不会有任何的改变。相反，如果微笑着去生活，那会增加亲和力，别人更乐于跟你交往，你得到帮助的机会也会更多。

只有心里有阳光的人，才能感觉到现实的阳光。如果连自己都常哭丧着脸，那生活如何美好？生活始终是一面镜子，照到的是我们的影像：当我们哭泣时，生活在哭泣；当我们微笑时，生活也在微笑。

微笑是朋友间最好的语言。一个自然流露的微笑，胜过千言万语。无论是初次谋面也好，相识已久也好，微笑能拉近人与人之间的距离，让彼此之间倍感温暖。

被人误解的时候能微微一笑，这是一种素养；受委屈的时候能坦然一笑，这是一种大度；吃亏的时候能开心一笑，这是一种豁达；无奈的时候能释然一笑，这是一种境界；危难的时候能泰然一笑，这是一种大气；被轻蔑的时候能平静一笑，这是一种自信；失恋的时候能轻轻一笑，这是一种洒脱。

## 7. 让孩子多看生活的光明面，少看生活的阴暗面

一个学生，一个孩子，如果一天到晚总看阴暗角落，看世上丑行，看垃圾、脏水、黏痰、鼻涕、打架、斗殴、懒惰、懈怠……那么，久而久之，孩子心灵的录像带上，全是这些假、恶、丑、脏的东西。这样，他当然会变得偏激，会发牢骚，会愤愤不平，会觉得天昏地暗，自己的内心也就经常阴云密布。这就是不健康的心理。

反过来，让孩子从小多看社会生活的光明面，多看生活中的鲜花、清泉，多体验团结友爱、勤奋进取、廉洁奉公，多了解一些先进人物的事迹，多知

道一些“感动中国”的人物，时间长了，孩子的内心深处，就会种下真、善、美的种子，就会充满这些催人奋进的因素。于是，他昂扬，他乐观，他豁达，他会觉得自己的内心阳光灿烂。这就是健康心理。

当然，阴暗面不是不可以看。对青少年来说，一是不能总看阴暗面；二是要正确看待阴暗面。看的目的不是为了发牢骚，不是为了埋怨，更不是为了跟着学，而是想到如何改变它，改造它，消灭它。想到这些丑恶的东西存在，自己也有一份责任，想到应该为改变它做出力所能及的努力。

稍加分析，孩子就会发现，这个世界，这个社会，是由好人在支撑着，维持着的。整个世界的总趋势是向着文明进步的方向发展的。

让孩子多看社会生活中的光明面，孩子的心情就会开朗起来。在好人的鼓舞下，在社会正义的感召下，孩子内心深处真、善、美的一面也会得到充足的营养，孩子就会成为积极进取、乐观向上的人。

有些孩子喜欢发牢骚，总是觉得这也看不惯，那也不顺眼。这些孩子在学校时表现为：对同学有怨言，对老师不满意，对学校有意见，看周围的一切都是天昏地暗，于是一天到晚心烦意乱。牢骚越多，心情就越不好。心情不好，做什么事也没有心思了。其实，你埋怨环境不好，往往是因为心情不好；你埋怨别人太狭隘，往往是因为自己不豁达。

如果一个人总是以消极的心态来看人看事，那么就会觉得自己身边无比黑暗，脚下无路，危机四伏，自己也很难被别人接受和认可，做事也容易失败。失败又反过来强化了消极心态，人生因此陷入恶性循环当中，失败也就是情理之中的事了。

我们要告诉孩子，我们的社会生活都是有两方面组成的：有好的一面，也有坏的一面；有阳光的一面，也有阴暗的一面；有使人满意的一面，也有使人不满意的一面。无论是一个国家，一个地区，一个单位还是一个家庭，都有不尽如人意的地方，都不会尽善尽美，所以，我们才有建设和改造社会的任务，我们才有永不停息的追求。我们要多看社会生活的光明面，不能老盯着社会生活的阴暗面。譬如，我们来到公园，是为了欣赏鲜花，看亭台楼阁，看小桥流水，看飞禽走兽；不是为了看角落里的垃圾和厕所里的苍蝇蚊子。社会再向前发展一万年，也还有垃圾，也还有坏人。我们应该让自己心灵的摄像机对准什么，常常决定着自己的心灵世界是阴沉昏暗，还是天朗气清。

## 8. 让孩子既有成功体验，也有挫折体验

成功的体验是喜悦的，失败的体验是痛苦的。成功时，人容易意气风发；失败时，人容易心灰意冷。孩子如果既有成功体验也有挫折体验，他就会胜不骄败不馁，胜不得意忘形，败不垂头丧气。这不正是健康心理吗？

无论什么人，只要他没有体验过饥与渴的滋味，他就永远也享受不到食物和水的香甜，永远不懂得生活是什么滋味；一个孩子，如果他没有经历过困难和挫折，就难以品尝到成功的喜悦；人的一生，如果没有经历过苦难，他就感受不到什么叫幸福。所以我们家长应根据孩子不同的年龄阶段的特点，适当给孩子以“挫折体验”，如遭遇失败、经受批评、面临困难、体会劳累等。

“没有挫折就没有成长。”孩子在成长的过程中，必然会遭受各种各样的挫折和失败，这种挫折和失败在给孩子带来心理压力与情绪困扰的同时，也给孩子带来了成长的契机。孩子应对挫折的能力与素质，只有在挫折中才能锻炼出来。

## 9. 让孩子学会承认错误而不要掩饰错误

一个人不可能不做错事，尤其是小孩，他们就是在“犯错—知错—认错—改错”中长大的。要教育孩子学会处理自己所犯的错误，教他们必须学会改正错误，而不能无视错误。聪明的人做了错事，从来不埋怨别人，而是从自己身上找原因，结果越来越聪明；愚蠢的人做了错事，总是找客观原因，怨天尤人，结果越来越愚蠢。

当孩子伤害了别人的情感时，要让孩子依靠自己的能力去改正错误，改变事态；要让孩子学会向别人道歉。要让孩子知道，每个人都会犯错误，犯了错误就要承认，就要改正。要让孩子自己对自己所犯的错误承担后果。这样，孩子就会在“犯错—知错—认错—改错”的过程中不断成熟起来。

## 10. 让孩子多欣赏大自然的美丽

大自然是一部无与伦比的美育教材，是美育的源头活水。大自然能够给人以心灵的愉悦，生命的滋润。那如水的月光、碧绿的原野、涓涓的溪流、柔和的垂柳，使人感到安静舒适；那汹涌的大海、奔腾的江河、巍峨的高山、使人心旷神怡。自然界的山川草木、鸟兽虫鱼，都具有美的特质，因而都是审美的对象。我们应当引导孩子到大自然中去，在大自然的怀抱中，享受它的温馨，感受它的灵气。在孩子投身大自然，感受其中的神奇美妙时，孩子的观察力会越来越敏锐，想象力会越来越丰富，对美的欣赏能力会越来越强。

现在的孩子，尤其是城市的孩子，离大自然越来越远。他们没听过鸟叫，不认识黄鹂和白鹭，自然体会不到“两个黄鹂鸣翠柳，一行白鹭上青天”的春光明媚之美；他们没到过山村，没见过烧柴做饭，没听过鸡鸣犬吠，自然体会不到“暧暧远人村，依依墟里烟，狗吠深巷中，鸡鸣桑树颠”的闲静恬淡之美；他们没见过长江黄河，自然体会不到“乱石穿空，惊涛拍岸”的雄壮之美。

请带我们的孩子去看一看蓝天白云、青山绿水，看一看花草树木、鸟兽虫鱼。无论是小桥流水的优雅情趣，还是大江东去的磅礴气势，无论是朝阳初升时小草上的一滴露珠，还是暮色降临时原野的一缕炊烟，都会使我们的孩子在大自然中受到审美的熏陶，从而使孩子的心灵更加舒展。

## 11. 启发孩子对于艺术美的发现与鉴赏

一个失去童趣的孩子，必然早熟，早熟就是生命过早失去弹性，过早定型。早熟必然早衰。早熟就是过早社会化，过早进入成人世界，儿童也因此过早失去天真与好奇，失去活力和想象力。这需要文化艺术熏陶来拯救。

对孩子进行民族文化熏陶的最方便、最有效的途径，莫过于让孩子阅读中国古典诗词。可以这样说，唐诗宋词，是引导人们走进中国文化殿堂最好的入口。熏陶性灵，启迪文思，培养审美情趣，提升人格境界，都可以在唐诗宋词的吟诵中得以潜移默化地实现。所谓“书卷气”，所谓“文化底蕴”，首先就看胸中装有多少唐诗宋词。

教孩子学会一种乐器的演奏技巧，并不一定都是审美教育。美育的主要目的不是培养吹拉弹唱的技能，而是要培养人的艺术趣味、艺术情操。当前，有些家长让孩子学习艺术的动机不纯，把掌握艺术技能当作谋生的一种手段，当作成名成家的捷径。一旦发现成不了“大器”，便立即终止孩子的艺术活动，急功近利现象十分严重。有的孩子刚刚学了一点艺术的“皮毛”，家长就迫不及待地逼着孩子参加各种“考级”。这种功利行为严重影响了孩子的审美情趣。我们应该让孩子怀着纯洁的童心，自觉自愿地步入艺术的殿堂。我们应该让孩子在这个喧嚣的时代里能够悄悄地走近李白、杜甫、泰戈尔、雨果、莎士比亚，默默地亲近徐悲鸿、齐白石、毕加索、罗丹，能静静地沉醉于《春江花月夜》《二泉映月》《梁山伯与祝英台》《蓝色多瑙河》《田园交响曲》……

孩子们如果具备了高雅的审美情趣，他就会为初春时悄然绽放的一枝新绿而欣喜，为晨曦中喷薄而出的朝阳而欢呼，被莎士比亚、曹雪芹的作品而震撼，因贝多芬、肖邦、柴可夫斯基的乐曲而内心激荡。他们就有可能具备纯洁的心灵，宽广的胸襟，从而在人生的旅途中生活得更加雅致，更加浪漫。健康的审美情趣，会塑造高雅的风度和气质，会促进孩子的心理健康。

## 12. 让孩子学会适当宣泄

如果你的孩子胆小怕事，说话声音像蚊子叫，你不妨带他去登山或郊游，面对高山、田野，你可以让孩子尽情大喊大叫，这时他会感觉到自己的声音十分洪亮，会令孩子感到自豪。

适当的宣泄和疏导可吹散盘旋在心头的不健康的浊气。孩子一人在外学习，他经历了什么，为什么有时候到了家总是先哭泣起来，那一定是心情没疏通，他也没有能力表达明白自己内心的感受，那么，我们要让孩子去诉说、去旅行、去打球，或者陪孩子一起谈心、一起叹息、一起抹眼泪来宣泄，来辅助疏通！

# 第8节

## 孤僻心理矫正

### 理念与认识

#### 1. 孩子性格孤僻的主要表现

2008 年 7 月 1 日上午 9 时许，一名男子持刀闯入上海市公安局闸北分局，用刀捅向多名民警、保安，5 名民警送医院抢救无效牺牲，4 名民警和 1 名保安受伤。据悉，凶手从小不喜欢与人交谈，性格孤僻。杀人犯中这类人占有很大比例。

性格孤僻的孩子，会因为对周围的人产生一种不信任感，从而向父母、老师及同学关闭心灵之窗。性格孤僻的人要是遇到排解不开的心理问题，如果不及时加以引导而任其发展，往往会采取极端行为，酿成严重后果。

性格孤僻的孩子言语及认识方面异常。表现为不爱讲话，不爱与其他人接近、交往，对别人的呼喊没有反应，不关心别人，也不喜欢跟人打招呼。

性格孤僻的孩子社会交往行为异常。表现为对亲友无亲近感，缺乏社会交往方面的兴趣和反应，不爱与伙伴一起玩耍。

性格孤僻的孩子在人多的场合会觉得不自然，害羞。不喜欢交朋友，放学回家就钻在屋里看书，没有小伙伴找他，他也不找别人，郁郁寡欢。

性格孤僻的孩子不愿参加集体活动，常常一个人独自待在角落里，不让别人接近他。这种孩子还伴有小心眼、遇事不开朗、爱钻牛角尖的现象。他们不轻易招惹别人。但是，一旦内心郁积的不满爆发时，则表现出强烈的攻击性，常会使人意想不到地为之惊讶。

## 2. 孩子性格孤僻的形成原因

孩子性格孤僻，很可能是缺乏情感和思想交流造成的。当一个人对周围的一切缺乏了解，和周围的人无法沟通的时候，就会体会到孤独的滋味。长期的孤独就会形成孤僻的性格。孩子如果长久独居，家长不常带孩子出去玩，经常一个人玩，那么，他遇到别的小朋友，就没什么兴趣。这些孩子的父母往往也不善交际，很少与外界接触，不习惯与陌生人交往。

孩子性格孤僻，也可能是幼年不幸经历造成的。如果父母不和，经常争吵，孩子就享受不到家庭的温暖，过早接受了人世间的烦恼、郁闷、焦虑的不良体验，幼小的心灵上留下一道很深的伤痕。于是他们只好通过封闭自己来给自己创造一个较为安宁的空间。此外，在某些特殊的环境里，如亲人突然离去、孩子小小年龄就被送去上寄宿学校或幼儿园，或被送到亲戚家寄养等，孩子的心理承受不了这种压力，也会使孩子变得不愿与人接触，出现退缩、孤僻等现象。

孩子性格孤僻，还可能是环境压抑和教养方法不当造成的。城市里的孩子长期待在家里不下楼，没有玩伴儿，孩子只能一个人在家玩，时间久了就会很寂寞，就会变得不合群。有的家长怕孩子与其他小朋友玩时吃亏，就整天把孩子关在家中，让他独自玩耍。从小对孩子包办，孩子一遇问题，家长就出面解决。家长生怕孩子在交往中受到“坏孩子”的影响，所以限制孩子与外界交往，这样逐渐造成了孩子的社交障碍。长此以往，会使孩子脱离群体，不会与人相处，不愿开口与人交流。时间久了，还会被其他孩子孤立起来，直至变得刁钻古怪，冷漠孤独，无法适应学校与社会生活。

此外，父母的粗暴对待，伙伴的欺负、嘲讽等不良刺激，会使他们产生消极的心境，甚至诱发心理疾病。缺乏母爱或过于严厉、粗暴的教育方式，使孩子得不到家庭的温暖，孩子会变得畏畏缩缩，自卑冷漠，过分敏感，不相信任何人，最终形成孤僻的性格。

也有一些孩子的性格孤僻，是由于缺乏交际技能和方法造成的。孩子在生命的早期没有学会基本的社会交往技能，从而也不能以正常的方式和别人交往。这使得他们在人际交往中屡屡碰壁，如耻笑、埋怨、训斥，使他们的自主性受到伤害。随着这种失败次数的增多，孩子会逐渐变得惧怕社交，对交往失去信心，与别人产生隔膜，在团体中找不到归属感，便把自己封闭起来。孩子越不与人接触，社会交往能力就越得不到锻炼，结果就越孤僻。最后他们经常处于压抑、孤独和冷漠之中，性格变得喜怒无常，难以自制，并且无法与他人进行沟通协调。

有个别孩子的性格孤僻，是家长的负面强化造成的。很多家长让孩子打招呼时，孩子没有反应，家长就会说：“你看这孩子，就是不愿意和人打招呼。”这就无形中强化了孩子“不愿意和人打招呼”的自我认同。久而久之，孩子就认为：我就是一个不愿意与人打招呼的孩子。

## 实践与操作

如何矫正孩子孤僻性格，这里提出如下建议。

### 1. 扩大孩子的生活空间

家长应让孩子从“自我”的小圈子走出来，让孩子多与邻居的孩子一起玩耍、游戏、生活。家长有必要利用节假日、业余时间带孩子到游乐园、动物园、公园等场所玩，带孩子去串门、走亲戚，减少孩子对不同人、不同情境的陌生感，增强其交往需要与兴趣。这样能促使孩子形成活泼、开朗、大方的性格。家长可以利用带孩子做客，让孩子到大庭广众中去接触社会人群、参加游戏等，使其与周围人们建立友谊，交流感情，并由此感到周围的人及集体是可以亲近和依恋的。

## 2. 用家庭的欢乐促使孩子的活泼

家长应给孩子营造出一个和睦、融洽、民主的家庭，让孩子真正感到自己是家庭中的重要一员，让孩子感到家庭的温暖，体验到家庭的欢乐。这有助于孩子养成活泼、开朗、乐观、积极向上的良好情绪。

家长可以通过引导孩子完成力所能及的任务，使其体验成功的快乐。这实际上也就培养了他的主动积极的社会行为，消除孤僻、畏缩行为。父母对孩子说话应和蔼可亲，切忌打骂。打骂孩子只会使孩子对父母望而生畏，心情处于紧张状态，行为变得更拘谨、孤僻。当孩子有什么不愉快的事情时，家长应该设法转移他的注意力，引导他做他所喜欢做的游戏，或听音乐、唱儿歌、讲故事，或者逛公园、郊游。大人和孩子一起参加活动，就可以克服孩子的消极情绪，恢复他的愉快心境。孩子经常处于愉快的环境中，就能为孩子形成积极情绪、克服消极情绪创造条件。

## 3. 多给孩子提供社交机会

家长可以带孩子外出，有意在人多的地方逗留一段时间，并且引导孩子观察周围的人和事。这等于把孩子从他的个人小世界中拉出来。然后让孩子与周围的人打交道。在小区里，让孩子主动与左邻右舍的熟人打招呼。譬如家长带孩子外出旅游，到了陌生的地方，家长可以佯装迷失了方向、找不到路、寻不着旅馆或饭店，让孩子去向陌生人问路，包括向年老的、年轻的、异性的、陌生的人问路。特别要完成一次向年轻英俊漂亮的异性问路，完成一次向看起来并不和善的人问路。让孩子到某菜市场询问几种蔬菜的价格，或者家长在商店买一个商品，然后找个理由让孩子去退货。退成退不成无关紧要，重要的是敢于并能够向店方陈述理由。在家中需要给亲戚朋友等孩子认识的人打电话时，先让孩子去打通电话，打了招呼后，父母再接住话筒通话。家里电话铃响了，先让孩子去接，等他与人家打了招呼以后家长再去接电话。家里如果来了客人，特别是来了小客人，要让孩子参与招待，让环境“逼”着孩子去与人交流。父母不妨带孩子接触不同年龄、性别、性格、职业和社会地位的人，让他们学会和不同类型的人融洽相处。通过这些小事的锻炼，孩子会逐渐地增加说话的机会和接触他人的机会，孩子有可能会慢慢开朗起来。当然，孩子首先得学会跟父母和兄弟姐妹以及亲戚融洽相处。此外，家长自己应与他人相处融洽，做到热情、真诚待人，不卑不亢，给孩子树立一个好榜样。

在家里父母也应为他创造与同伴游戏的机会，鼓励他与邻居小朋友一起玩耍。在学校里，对那些不合群的孩子，教师应吸引他们参加集体和小组游戏，在游戏中要注意发挥他们的作用，培养他们的兴趣，使他们产生对同伴的信赖和情感上的共鸣，这有利于孩子克服不合群的心理障碍。

父母可以带领孩子多参加体育、文艺等集体活动，在活动中放开自我，真诚坦率地对待他人。要鼓励孩子敢于与别人交往，虚心听取别人的意见。这样，孩子在每一次交往中都会有所收获：丰富知识经验，纠正认识上的偏差，获得了友谊，愉悦了身心，会重树在大家心目中的形象。坚持下去，孩子就会喜欢交往，喜欢结群，变得随和了。

家长要帮孩子找朋友。孩子需要有机会与不同个性的孩子交往，互相影响，取长补短。所以，在孩子有社交障碍的情况下，家长可以为孩子“招揽”一些性格开朗的、热情好客的、好说好动的小朋友，让孩子在交往中学会交往，在沟通中学会沟通。

## 4. 让孩子的穿着打扮与周围的孩子一致

如果是孩子长久独居，加上父母不善交际，很少与外界接触，不习惯与陌生人交往，容易导致孩子性格孤僻。那么，父母应让孩子在穿着打扮等生活习惯上与周围的孩子保持一致，减少孩子因为与众不同而产生的不自在感觉。可适当地鼓励孩子邀请一些小客人来家做客，家长要热情招待，为孩子做出榜样；上学时，可邀邻近的小伙伴同行；买了新玩具要与小伙伴一起玩，以使孩子逐渐习惯并适应集体生活。

## 5. 用爱和赞扬消除孩子自卑孤独的心理

如果孩子在家中较活跃，在集体中却不声不响。那多半是因孩子在家中经常听到父母的赞扬，到集体中感到自己不如同伴，因而丧失了自信心，产生了自卑心理。那么，大人就要与教师配合，发现和利用孩子某一长处，让他在集体中显示出来，当他受到教师和同伴的赞扬时，便会有信心，也能与同伴自在地相处。

有的孩子性格孤僻是因为缺少母爱或父爱，那么家长和老师应当给孩子更多的爱，尤其是当孩子感到别人都不理解他时，如果父母、教师能够体贴关心他，站在他的立场倾听他的心声，孩子很快就会跟你亲近起来，并且改变态度。在温和、亲密的环境里，孩子孤僻、不合群的心理会逐渐消除。

## 6. 让孩子爱好广泛

孤僻的孩子多着迷于一些缺少社会交往的爱好，如玩游戏机、看电视等，对周围的事情不闻不问。家长有必要中断孩子的这些着迷的爱好，多与孩子进行情感交流，鼓励孩子陪同父母外出采购、参与做饭或帮邻居取报、取奶、送信等，以让其与人进行交往。一个孩子如果仅有一种爱好，就很难保持长久的快乐感觉。试想，只爱看电视的孩子一旦晚上没有合适的节目时，心头必然会郁郁寡欢。相反，如果孩子看不成电视时爱读书、看报或做游戏，同样可乐在其中。

形成孩子孤僻、不合群的因素是很复杂的。教师和家长应当用满腔的热情和极大的耐心，对孩子施以教育，帮助他们克服心理障碍，使他们健康活泼地成长。

# 第四节 任性心理矫正

## 理念与认识

### 1. 任性的表现特征

我们首先必须把“任性”与“韧性”区别开来。“韧性”是一种积极的个性品质，表现为有主见、有追求、有毅力、有耐心、有独立性。而“任性”则是一种不良的性格。我们还要把任性与“有主见”区分开来。有主见，可谓之“择善而固执”，而孩子“任性”的表现则是不论时间、地点、事件，时时、处处、事事，都表现固执己见，一意孤行，不听劝告；想干什么就干什么，提出的要求一定要满足，不满足就大吵大闹；“偏不”“就不”不离口，动不动就要挟家长，不管家长怎么劝说都不管用。

任性的孩子往往习惯以自我为中心，觉得自己就应该是一切的主宰，潜意识中觉得周围的人和事都应该由自己支配。他想得到什么东西，不管是否合理，都非得到不行。越是劝阻，他就越坚持。

任性的孩子有相当大的能量来控制父母或他人。这些孩子为了达到其目的，可能会无休止地纠缠、哭闹、嚎叫，或寻死觅活，甚至对父母、兄弟、姐妹或伙伴进行身体攻击，直到得到他想要的东西时，才会停止对别人的要挟。

他会以无穷的精力来迫使他人就范。这些孩子长大以后，在家庭中也会动不动就闹得天翻地覆，在工作单位也会固执己见，难以与人合作，动不动就给人脸色看。其实，这些个性都是小时候养成的。

孩子不听话，可能是“有主见”，也可能是“任性”，一定要区分清楚。

## 2. 任性是怎样形成的

任性可能是娇惯出来的，即由于父母在家庭教育上对孩子的无原则的迁就造成的。譬如平时对孩子迁就、放任、姑息、纵容、百依百顺，孩子想要什么就给什么，想做什么就做什么，事事都由着孩子的性子来。特别是有时孩子提出不合理要求时，父母起初不同意，孩子发脾气了，父母为息事宁人，就同意了。这无疑等于鼓励了孩子的任性行为，起到了强化孩子任性行为的作用。这种情况一而再、再而三地反复出现，久而久之，就会给孩子一种心理暗示：凡事只要坚持，死不妥协，就能达到目的。有一些家长，在孩子小的时候，给予孩子的爱护关照太多。对孩子的要求，无论对错一律满足，时间一长就给孩子形成了想要什么就得有什么、我想怎么样就要怎么样的错误认识。而当他们的愿望不能得到满足时，就大哭大闹，哭闹不止，而此时家长如果继续迁就，就更强化了他任性的行为。

例如，有的孩子看到喜欢的玩具就抓住不放，想要吃麦当劳就非去不可，否则就哭闹不止，大发脾气。一哭一闹让家长心里发慌：唉，就满足孩子的要求吧。长此以往，孩子就会养成习惯，不懂谦让，没有耐心，说要什么就要马上得到，说做什么就要马上去做，脾气也会越来越暴躁，稍不满意就会顶撞家长，甚至离家出走。

面对父母的有求必应，孩子的头脑中会逐渐形成这样一种思维定式：我要什么马上就能得到什么，我想做什么马上就可以做什么。这样的孩子一旦离开家庭进入社会，那种任性、暴躁的性格肯定会让他们饱受挫折和打击。而事事不顺心的他们，往往不会从自身找原因，反而会觉得是别人有意跟他们过不去，总是与周围人处于一种对峙状态。这样，很可能酿成忧郁、偏执、狂躁等心理疾病。

把孩子托付给老人去养育和管教，把孩子托付给保姆去养育和管教，是最容易出现对孩子迁就、放任、姑息、纵容等问题的，因为老人对隔代的孙辈特别容易溺爱，而保姆往往有“不敢管”的心理。

任性也可能是打出来的。也就是说，是家长的任性导致了孩子的任性。有一些家长，对孩子要求非常严格，他们希望孩子各方面都很优秀，不允许孩子有过失、有错误，信奉“棍棒之下出孝子”的教育观念，动不动就使用暴力，打骂孩子，久而久之孩子产生了逆反心理，明明知道自己错了还要对抗，养成了任性的脾气，而此时家长更加生气，于是再狠打。这样越打越犟，越犟越打，本来平静随和的孩子，却被家长打成了一头不服管教的犟牛。

有些家长对于孩子的欲望或要求，不管是否合理，总是凭借自己的权威，一律断然拒绝。家长的这种无理、顽固、粗暴、霸道，会伤害到孩子的心灵，起初这种专制作风或许能使孩子忍气吞声，但随着矛盾的积累、升级，一旦矛盾激化，孩子就会以毒攻毒，“以其人之道，还治其人之身”，即以他的任性和顽固对付你的任性和顽固。到那时，父母就会束手无策，对孩子彻底失去控制。这种例子是我们经常见到的。

任性可能是家长长期暗示形成的。有一些家长，孩子本来偶尔犯一些小脾气，使一点小性子，家长就认为是孩子任性。于是人前人后地讲孩子是多么的任性、是多么的倔强，讲的多了，相当于给孩子暗示，反而强化了他的叛逆，由偶尔的任性，变成了真正的任性。

任性也许是由于父母双方在孩子教育上态度不一致造成的。对于孩子的某些要求，父亲拒绝了，孩子转而求母亲，母亲同意了；或者母亲拒绝了，父亲又私下答应了。这种不一致，会被孩子利用，利用得多了，孩子就会觉得没有办不成的事情。

这种习惯必须及早纠正，否则孩子到社会上以后必然四面树敌、四处碰壁，很难融入人群。

## 实践与操作

如何矫正孩子任性行为，这里提出以下建议。

### 1. 家长把握好权威性、原则性和民主性的统一

其实，做家长和做一个单位的领导有很多相似之处。最差的领导首先是放任型领导，其特点是不讲原则，没有主见，没有权威，单位没有规章制度，对员工不合理的要求姑息纵容。其结果必然是对下属和员工失去控制。其次是专制型领导，其特点是专横跋扈，从来不听他人意见，不了解下情，独断专行。这种领导起初还能控制一段单位的局面，但等矛盾积累到一定程度，必然爆发。那时领导将会面临四面楚歌，彻底失去控制能力。最优秀的领导是集权威性、原则性和民主性于一体的领导。其特点是既有领导权威，又能作风民主，办事又能坚持原则。这样的领导往往能使单位充满正气，充满活力。家长平时如果能够平等对待孩子，耐心听取孩子意见，又能坚持原则，就能在孩子心目中树立起家长的权威，赢得孩子的敬佩和信任。在这样的家庭中，孩子任性的可能性就会大大减少。如果家长总是认为自己是领导，孩子就是自己的附属物，从不考虑孩子的需求和愿望，就会使孩子产生逆反心理，从而导致孩子的任性。如果父母总是像保姆一样对待孩子，什么事都顺着、哄着，要什么给什么，明知不该要的，家长也不忍心违背孩子意愿，也不得不一次次妥协来满足孩子的不合理要求。这必然助长孩子的任性。

### 2. 对孩子的任性行为绝不迁就

孩子的任性行为在小时候常常表现为哭闹、打滚、摔东西、不吃饭等。遇到这种情况，父母应让其他人走开，以防其他人“和稀泥”。父母要“横下心来”，不要心疼孩子，要坚持原则，一般采用“冷处理”的办法，对他的哭

闹不予理睬，不打不骂。孩子的哭闹本来就是给大人看的，你偏偏不看。没人理睬他，他也慢慢就觉得没意思了。等他闹过之后，你再把道理给他讲清楚，使孩子明白你的意思。

这里给大家提供一个范例。

李春梅有一个女儿叫小娟，在小娟上幼儿园的第一天，像大多数孩子一样，哭着要找妈妈，要回家。因为小娟在班里比其他孩子都小，老师被他哭得心软了，就把她送回了家。李春梅送走了老师，对女儿说："小朋友都在幼儿园，还没有到放学的时间，谁也不能回家。现在，你只能自己去幼儿园了。"

女儿被妈妈关在门外，呜呜地哭，可妈妈硬是没让她进门。

女儿知道妈妈的脾气：原则问题没的商量。最终，她妥协了，央求妈妈说："妈妈送我去幼儿园吧。"李春梅此刻真想一把抱起女儿，把女儿送回幼儿园。可是她心里明白，如果今天我送她去幼儿园，等于鼓励了她今天撒娇耍赖的行为。这样一来，明天、后天……女儿还会再哭，老师还会把她送回来。于是，妈妈狠下心对女儿说："好孩子，你自己回去，等放学时妈妈第一个去接你。"

女儿万般无奈地走了，她是面对着门，一步一步倒退着离开家门的。一边退一边流着泪说："妈妈，放学时候你可一定要早点来接我啊！"眼看着女儿走远，妈妈关起门来也哭了一场。

孩子往往在得到了一次纵容之后，他们便"心中有数"，更加有恃无恐，从而"娇"上添"骄"。我们做父母的要有一个原则：孩子的每一次无理取闹，绝不能让他得到好处，尤其是第一次。我们要给孩子传递这样一个信息：有时候一个人的愿望是会遭到拒绝的，有很多事情是不能随心所欲的。

对于由于娇惯造成的任性倔强，家长就要狠下心来，坚持原则，在孩子哭闹时不理睬、不迁就、不给他好处，等他停止哭闹了再给他讲道理，并告诉他以后越哭闹越得不到好处。还要告诉他无论什么事情、什么要求，都要用积极协商的办法去解决。这样不但可以纠正孩子的任性，而且可以培养孩子用积极方法处理问题的好习惯。

知心姐姐卢勤老师讲过这样一个故事：一天她去商场买东西，看到一个两三岁的孩子要买一个很贵的玩具，妈妈没有给他买。这孩子就大哭大闹，先是对妈妈拳打脚踢，后来索性坐在地上撒泼。搞得这位妈妈十分难堪，怎么劝怎么哄也不行。妈妈叹了口气，拿出钱包，准备“屈服”了。

就在这时卢勤老师制止了她：“不能惯着他！不能让无理取闹的孩子得到任何好处，不然你一辈子都要受苦。”卢勤老师劝她马上“离开”，不再理这个孩子。孩子哭得更厉害了。

然后，卢勤老师对这个孩子说：“你就坐在地上哭吧。你看，妈妈已经走了，她才不会给一个这么不懂礼貌的孩子买玩具呢！大家也不会理你的！”说完，摆摆手，让围观的人全都走开。

孩子把抹眼泪的手指分开一道缝，看了看，大家都走了，妈妈也“走”了。他立刻停住了哭声，爬起来去追妈妈。看到妈妈头也不回地往前走，孩子急了，喊着：“妈妈，等等我！我不闹了！等等我！”

看，对待这样的孩子，就要采取这样的措施！如果不是卢勤老师的帮助，这位妈妈就会在教育孩子的“战场”上败下阵来。而孩子一旦在这样的“较量”中占了上风，那就会助长孩子的任性，如果以后再有冲突，妈妈就难以“取胜”了。

## 3. 淡化对孩子任性性格的暗示

对于因为暗示造成的任性，家长应丢掉人前人后讲孩子缺点的坏习惯。要淡化他的任性，有意表扬他的平静随和。当孩子偶尔犯倔的时候，采取宽容的态度，容许孩子按自己的意思做事、允许孩子发泄不满，事过之后再和孩子进行交流。这样孩子的任性倔强就会一点点地消失，而且会变得通达、随和起来。

## 4. 家长不要“以暴制暴”

对于打骂造成的任性倔强，家长首先要检讨自己，要摒弃落后的教育观念和粗暴的教育方法。要尊重孩子，平等对待孩子，多和孩子沟通、多讲道理。要允许孩子犯错误，允许孩子按自己的意愿做自己喜欢的事情。当孩子按自己的意愿做事行不通的时候，你再给他指导，这样他才会心服口服，这样培养出的孩子，不但不会任性，而且还会养成自信、坚强、勇于创新、善于改正错误的好习惯。

孩子任性行为发作时，常表现出蛮横无赖的样子，这往往使家长很气愤，特别是当着亲戚、邻居、朋友的面，或是在大庭广众之下，家长觉得很丢面子，不由得也发起火来，想强迫孩子就范，以显示家长的权威，这时孩子一般也不会示弱，结果往往是家长先破口大骂，后拳脚相加，待家长刚一出手，就被别人“挡驾”了。这时孩子还会更加“猖狂”。这样一来，家长不仅没有挽回面子，孩子还会觉得自己得到了“同情”，是“胜利”者。这在客观上不仅没有起到教育孩子的效果，还起到了强化孩子任性行为的效果。所以，当孩子任性行为发作时，家长要态度冷静，不要激化矛盾，要因势利导。对于比较小的孩子可以转移孩子的注意力。因为小孩子的兴趣和注意力极不稳定，孩子的想法和意图，常会因一时的冲动而萌生，也会因一个新鲜话题而转移。所以当孩子任性发作时，可以用其他话题岔过去，然后再引导教育，这比正面阻止效果要好得多。对于比较大的孩子，也要以“冷处理”为好，一般采取“孤立”他的办法，不要比看谁的火力更猛烈，不要总想着“不信管不了你”，不要想试试“看看到底谁说了算”。要知道，你给孩子面子的同时也就给了自己的面子；你不给孩子面子，孩子也不会给你面子。

## 5. 父母双方对孩子的要求要一致

对待孩子的有些要求，父母要认真协商斟酌后再答复孩子，既然答复了就要保证兑现，不能出尔反尔；对于孩子那些不应该满足的无理要求，父母双方要一样地坚决拒绝，一样地始终如一，一样地绝不让步，一样地绝不妥协！在这些问题上，父母双方绝不能“一人唱黑脸，一人唱白脸”。

# 第七章

## 行为习惯培养

# 第一节

# 习惯影响终生

## 理念与认识

### 1. 什么是习惯

习惯就是人们在长时间里逐渐养成的一种一时不易改变的行为动作倾向或生活方式。行为习惯实际上是一种动作定型，是一种自动化的、稳定的、不容易改变的行为动作，是已经进入潜意识，不需要刻意去控制，可以不假思索地去做出来的行为动作。也就是说，我们做事、思考时，如果长期以一种模式来处理，这种行为以某种方式或倾向反复出现，久而久之就成了习惯。一个习惯的养成，是无数次重复的结果。而习惯一旦形成，就会在态度和行为上逐渐形成一定的心理特点。

习惯具有后天性。不受先天遗传影响。完全是在后天环境中习得。一个动作，一种行为，多次重复，就能进入人的潜意识，变成习惯性动作。习惯具有稳固性。习惯一旦形成，较难改变。即使刻意掩盖，在一定条件下，还是免不了要暴露出来。习惯具有自动性。一旦形成习惯，不需要专门的思考和强制的努力，在一定的情境下，会自动出现。有的习惯甚至已经成了人的心理需要。比如睡前烫脚，在别人督促下进行，会感觉是负担。如果养成了习惯，一天不烫，就感到难受。

养成了一个好习惯，那是人生所储存的资本，一生会享受它的利息；养成了一个坏习惯，一辈子偿还不完它的债务。

人从幼年起就应该通过教育培养良好的习惯，这对人一生具有重要意义。中国俗语中有“三岁看大，七岁看老”之说，其含义就是，从儿时的习惯，推测其未来的发展。

## 2. 习惯是怎样养成的

日本教育家福泽谕吉说：“家庭是习惯的学校，父母是习惯的老师。”事实正是如此。孩子的行为习惯，是父母在日常生活中不知不觉地通过暗示、强化而形成的。一旦形成，就有可能保持一生。譬如孩子起床和睡觉的时间、吃饭的快慢、饭前便后洗手的习惯、睡前洗脚刷牙的习惯、物品分类存放、物品用后放回原处等生活习惯，一旦养成，往往会保持终生。

孩子早上睡懒觉的习惯往往起源于家长“让孩子再睡一会儿”的纵容。时间长了，孩子的生物钟就固定下来了。孩子晚上睡觉的时间一旦确定下来，他的生物钟也就固定下来了，到了这个时间他就困了，非睡觉不可。如果错过了这个时间段让他睡觉，他即使躺下也睡不着。

譬如有的孩子拖拉，写作业老是不能一鼓作气，家长老在那儿催：“快点！快点！”吃饭也拖拉，老在那儿磨蹭，这是为什么？不为什么，就是习惯了。你老跟他讲道理：“你做作业应该一鼓作气，你吃饭应该快点……”不管用！他不是不懂这些道理，但他做不到，他习惯了。这是他在相当长一段时期内形成的行为定势。他遇到这种情况，他就这么做。

习惯对于孩子的生活、学习以至事业上的成功都至关重要。我国教育家陈鹤琴先生说：“习惯养得好，终生受其益，习惯养不好，终生受其累。”

## 3. 高素质人才的三个经典习惯

一般来说，高素质人才都具有以下三个经典习惯，通向成功的路，多半就是靠这些习惯铺就出来的。

（1）做事前先计划的行为习惯

我们在生活中，经常看到两种人，一种人是整天忙忙碌碌，他们忙得没时间洗脸，没时间把头发梳理整齐，衣服穿得乱七八糟，也没时间陪伴孩子和妻子，日子也过得紧巴巴的。

另一种人也是忙碌，但办事很有章法，有节奏。衣着整齐干净，有一些时间喝茶，陪孩子玩游戏，日子过得很富足。二者的区别就是在于做事之前有没有很好的计划。

工作吃力且过度劳累的真正原因并不是工作太多，而是因为没有计划，没有系统。正确地处理工作忙乱问题，需要做事有计划和有目标。这样就可以把所要做的事情排出一个顺序，有助于实现目标的，就把它放在前面，依次为之，并记在一张纸上，就成了程序表。养成这样一个良好习惯，每做一件事，就向目标靠近一步。

无论做的事是多是少，都要拟定一个程序表，尽力按着程序表去做。如果工作只需一小时做完，便在一小时之内完成它，其余的时间去玩乐放松。本来只要一小时的事，而拖延到一天做完，实在是愚蠢。如果事太多，而时间不够，则选择最重要的做好，把不重要的删去。

那些毫无计划地工作的人，总是这样想着：“我要努力，我要努力，我要努力。”可是，没有计划，你很可能被一些不在计划之内的事缠身，该做的事就做不完。如果你每天有计划，那么你在每刻钟之内，都知道该做些什么事。

（2）分清主次的行为习惯

每个人的时间都是有限的，所以要做重要的事。什么事情是重要的事情？就是有价值，并对最高目标具有意义的事情。因此，“要事第一”是自我管理的原则。

人与动物的重要区别在于人会权衡轻重缓急。其实人的生活中只有少量非常重要且需立即处理的紧急、危机事件。我们应将工作焦点放在重要但不紧急的事情上，来保持效益与效率的平衡。

“有效管理”就是把最重要的事放在第一位。决定什么是重点后，自己时刻把它放在第一位，以免被感觉、情绪所左右。要想集中精力于当前的要务，就必须先排除次要事情的牵绊，要勇于说“不”。

有些人的失败就在于分不清主次：该努力学习的时候他选择了谈情说爱，该为事业奠基的时候他选择了结婚生子。

（3）立即付诸行动的行为习惯

躺着思考，坐着议论，都不如站起来行动。在生活中，许多人之所以不能成功，缺少的不是能力，而是有效的执行。孩子真正的人生之旅，是从设定人生目标并付诸行动的那一天开始的。“临渊羡鱼，不如退而结网。”所以，做父母的应当引导和告诫孩子：做任何事情都不要等到万事俱备了才去做，而是在做的过程中不断发现问题，解决问题。创意本身并不能带来成功，只有付诸实施时创意才有价值，要养成“我现在就去做”的习惯。不要把时间浪费在大量的准备工作上，要立即开始行动才好。

## 实践与操作

怎样培养孩子良好的行为习惯呢？怎样改掉孩子不良的行为习惯呢？以下建议供家长们参考。

### 1. 习惯的培养要从小抓起

培养习惯的最佳时期在什么时候？在幼儿阶段和小学阶段。凡人生所需之重要习惯、倾向、态度多半可以在6岁以前培养成功。换句话说，6岁以前是习惯养成的最重要的时期。

孩子在幼儿阶段时，家长要特别重视孩子的生活习惯的培养。比如：讲究卫生、按时作息、按计划行动、做事不磨蹭、今日事今日毕、物品放置要有固定的地方、物品用后放回原处等。在小学阶段，则要尽可能多地养成好的学习习惯。习惯的训练就是从日常家庭常见活动入手，如起床、洗漱、一日三餐、做作业、睡觉、星期天活动等，按项目一点一滴地训练孩子的行为规范，直至形成稳定的行为模式。行为的习惯影响到孩子的思维习惯，这也有助于思维的条理化。比如，做完作业自己检查，不会的字自己查字典，写完作业后自己整理好书包和书桌。

孩子越小，可塑性越强。所以孩子的好习惯要尽早培养，不要等到孩子年龄大了，已经养成了许多不良习惯了，再想着去改变，那就晚了。孩子越小，越需要规范，对他的无理的行为越不能迁就。

## 2. 家庭成员要遵守同一规则

家庭里要有一些全家人共同遵守的规范，这对孩子好习惯的养成有很大影响。比如说，妈妈让孩子每天睡觉前要刷牙，孩子说："我爸爸就不刷，我也不刷。"妈妈说："别理你爸，他那人，不讲卫生，他不刷咱刷。"这就很难让孩子养成刷牙的习惯。

再比如有的家庭饭后不刷碗，都堆在洗菜池里，等下一次做饭时再刷。有时一堆就是几天。这样的家庭里，家长还要孩子做到"今日事今日毕"，孩子肯定也难以做到。

父母和孩子之间定一个契约性的东西，一家人互相监督，这实际上是把孩子作为行为习惯养成的主体，而不是靠别人来限制他、管制他，最终还是孩子自己形成自己的行为习惯。

## 3. 多做塑造工作，少做改造工作

这句话是什么意思呢？就是说要让孩子从小养成各种各样的好习惯。我们要在孩子还没形成习惯前，就注意引导孩子养成好习惯。这就是多"塑造"。因为这样容易。但有时一不留神孩子形成了许多不良习惯，等家长意识到时，要想改，这就难了许多，这就是"改造"。一般来说，要塑造一个好习惯比改造一个坏习惯要容易得多。

## 4. 多做行为训练，少做语言教导

我们应该认识到，实现转化的关键是行为训练。由“正确认识”向“正确行为”转化需要训练;由“正确行为”向“良好习惯”转化更需要训练;由“不良习惯”向“正确行为”转化更加需要训练。没有重复就没有习惯。严格要求，反复训练，不断强化，是实现转化的关键。

目前，一些家长对孩子的教育是迁就多，要求少，说教多，训练少。结果使很多孩子是能说不能做。有的学生在班会、队会活动上慷慨激昂地大赞劳动光荣，可是在家里连手绢都不洗。这不能不说是我们教育工作的一个弊端。因此我们在进行思想教育的同时,必须加强行为习惯的训练。根据“规定”严格要求，反复训练，不断强化。

一般来说，对孩子行为习惯的教育要抓住几个“转化”。对多数孩子要抓住两个“转化”:从“认识”向“行为”的转化;从“行为”向“习惯”的转化。对已经形成不良习惯的孩子要抓住三个“转化”:从“对不良习惯的错误认识”向“正确认识”的转化;从“正确认识”向“正确行为”的转化;从“正确行为”向“良好习惯”的转化。

对已经形成不良习惯的孩子，工作要更耐心。他们由不良习惯转到正确行为，既需要提高认识，又需要行为纠正。特别是需要孩子的不断努力和家长的严格训练。

## 5. 用“所欲”诱导好习惯形成

比如，儿子做作业总是拖拖拉拉半天做不完，10 分钟的作业儿子可以边玩边写磨蹭一个小时。催促一下写一点，不催促就又玩别的东西去了。这时，你可以根据孩子的兴趣爱好来诱导他。对儿子说：

“儿子，快点写完作业，今天晚上带你到桥头公园去滑冰。”

“儿子，赶快写完作业，今晚上爸爸陪你看一部好电影，叫《白色星球》，非常好看。”

“儿子，快写作业，爸爸今晚上陪你下棋。”

……

由于兴趣的原因，儿子可能很高兴，赶快认真写作业。你也要兑现自己的诺言，儿子一写完作业，就带孩子玩。通过这个办法，一次，两次，三次……他快速完成作业的良好行为得到不断地重复，最终会形成快速高效完成作业的良好习惯。

再如，儿子老是晚睡晚起。有时到了晚上10点都不肯睡觉，早上又起不来。你就可以对儿子说："儿子，你不是想打羽毛球吗？说实话，下午我实在抽不出时间陪你打球，你要真想打球，早上我可以陪你打球。"

由于儿子急于打羽毛球，儿子晚上可能睡觉早一点，第二天早上，你就高喊："儿子，起床喽，打球去喽。"由于兴趣的驱使，儿子可能一骨碌从床上爬起来，高高兴兴跟你打球去了。就这样，打一个月时间的球，儿子晚睡晚起的坏习惯可能就改掉了。

"行为乃发自我们的基本欲望。""天底下只有一个方法可以影响他人，就是提出他们的需要，并且让他们知道怎样去获得。"卡耐基的话有道理。

在现实生活中，没有谁会愿意被硬性教育。如果父母动辄把孩子拉到身边，对孩子说："来，我得教育教育你。你应该好好学习、好好吃饭、好好……"孩子肯定会烦的。

**案例：**

女儿六年级了，特别喜欢打乒乓球。但父母严加限制，每周只允许打乒乓球1小时。除了打乒乓球，做别的事情都特别拖拉。天天晚上做作业拖时间，能拖到11点；洗脸拖时间，一个脸得洗1个小时。爸爸天天催，女儿天天拖。

于是，妈妈跟女儿签订了一个"君子协议"：女儿必须保证每天晚上9点前做完作业、洗完脚，躺床上睡觉。女儿若能坚持一周，妈妈就允许女儿每周增加打乒乓球时间1个小时；女儿若能坚持两周，妈妈就允许女儿每周增加打乒乓球时间2个小时。女儿若晚上睡觉超过9点，每超过一次，妈妈就减少女儿打乒乓球时间20分钟。协议写好后，妈妈和女儿都签上自己的名字，写上日期，每人保存一份。

协议生效以后，女儿一反常态，再不拖拖拉拉。每天晚上把饭前饭后的时间都用于做作业，一般在将近 9 点时就做完了。女儿每天晚上一看还有 5 分钟，就赶紧洗脸，4 分钟洗完脸，就抓紧钻被窝了。一钻被窝就喊她妈:“妈妈，你看，还有一分钟呢，我可睡下了。”

女儿每天都在 9 点前喊妈妈来“检查验收”一次，天天这样。妈妈也严格执行协议，每周在星期天兑现女儿的打球时间。这样坚持了四五周，女儿拖拉的习惯基本上改掉了。

孩子其实很简单，他做事情是凭一种欲望。家长完全可以通过满足他的看似没有道理的欲望，来强化他的优良习惯，改变他的不良习惯。家长不需要跟他讲那么多大道理。现在连大人都烦讲大道理，孩子能不烦吗？所以你跟他讲大道理没用。譬如他想让家长给他买一个游戏光盘，这让家长觉得是很无理的要求：“不考虑着把功课做好了，玩什么游戏？”但是家长可以把孩子的这种欲望和养成好习惯、改掉坏习惯联系起来：“你能做到早上 7 点按时起床早读，我就给你买游戏盘。”这对于孩子和家长都是可以做到的。然后他就可能会为了这个欲望去克制自己，从而养成早读的好习惯。

## 6. 用比赛诱导好习惯形成

日常的一些行为习惯，洗脸、刷牙、洗脚等，对于大人来说，很容易完成。孩子就不同了，他做事往往是觉得好玩才愿意做。一件事情做过了，他就觉得不好玩了，就不肯再做了。这时候家长就得想办法让孩子坚持下去，让行为成为习惯。有位母亲做得很好，她采取和孩子比赛的办法。孩子参赛的项目是洗脸、刷牙、穿衣、洗脚、给来客让座;妈妈的参赛项目是早晨跑步、晚上健身、坚持写日记、认真学习、不发脾气、每天给孩子讲故事。谁做到了就在评比栏里贴上一朵小红花。起初，孩子为了多得几朵小红花，就努力去做每一件事。时间长了，一些好习惯也就养成了。一个月后，孩子不洗脚就不肯睡觉了。

当然，还要允许孩子有反复。孩子毕竟是孩子，要站在同龄人的角度去跟他比较。有时家长可以故意做的差一点以激起孩子超越别人的信心。有时有意多得几朵小红花，鼓励他去竞争，让他超过你。一段时间以后，有些习惯养成了，就要在原来的基础上增加一些新的内容。例如，把自己的东西收拾整齐、别人说话不插嘴、按时起床、按时睡觉等。这样反复进行，持久地坚持下去，一个又一个良好的习惯就形成了。

比赛初期，可以一周一评比，中期可以两周一评比，后期可以一月一评比，这样坚持两三年，孩子的好习惯就养成了。例如，客人来了，孩子就知道让座、倒茶、问好。

所以，家长跟孩子站在同一起跑线上与孩子比赛，是一种行之有效地帮助孩子养成良好习惯的好方法。

## 7. 用“连续”建立好习惯，用“中断”矫正坏习惯

在培养一个好习惯的过程中要保持训练的连续性。尽量做到天天坚持，中间尽量不要断开。比如孩子喜欢睡懒觉，你说，不行，必须按时起床。孩子哭，你就打他屁股，硬把他拉起来。到了星期天，孩子又睡懒觉了，你又起来拉他，他又哭。这时你想，算了吧，今天是星期天，睡就睡吧。这样，孩子睡懒觉的习惯肯定改变不了。有些坏习惯的矫正，或者好习惯的养成，不能孩子一拗劲就算了，要求要始终如一。

再比如，孩子小时候，父母坚持不喂饭，让孩子自己吃饭，孩子的习惯快养成了，这时父母可能有事出差去了，把孩子送到爷爷奶奶那里去了，爷爷奶奶看孙子吃得慢，心疼，又去主动喂孩子。这样孩子自己吃饭的这个习惯的养成也就变慢了。

如果你想培养孩子拥有好习惯，那就天天让孩子坚持，尽量做到“连续”。但对于一些坏习惯，我们要学会“中断”。例如为了改变吃零食的习惯，就要采取一些措施不让孩子带零花钱，不准买零食。时间长了不吃零食的习惯才能养成。

“中断”，还包括切断与有不良习惯人的联系。有些坏习惯有时是受到孩子的同学、朋友的不良习惯的影响，那么家长应该想方设法切断自己孩子与他们的联系，这对矫正孩子不良习惯是有利的。

## 8. 既要持之以恒，也要循序渐进

训练孩子要持之以恒，但是不能急躁，不要强求一步到位。“欲速则不达。”最好的办法是把持之以恒与循序渐进结合起来。孩子在养成习惯的过程中，不可能一帆风顺，经常会出现反复。这里面有多方面原因，有时是因为受环境的影响，有时是因为孩子自己的意志力不够。不管什么原因，家长还是要学会看到孩子好的方面，看到孩子的进步。我们要多鼓励孩子，始终相信孩子会往好的方面发展的。因为进步是在曲折中进行的。当孩子有了好的行为，家长要及时赞美、确认、强化，慢慢地就会形成一个好习惯；当发现孩子有了不良行为，家长就只当没看见，慢慢地不良行为就会自动消失。

持之以恒是养成习惯的必要步骤。不能紧一阵松一阵，或者虎头蛇尾。要形成一个新的动作性习惯，一般要一个月左右的时间。如果是培养智慧性思维习惯，则需要更长的时间，如质疑的习惯等，这样的智慧性思维习惯的养成就不是短期，有时需要几年才能养成。许多父母因为工作忙，前面一段抓孩子还抓得紧，抓了十来天以后，自己也没坚持抓下去，结果一个好的习惯还是没养成。所以，要培养一个好习惯，就要抓实、抓死。前面我们已经讲过，在一个新习惯养成之前，我们要保持习惯的一种连续性，尽量不要断开。

## 9. 明确要求与具体指导相结合

训练中给孩子提要求要明确。例如，要孩子养成讲卫生的习惯就要教孩子如何刷牙、洗脸、洗脚、叠被子、扫地等。要把明确要求与具体指导结合起来，只要求而不指导等于空要求，特别是年龄小的孩子更要具体指导。有些操作过程较复杂的行为，可采用分解操作的指导方法。如学习洗手绢、袜子等，操作时把它分解成五个步骤：一浸、二抹、三搓、四漂洗、五晾晒。这样孩子就很容易掌握其要领，且印象深刻。

家长的指导还可以扩展到更广的方面，现在国外的“生活科”课程，就是教孩子日常生活的知识，这些都可以通过分解的方式进行。

## 10. 自我控制与履行协议相结合

习惯培养需要孩子的自我控制，但是孩子的自我控制能力不强，这就需要一定的约束。因此，家长必须把自我控制与履行协议结合起来。与孩子制定一个亲子协议。有了协议，就有一定的约束力，就有奋斗的目标。

亲子协议由5个基本部分组成：确定目标，规定监督方法，确定行为有效期，确定奖励和处罚的规定，契约双方签字。

制定亲子协议应该注意以下几点。

（1）家长以身作则，自己要认真执行协议，这样才能培养孩子的诚信品质。

（2）协议的内容要简单、具体，便于执行，也便于检查。

（3）协议的标准不要太高，应该让孩子稍努力就能达到。即“伸手摸不到，跳一跳能摘到”。

（4）制定了协议就要执行，中心环节就是检查，家长和孩子要互相监督、互相检查。

（5）要有奖惩。

## 11. 平时表扬与积分奖励相结合

每当孩子表现好的时候，家长若能及时给予表扬，孩子就会大大增强从事这种行为的概率。但是，如果孩子的每一次、每一个好行为都得到表扬的话，孩子往往就疲沓了。频繁的表扬对孩子的震动就不大。我们可采用积分制来解决这个问题。孩子每一次好行为都可以得到一个分数，积累到一定数目就可以换取某种奖励。积分法可以起到长效的作用，对培养习惯十分有利。

训练的方法有很多，要因人而异，因材施教，要根据孩子的不同年龄、不同性格采取不同的训练方法，这样才能事半功倍，达到理想效果。

# 第二节 磨蹭拖拉习惯矫正

## 理念与认识

### 1. 磨蹭拖拉的表现特征

孩子磨蹭拖拉，一般表现为做事、做作业心不在焉，精力不集中，写着写着就停，不知在想什么。写作业时的多余动作特别多，一会儿要喝水，一会儿去厕所，一会儿又吃零食，一会儿找橡皮，一会儿又削铅笔，大量时间被磨蹭掉。譬如有的孩子，坐下来想学习，又觉得该歇一会儿。这样歇一会儿，玩一会儿，胡思乱想一会儿，一个小时便过去了。一想还剩下几分钟就到睡觉时间了，今天就这样算了，明天再抓紧吧。第二天又磨磨蹭蹭，拖拖拉拉，把昨天的毛病再重复一遍。

磨蹭拖拉的习惯往往使人经常在完成任务的最后期限里临时突击，工作质量根本无法保证。磨蹭拖拉的习惯还往往使本来很轻松的小事拖延成一个紧迫的问题。磨蹭拖拉的结果往往是给人带来压力，使人陷入焦虑。

### 2. 磨蹭拖拉习惯的形成原因

（1）找不到学习的兴趣。孩子做事与成人做事的目的是不同的。成人做事是为了取得更多、更好的结果，因此成人一般都会自觉地抓紧时间尽快地完成所做的事情。但孩子则不一样，他们做事的主要动力是“好玩”，很多时候是为了享受做事的过程，是为了体验做事的过程。他们更感兴趣的往往是活动的过程而不是结果。所以他们花在做事的过程中的时间一般都比较长。孩子想到室外去玩，可妈妈非让他把玩具收拾整齐，孩子心里不高兴但又不得不干，自然就会磨起洋工来；孩子的学习积极性不高，学习兴趣低落，每天都是硬着头皮在应付家长，你让他读书、写作业，他肯定是疲疲沓沓、能拖就拖。孩子找不到学习的兴趣，学习主动性不强，只是为了应付老师和家长而学习。孩子写作业时心不在焉，动作慢，往往是因为他饱尝了学习的痛苦，没有体会到学习的快乐。有的家长很贪心，孩子本来写作业速度很快，一个小时就把作业写完了，可是家长为了让孩子多学点知识，立马给孩子又布置了一些作业。其结果，孩子做得越快，家长加得越多，只有看见孩子在做作业，家长才安心。孩子不做作业时，他就放不下心。孩子知道，无论怎么做，也得到10点才能休息，干脆，边做边玩，停停做做，做做停停。

（2）家长长期暗示的结果。一位儿童教育专家接到一个咨询，一位母亲说自己12岁的孩子动作特别慢。专家问:“你的性子是不是比较急啊？”家长就说：“是的，我和爱人的性子就是比较急，看不得孩子慢吞吞的样子。”专家告诉家长：“您忽略了一点，别人家的孩子，他的父母可能没有你们这样的急性子。孩子从小到大在您身边长大，您从他开始记事起，就对孩子强调说，你这也慢，你那也慢，这种暗示就使孩子按您说的方向发展了。”

我们都知道孩子生理和心理的发展有个过程。在他小的时候，做很多事情，在家长看来的确是笨手笨脚的。如果家长缺乏耐性的话，看孩子穿件衣服要花半个小时，扣个扣子要花10分钟，就耐不住了。往往就选择帮他做。而家长帮孩子做的结果就是，孩子因为缺乏生活当中必要的动手锻炼的机会，就会越显笨拙。家长又会指责孩子说：“你怎么这么慢啊？于是很多家长会选择一个共同的动作：催。会不断地说：“你快点啊，你快点啊。”这样就进入了一个恶性循环。因为这时他认为他就这么笨，他就这么慢。孩子从小做事就被人督促，自己没有了时间观念，没有人监督就不知道做事的节奏，所以干什么事都慢慢腾腾。

（3）动作不熟练，缺乏自信心。有时孩子磨蹭不是孩子故意的，而是因为他对所做的某件事动作不熟练、缺少操作的技巧。孩子就是孩子，他的思维能力和身体协调能力尚处在发育之中，他在做事情时可能不知道如何安排做事的先后顺序，如何以较少的时间来做更多的事情；也可能没有掌握好动作的基本技巧，比较“手笨”；还可能在做作业时对知识掌握得不牢，许多题目做起来很困难。

有的孩子在做事情时缺乏足够的自信心，他总是担心自己做不好，怕自己出错，所以做起事情来也是瞻前顾后、畏畏缩缩的，速度自然就快不了。然而越是担心、越是害怕，孩子的动作也就越慢。如果大人这时候再在一旁不断地催促、责备，孩子的自信心又会受到影响，他的动作不仅快不起来，反而会更慢了。

（4）家长包办和不良示范。一些家长对孩子的包办，也造就了孩子的“磨蹭”：嫌孩子洗脸耽误时间，妈妈就帮孩子洗；嫌孩子整理书包的时间太长，妈妈就天天帮孩子整理。殊不知，这样时间长了以后，孩子会渐渐养成更加磨蹭的习惯，他的惰性也会越来越强，他的依赖性也会越来越大。因为孩子感到有些事情自己无论怎么做都可以，反正爸爸妈妈会来帮他的。

家长的行为对孩子的影响是巨大的。有的父母自己做起事情来经常拖拖拉拉、不讲效率，本来可以很快做完的事情要拖很长的时间，本来应当提前做完的事情也要拖到最后一刻。家长这种做事慢吞吞的行为会潜移默化地影响着孩子。时间长了，孩子也会养成办事拖沓、磨磨蹭蹭的不良习惯。

## 实践与操作

怎样矫正孩子磨蹭拖拉的习惯呢？这里提出以下建议。

## 1. 进行计时性专项训练活动

训练初期，对于10岁以下的孩子每次训练用一分钟时间即可，对于大一点的孩子训练时间可以稍微长些，但最长不要超过5分钟。训练过程中，每次的训练时间可逐步延长。其训练的内容可根据孩子的学习内容选择。以下内容可供参考。

训练孩子专心做题。准备几十个简单的算题（根据年级不同，难度可以不同），规定一分钟，看孩子最多能做多少道题。让孩子感觉到一分钟都能做十多个小题，而自己写作业的时候，有时候几分钟也写不出一个小题。

一分钟写汉字训练。找一些笔画和书写难度相当的生字，看孩子在一分钟内最多能写出多少个字。记下每次的情况，并进行对比。

一分钟写数字训练。有的孩子的数字书写特别差，而且非常慢。这时我们让他每天练习一分钟“0123456789”的快速书写。写一分钟计算一次，看一次能写几组。几次下来，孩子就会发现，原来一分钟最多能写5组，现在最多可以写9组，而且还写得工整好看一些。

一分钟记单词。把每次的记忆效果记录下来，形成对比，用成就感促其进步。

训练初期以一分钟为一组，每天练习三组至五组。在训练的时候注意记录孩子的成绩，并进行对比，练习时间以一星期为宜。

除此之外，还可以进行一些计时阅读、计时记忆、计时问答、计时劳动等。有时候，也可以采取一些惩罚教育。比如，说好了外出参观游乐园、动物园，如果在多长时间内穿不好衣服、准备不好外出的事情，就取消外出。在外出、走路、参观的时候，如果磨蹭，就再不带他外出等方法，对纠正孩子磨蹭也有较好效果。

以上训练能给孩子找到“我也能动作快”的感觉，纠正了孩子“我本来就动作慢”的心理暗示。而在孩子动作快的时候就要及时给予表扬。

这些训练让孩子体会到了“原来一分钟可以做这么多事情”，从而体会到时间的珍贵，同时也提高了孩子的写字速度、做题速度以及记忆速度。

## 2. 停止催促，坚持表扬

孩子做事情磨蹭的时候，很多家长喜欢喊，不断地催促，结果是：越催促，孩子的动作越慢，家长就更生气。我们应该换一个思路：发现孩子做某件事情的速度快时，就表扬，如家长可以给孩子出几道简单的题，给1分钟或2分钟，孩子会很快做好，家长要做大吃一惊状呼道："还不到一分钟呢！"很夸张的样子。随时观察孩子在生活中的表现，对做得快的事情立即表扬。"现在穿衣服快多了！""现在收拾书包快多了……"只表扬，不提孩子做得不足的地方。通过表扬，会激发孩子内在的动力。

## 3. 节约的时间由孩子自由支配

很多家长喜欢给孩子布置一些家庭内部的作业，如孩子完成了老师布置的作业，家长会布置读英语，孩子刚读完英语，家长又安排做奥数题等。总之家长给孩子安排得相当充分。孩子也看出问题的所在，那就是，只要孩子有空闲时间，家长就会安排任务。所以，孩子的对策是，化整为零，在写作业的时候边写边玩。这样拖很长的时间，由于老师布置的作业没有完成，家长也不会另外安排任务。孩子在写作业的过程中就玩了。

我们应该将孩子需要完成的任务（包括家长布置的任务）进行一个时间预计。一定要给孩子留下休息的时间（自由支配的时间）。如果完成任务一共需要一个半小时，那么孩子一个小时甚至提前完成了，余下的时间就必须由孩子自己支配，如玩他喜欢的玩具，或者打一会儿游戏，进行一会儿体育锻炼等，就是做孩子喜欢做的事情。养成这样的习惯以后，孩子会抓紧时间完成作业，因为如果早写完就有很多时间玩了。

## 4. 经常与孩子进行速度比赛

一位家长说，她女儿早上起床穿一双袜子要10分钟，孩子总是在床上拿着袜子玩来玩去；吃饭、穿衣、洗漱，都拖时间。这时，你可以与孩子进行一些有助于提升做事效率的比赛游戏。比如，可以利用孩子在不同年龄阶段争强好胜的心理，与孩子一起进行一些小的竞赛：看看谁吃饭比较快，谁穿衣服比较快等。在比赛之前先教孩子怎么穿得快的方法,手把手地训练。然后，家长帮孩子设计一张“比赛”成绩表，记下某一项活动最初时用的时间，然后，每天记录这一项活动实际完成的时间，如果比以前有进步，就给予奖励；如果没有进步，保持原状，或者退步，就不给予奖励。家长可以让孩子先从简单容易的做起，然后根据孩子的发展水平，不断提高要求，一直到达合适的完成用时为止。这样的方法,有助于缩短孩子完成每一件事情所需要的时间，是克服动作慢的比较直接的办法之一。当然，在这个比赛期间，家长要根据孩子的兴趣和意愿来进行，为孩子提供一定的激励手段，千万不能强迫孩子服从，这样可能会适得其反。

当然，要注意一点就是，家长要充分考虑孩子实际的能力水平，适当放慢自己的动作，让孩子有一些取胜的机会，甚至有时候不经意输给孩子，让孩子觉得自己能做得快。然后，随着孩子这项活动的水平不断提升，再适当地加快速度。另外，在做的过程当中，尽可能制定一些奖励措施，来促进孩子做事的积极性。

## 5. 在规定的时间内完成特定任务

孩子要完成一项特定的任务，就要让孩子给自己规定一个期限，再将这个期限公之于众，让大家来监督。这会让孩子有一种压力。然后让孩子有一个大致的时间安排。分清轻重缓急，依次排队，按部就班，从现在开始，立即行动，在一段时间内集中处理一个问题，逐项解决。每解决一个小问题，家长都要予以鼓励。

有些孩子写作业拖延到晚上 10 点，减少了睡眠时间，导致第二天上课没有精神，降低了学习效率。周而复始，造成恶性循环。这时，我觉得可以给孩子确定一个作业完成的最后时间。要保证孩子 10 个小时的睡眠时间。很多家长规定孩子晚上 9 点上床睡觉。所以到了晚上 9 点,孩子的作业还没有完成，就不再写了，要求孩子必须睡觉。作业没有完成，会受到老师的批评。以后，孩子就会抓紧时间完成了。

## 6. 家长的作息时间尽可能与孩子同步

良好的生活习惯是建立在秩序感基础之上的。比如全家人共同制定一份作息时间表，家长和孩子共同执行统一的作息时间表。这对孩子来说非常重要。父母与孩子生活作息时间同步，可以带动和影响孩子逐步建立有规律的生活节奏。当然对于幼儿或者小学低年级孩子来说,在培养孩子生活习惯之初，家长必须要牺牲一些时间，和孩子做到同步。对于大一些的孩子，则可以在好的生活习惯已经巩固和定格的情况下有所改变，家长和孩子分别执行自己的作息时间。这样一来，孩子会很容易通过家长的引导和教育按照自己的节奏生活。

# 第三节

# 礼仪习惯培养

## 理念与认识

### 1. 礼仪习惯，体现文化素养

许多有钱人把孩子送到贵族学校去培养贵族的风度气质。但他们不知道真正的贵族气质是内在精神的外在表现，它彰显的是人性的尊严、人格的魅力和品行的高贵。先有贵族的精神，后有贵族的气质。内在品质左右了外在气质。

富与贵不是一回事。富是物质的，贵是精神的。现在好多人所理解的贵族就是住别墅、开豪车、打高尔夫，就是挥金如土、花天酒地，就是对人呼之即来，挥之即去。实际上这不是贵族，这是暴发户。得势时耀武扬威，失势时摇尾乞怜，那肯定不是贵族和绅士。

依靠衣饰、化妆、形体训练，可使人的外表三天里焕然一新；而要改变一个人的气质，三年的时间也未必够用。容貌美丽，说明人的幸运;气质高雅，才显示人的高贵。

高贵的气质包含宽厚的爱心、悲悯的情怀、清洁的精神、担当的勇气以及人格的尊严。贵族，必须是与其品德、学识、行为相符合的。只有内正其心，才能外正其容。否则，即使其权倾天下，富可敌国，亦不能进入贵族的行列中。贵族精神的高贵之处，就是干净地活着，优雅地活着，有尊严地活着。

曾经有人说过："看一个人是否优雅，要看背影。"因为优雅不同于美丽，不同于华贵，它是一种从骨子里、从灵魂中散发出来的气质。高雅的气质源自内心的价值观，不是刻意营造出来的，不管是东方君子还是西方贵族，他们的气质都是内在品质的外在表现。美丽可以修饰，华丽可以装扮，而优雅却是装不出来的，伪装出来的是矫情。优雅是从骨子里透出来的品质。外在的东西永远都是变化的，再流行的服装也会有过时的那一天，唯有气质来自长期的积淀和修炼，历久弥新。

需要指出的是，要使孩子真正养成高雅的风度气质，一般得到大学毕业以后。大学几年除了学习专业知识和专业技能之外，就是要熏染一种气质，一种让人一看就是经过文化洗礼的气质。在中小学阶段，我们只能为培养孩子风度气质做一些最基础的工作。

因为风度气质是综合素质的外在体现，所以培养风度气质几乎涉及本书前述所有内容。譬如通过人生价值观教育，培养孩子担当的勇气、开阔的眼界、奉献的精神和完整独立的人格；通过体格训练和心理训练，培养孩子健康的身体、阳光的心态、自信的精神、豁达的心胸；通过阅读和文化课学习，提高孩子的文化素养；通过合作和交际能力训练，培养孩子谦虚的态度、宽容的气度等。这些内容前文已有论及，此不赘述。这里只谈谈孩子基础礼仪教育。

## 2. 礼仪是人的言行举止作为内在美德的自然流露

**案例：**

涛涛今年 8 岁，学习成绩挺好，只是有些不懂礼貌。例如，家里来客人从不主动打招呼，从不会说"谢谢"。父母有时也想批评孩子，但觉得孩子只要学习好，其他的不过是小事，不想"委屈"孩子，仍然对涛涛宠爱有加。

一天，父亲带涛涛去参加一个比较正式的晚宴，才发现孩子站没站相，坐没坐相。别人还没入席，涛涛先一屁股坐在正中位，旁若无人地吆喝服务员要可乐。菜一上桌，别人都还未动，他就伸筷子去夹菜。等到上龙虾这道菜时，因为是涛涛最爱吃的，他竟然整盘端到自己面前，就像在家里一样。虽然来客们都说“没关系，没关系”，但父亲还是看到了鄙夷的目光，觉得如坐针毡，难堪得要命，觉得很丢脸。

“养不教，父之过。”父母如果不想“委屈”孩子，那么孩子就会让父母颜面扫尽。

礼仪的最高境界就是将尊重、体谅和诚恳的态度与心灵融为一体；礼仪不是针对不同环境深思熟虑后正确的言行选择，而是人的言行举止作为内在美德的自然流露。讲究礼仪不是为了向别人展示自己多有文化、多有修养，而是应当成为人们的自然的处事态度。具备良好的礼仪，并不是自我感觉高人一等，而是用君子的眼光来发现和欣赏他人的长处；礼仪不是为了面子，为了给人留个好印象，不是为了拉近关系，而是使自己的生存环境充满尊重和友谊。

## 3. 礼仪的核心内涵是对他人的尊重

尊重他人，绝不单单指晚辈尊重长辈、下级尊重上级、弱者尊重强者、位卑者尊重位尊者。因为这些礼节人们容易做到。而能做到帮助弱势群体而又维系弱者的自尊，才真正体现了一个人的教养、胸怀和境界，体现了一个社会对弱势群体的人文关怀。在许多媒体纷纷对官员、富豪、明星、成功人士狂热追逐的今天，我们已经很少对孩子说“要尊敬劳动人民”了！而只有对默默无闻的劳动者也充满敬意，才是真正的对“人”的尊重。在这里，尊重的是“人”本身，而不是附加在“人”身上的权势、金钱、地位。

与人交往，无论对方的地位高低、出身贵贱、家境贫富、相貌美丑，我们都要尊重他人人格，要使人家感到他在你的心目中是受欢迎的，从而使对方得到一种心理上的愉悦和满足。

尊重他人的习惯表现在日常生活的细节之中。如尊重他人的宗教信仰和民族习惯；敬老爱幼，尊重妇女，不歧视残疾人；对外宾以礼相待；主动问候长者；上课或开会时关闭手机；回答老师问话要起立，接送物品时要起立并用双手；未经允许不进入他人房间，不随便动用他人物品；不看他人信件和日记；不随意打断他人讲话，不打扰他人学习、工作和休息，妨碍他人要道歉，等等。

这些细微的生活习惯看似平凡而琐碎，但它正反映了一个人的文化素养，体现了一个人的绅士风度。

一笔意外之财，可能造就一个暴发户，但塑造不了一个绅士；一个人的文化素养、风度品位，是在生活细节中点点滴滴积累而成的。

## 实践与操作

学习礼仪没有速成的捷径，因为礼仪是通过言谈举止表现出来的，而言谈举止源于为人处世的观念、态度。显然，要影响人的观念、态度这些精神层面的东西并非易事,所以我们需要孩子多融入良好的礼仪环境中。习惯是“影响”出来的，不是“教导”出来的。

我们对孩子讲的礼仪是最基本的待人接物的礼节，它包括以下几方面。

### 1. 遵守最基本的礼仪常规——从家庭做起

从小不受任何约束的孩子长大后就可能恣意妄为。合情合理的家庭礼仪常规对孩子来说是必要的。例如，吃饭的时候，应先请老人、客人入座；应先给老人、客人盛饭；好菜应先放在老人、客人面前；家人分吃水果时，孩子应主动把大的、好的送给老人；孩子离家出门时，或回家进门时，要向家长打招呼；在家里，孩子需得到家人允许后才能接受他人礼物；接受他人礼物后，应表示感谢。认真倾听别人说话，不要不等别人说完就急于插话，不随便打断别人说话，不随便打听对方不乐于透露的信息，这是一种修养。

这种家庭礼仪常规应长期坚持，家长应以身作则，模范执行。久而久之，孩子好的礼仪习惯自然就会养成。在这样的家庭里成长的孩子一般都比较活泼、大度、谦让、和善，显得有教养。

## 2. 家长示范——身教重于言教

家长的日常言行对孩子具有潜移默化的影响作用，模仿他人的言行是未成年人的普遍的行为特征。“言教不如身教”是古今中外通用的教子名言。无论是孩子还是大人，做人不能有双重标准。试想，如果一个孩子的某种不端行为正是他的父母做过的事，做父母的再来批评孩子的这种不端行为，孩子会服气吗？性子刚烈的孩子可能会当面反击：“这是你们教的！”在中国的不少城市，人们往往会在公共汽车上看到父母怂恿自己的孩子抢占座位，对孕妇、老人、残疾人的困难视若无睹。假如你和孩子一起乘坐公交车，看到一位白发苍苍的老者上了车，你立刻起身让座，那么，一会儿又看见一位孕妇上了车，你的孩子也会起身让座的。

父母是对孩子进行礼仪教育的第一责任人。孩子年幼时，其举止行为主要是受父母的影响。我们都不希望看到自己的孩子举止粗鲁，那么父母首先必须自己举止文明。文明的父母才能培养孩子彬彬有礼的风度气质和恰当得体的言谈举止。

孩子年幼时尚不能判断人们行为的文雅与粗俗，孩子最初是从家长的行为习惯中学习待人接物的，那么这时教育孩子的最简单易行的办法就是以身作则。对于年龄尚小的孩子来说，一个正确的示范胜过十次“谆谆教诲”。孩子会无意中从家长迎送客人、陪客人谈话、陪客人吃饭的言谈举止中，学会怎样为客人开门、请客人入室、为客人倒茶、倾听客人说话，并且学会了“在特定的场所中有合适的举止谈吐”。

## 3. 热情鼓励——表扬多于批评

孩子文明礼貌习惯的养成不是指责训斥出来的，而是鼓励夸奖出来的。鼓励，是促使孩子自动自觉地去实施某种行为；支使，是靠权威迫使孩子实施某种行为。聪明的家长在培养孩子礼仪习惯时必采用鼓励的方法。例如，在老人的生日晚宴上父母对 10 岁的孩子作出表扬：“孩子，你今晚表现很好！知道把刚上来的菜先放到爷爷奶奶跟前，爸爸妈妈很高兴！但是如果你在吃蛋糕后把嘴边擦干净再吃别的东西，那就更好了。”

父母要为孩子的行为举止定下简易的标准，孩子如果做到了，父母应报之以微笑，或口头表扬，久而久之，孩子会养成好的习惯。

在礼仪教育方面，父母如果只会批评、指责、埋怨、挖苦孩子，往往会使孩子对礼仪由厌烦到不屑一顾，对礼仪学习失去兴趣，对自己的人际交往缺乏自信。我们要让孩子觉得:懂得礼仪，会经常被人称赞，获得别人的好感，自己心里也美滋滋的。

当孩子向家长要糖果或玩具时，家长要让孩子说“请”，否则，无论孩子怎样哭闹，都不予理睬；孩子拿到玩具时，又要要求孩子说“谢谢”，否则就把玩具重新拿回去。孩子做到了，就要给予表扬。久而久之，孩子就养成了习惯。

礼仪教育，应充满乐趣，应有典型的示范、温和的提醒、及时的鼓励。

## 4. 环境熏陶——耳闻不如眼见

“蓬生麻中，不扶而直；白沙在涅，与之俱黑。”孩子礼仪习惯的养成与孩子成长环境的影响熏陶密切相关。良好的礼仪习惯，文明的处事行为，都不是与生俱来的，也不是短期就能达到的。它是靠长期的教育和熏陶才逐渐形成的。从礼仪知识的传授到形成文明礼仪的自觉行为，是一个渐进的过程。完成这个渐进过程需要教育的推动力和环境的感染力。礼仪教育是提高孩子对礼仪规范的理性认识，环境熏陶是给孩子提供礼仪示范。二者结合，才能把礼仪规范标准内化为孩子自己的自觉行为。

三代同堂的家庭对于孩子成长是有利的。因为孩子经常感触到父母“敬老”的示范。经常有客人来访的家庭对于孩子成长是有利的。因为孩子经常感触到父母礼貌待客的示范。家长如果要到有良好家风的亲戚朋友家做客，不妨带上孩子，让孩子亲历一下别人是如何接待自己的。

有些父母常常把孩子置于只适宜于成人的环境当中，成人在一起打麻将、喝酒、乱侃胡聊，脏话连篇。在这样的环境中，孩子不仅学不到文明的举止，反而会受其负面影响。而父母事后发现孩子言谈举止不文明、不礼貌时，又来责怪孩子，或对孩子大发雷霆，这都是不应该的。

## 5. 参与实践——“知”不如“行”

孩子礼仪习惯,需要经历一个由“知”到“行”的过程,需要在实践中培养。

让孩子从小就参加接待客人的活动,有利于培养孩子礼貌待客的好习惯。在参与接待客人的过程中,孩子会亲身体会到自己和客人的地位不同,会在言谈举止方面比平时更加用心。这实际上是给孩子提供了一次礼貌待客的实习机会,如果得到客人的称赞,孩子的满足感就会油然而生。

孩子最初是不会接待客人的,这需要父母的帮助和引导。在客人尚未到来之前,应让孩子知道来的是什么客人,他与父母、与自己是什么关系,该如何称呼,使孩子在心理上作好接待客人的准备。父母可以让孩子与自己一起做接待客人的准备工作,如打扫房间,采购糖果烟酒,共同创造一个欢迎客人的气氛。客人来了以后,父母可以让孩子与家长共同招待客人,或让孩子帮助父母招待其中的一位小客人。请客人入座,给客人倒茶,还可以让孩子主动把自己的玩具拿出来给小客人玩。孩子要大大方方地回答客人的问话,当大人谈话时孩子不要随便插嘴。当客人走后,父母要给孩子的表现做出评价,多表扬,多鼓励,适当指出其不足之处。

经过几次这样的实习,孩子的“接待经验”就会逐渐丰富,“接待能力”就会逐渐提高。

## 6. 组织家庭生日聚会——让孩子学会做主人

过生日是人一生中的大事之一。每一个家庭的每一年中都要有过生日的活动：为爷爷奶奶过生日,为爸爸妈妈过生日,为孩子过生日等。过生日的活动中有许多礼仪,所以过生日活动也是对孩子进行礼仪教育的好机会。

选择这一活动形式时,可以选择家庭中任何人的生日,但第一次可以选择孩子自己的生日,这样可能会引起孩子特别的关注和兴趣。父母可以在这一天让孩子全面负责接待、迎送客人的工作,使他在实践中培养起礼仪习惯。父母要帮助孩子策划这一天活动安排,教给孩子在这一活动中的礼仪知识。下面的内容是这一活动的礼仪常识,可供孩子参考。

（1）在大门口欢迎客人，把客人领进室内，并介绍他们与所有人认识。每次去迎接新的客人，小主人都要因“失陪”而请求已到客人的原谅。不管大人还是小孩，他都要去迎接。要主动提出为客人拿外衣，要等客人把礼物送给自己时自己才可以去拿。接过礼物时要说“谢谢”，并把它和别的礼物放在一起，等过后一起打开。

（2）每打开一份客人的礼物都要说“谢谢”，并表示喜欢。但不要说某某礼物你最喜欢。不要评论礼物价格的贵贱。

（3）生日宴会上如果有长辈，要让长辈先入座，并坐上座。

（4）生日活动如果有游戏活动，一定要考虑到让每个客人都能参与，如果客人中有残疾者，尤其要注意不要使残疾者尴尬难堪。

（5）如果有些客人必须提前离开，要把他送到门口，并再次表示感谢。

## 7. 参加朋友聚会——让孩子学会做客人

出席别人家的聚会，到别人家做客，也是让孩子接受礼仪实践的很好机会，所以，父母可以有选择地带领孩子参加一些亲戚朋友邀请的各种聚会，以便他们把礼仪知识付诸实践。以下内容是作为客人的一些礼仪常识，可供孩子们参考。

（1）在接到邀请（口头邀请或请柬）后，要给对方回复，并告诉主人乐意参加之意。

（2）到达聚会地点时，要向对方及其家人打招呼。

（3）当主人介绍你与某人相认识时，你要向其问好，并尽可能记住人家的名字。

（4）宴会开始，要等待菜上齐了，主人宣布宴会开始时再动筷子。

（5）吃饭时，不要把盘子里的菜翻来翻去，挑挑拣拣，不要把自己的小碗堆得满满的，不要有“抢食”的样子。

（6）吃饭时既不要一声不吭，也不要大声喧哗，要吃中有谈，谈中有吃。吃饭时嘴巴发出的声音不要太大，要保持“吃相”的文明。

（7）聚会结束时，要向主人及其家人道别。

# 第八章

## 生涯规划教育

# 第一节

# 婚姻爱情观教育

## 理念与认识

### 1. 青春期的孩子需要婚姻爱情观教育

人生幸福有两大要素：婚姻家庭的美满和事业的成功。所以，婚姻爱情观教育也是生涯规划的重要内容。

婚姻选择，家庭组建，是孩子在人生道路上必然要面临的一个重大问题。作为家长，不可能包办孩子的婚姻，但应该把正确的婚姻家庭观念，把选择终身伴侣的基本原则，坦诚地告诉孩子。恋爱的过程也是人格发展和完善的过程。长辈们应当给孩子正确的爱情引导。

杨澜采访比尔·盖茨时问道："你一生中最聪明的决定是创建微软还是做慈善？"比尔·盖茨答："都不是。找到适合我的人结婚才是我一生最聪明的选择。"世界投资大师巴菲特也说过："我认为人生中最重要的决定是选择跟什么人结婚，而不是任何一笔投资。选择伴侣不仅是选择一个人，更是选择一种生活方式。"可见成功人士对选择伴侣的慎重态度。

从古至今，爱情一直是为人们所传颂的崇高感情，而且还将绵延不绝。爱情是人生中最动人的一首华尔兹！谈婚论嫁，本属于正常现象，但青春期的男女谈情说爱往往遭到家长、学校、老师的制止。古今中外，概莫能外。这是为什么？因为青春期的恋爱往往是朦胧的，是缺乏理性的。这种恋爱风险太大。家长、老师作为过来人，理应用自己的人生经验来提醒和警策自己的孩子和学生。

## 2. 要让孩子对婚恋有理性认识

恋爱是以婚姻为目的的。不以婚姻为目的的恋爱是不道德的。那么何谓婚姻？婚姻说到底就是一种社会关系。爱情可以是两个人的事，但是对婚姻和家庭，你就不能不考虑到方方面面，单凭感情的纽带而结合的婚姻也是很脆弱的。电视剧《新结婚年代》《双面胶》，讲述的就是文化背景不同、习惯不同、观念不同的两个人结婚后的矛盾。这些问题已经引起了人们的广泛关注。

男女双方的人生价值观相近、文化背景相近、生活习惯相近而建立的婚姻相对比较稳固，两人的磨合期自然就短些，矛盾也就会少些。所以，门不当户不对，经历的考验与磨难也就会多些，婚姻的风险也就更大些。影响中国几千年的“门当户对”婚姻观，是有一些道理的。男女双方的文化背景接近是婚姻选择的重要原则之一。

青年男女，凭什么建立恋爱婚姻关系，凭什么走到一起、厮守终生？年轻人往往说:“让爱说了算。”意思是,只要两人有了“爱”就可以建立婚姻关系。这一婚姻选择的理念曾对我国“五四”以后到新中国成立初期的几代青年提倡婚姻自主、破除包办婚姻起到了积极的作用。但是，到了后来，有人把它绝对化、概念化，也曾误导了成千上万的年轻人，导致了大量的不和谐婚姻与不和谐家庭的出现。我们不得不承认：“门不当户不对”的婚姻，制造了大量的“不合脚的鞋”，造成了无数的蹩脚的婚姻。譬如这几年我们从很多电视剧中看到的农村小伙大学毕业到城市以后娶都市女孩为妻后产生的一系列家庭矛盾，就是这一问题的典型表现。

因为从无数先例来看，婚姻从来就不是单纯“让爱说了算”的。何况中学生的“爱”是非常不可靠的。婚姻从来就是综合考虑、综合平衡的。男女双方成婚一般考虑以下几点：

（1）双方的人生观、价值观大致接近；

（2）双方的文化背景基本接近；

（3）双方对于对方的“身价”基本认可；

（4）双方对于对方的生活方式和生活习惯基本接受。

婚姻双方对于对方的“身价”要基本认可。这个谈婚论嫁的原则虽然没有人明确指出过，但它是约定俗成的，它在谈婚论嫁中所起的实际作用恐怕比“爱”更重要。人们在谈婚论嫁时，心里都有一杆无形的秤，都会不自觉地把对方的身价“称一称”。那么，人的“身价”是由什么决定的？因素很多，如长相、品德、教养、学历、能力、才华、政治经济地位等，这些方面的差别肯定影响着婚姻恋爱关系的建立。而对于孩子来说，这些因素中除了长相以外，几乎都处于不断变化的过程中，在这么多不确定因素中要确立婚姻恋爱关系，能没有风险吗？所以必须提醒孩子们慎重对待。

## 实践与操作

对于即将谈恋爱和正在谈恋爱的青春期的孩子，家长必须平心静气地把正确的婚姻爱情观传达给孩子们。

### 1. 孩子，人生的每个阶段都有该做的事情

一个人的一生有许多阶段，每一个阶段都有一个突出的主题。万物各有其时，人生合适的主题次序是：学习知识和掌握技能——确定人生目标——选择伴侣建立家庭。如果你前两件事尚未做好就想结婚成家，那就可能意味着两个没有目标的人一起相处，甚至两个兴趣相悖，或者根本就志向相反的人生活在一起，从而导致一生的痛苦、孤独和冲突。而中学阶段的主题就是求学。一个人的志向不少是中学阶段确立的。我们每个青年人都要时时提醒自己，自己是有远大志向的，千万不要因为一时冲动，妨碍了自己宏伟目标

的实现。

人在自己一生的各个阶段中，有不同的生活内容，也有不同的幸福。幼年时父母的慈爱，童年时童心童趣的满足，少年时荣誉感的树立，青年时爱情的浪漫，中年时成功的喜悦，老年时受人钦敬的尊严，以及暮年时回顾全部人生毫无悔恨与羞愧的那种安详而自豪的心情，这一切，构成了人生的全部幸福。它们都能给我们带来莫大的欢乐，都能在我们的生活中留下珍贵的回忆。

人生是分阶段的，每一个阶段都有我们最应该做的事，我们必须弄清楚现在这个年龄阶段最应该做什么。如果把下一个年龄阶段该做的事提前到现在来做，那就意味着在两个年龄阶段都做了不该做的事，而且两件事都做不好。知道什么阶段做什么事，分清主次，那是一种人生智慧。该学习的阶段就应该用心学习，如果该学习的时候你去谈恋爱，那么到了真正该谈恋爱的时候就没人爱你了，因为你荒废了学业。

## 2. 孩子，谈恋爱是要有点底气的

我们每一个人都对自己的将来有一个美好的憧憬，都希望自己将来有一个美满幸福的家庭。但是，必须让孩子知道，要建立一个高素质的家庭必须先奠定事业的基础。品德、修养、学识、才华，就是事业的基础，也是获得“身价”的重要因素。到了一定的年龄，自己有了身价，又有了一定的社会生活阅历，这时再去谈恋爱，自己就会觉得自信从容、底气充足。

一个国家强大了，别的国家就会来和你建交；一个人强大了，别人就会和你友好。

爱，是一种主观感情。客观环境的变化，会引起主观感情的变化。这是符合唯物辩证法基本原理的。永远不要相信那些“在感情世界里距离不是问题”的说法。中学生谈恋爱，定终身，风险太大，因为两人的环境在迅速的变化之中，双方的人生观、价值观尚未形成。一旦双方差距拉大，很有可能导致分手。到那时，往往已经造成年华虚度、学业荒废、感情伤害、精神痛苦，成为终生遗憾。有志青年，应以事业为重，等自己阅历丰富了，再谈恋爱，是明智的选择。爱情是排他的，友谊不是排他的。过早恋爱就是过早排他了，这会让一个人的世界变得很狭小。

到了孩子真正该谈恋爱的时候，家长只要把婚姻选择的最主要方面指点到就可以了。例如，责任心、进取心、善心是择偶时要重点考虑的。责任心是一个人最重要的品质。一个有责任心的人既会承担社会责任,也会对你负责，对自己负责，对家庭负责，才会给人心灵上的安全感。当爱情最终步入了婚姻的殿堂，这意味着，双方要承担起家庭中的责任。每一方都应为家庭付出，双方都有义务尽责。谁接受了别人的爱情，同时就应承担起对对方和对自己的一份责任。人还要有进取心。和懂得上进的人在一起，你会感觉生活时时刻刻充满了动力和激情。每一天都会过得充实。他也要是一个善良、正直的人。一个自私、心术不正的人,也许现在对你是百依百顺,但结婚之后,一旦得到你,就会原形毕露。当你看到他对别人做出残暴的事情时，就要当心，说不定哪天当你无法满足他时，他也许会用同样的手段对待你。

家长只要把婚姻选择的一些基本原则告诉孩子就可以了。许多年轻人在婚姻选择问题上没有正确的原则，要么功利目的明显，要么把恋爱当作感情游戏。这是对婚姻不负责任的态度，也是不道德的爱情观。

## 3. 怎样与有早恋迹象的孩子谈心

在对待孩子早恋问题上，家长有两种处理方式，一种是疏导平息，一种是强行制止。遗憾的是现实中许多家长都采取了第二种方式。他们想阻止孩子早恋，却用错误的方法推了孩子一把，使孩子不由自主地掉入旋涡中。家长在这里最大的错误就是用成人的庸俗眼光，把孩子原本正常的行为恶俗化了，人为地制造孩子的罪恶感，客观上把孩子推到了不能自拔的境地。

一位聪明的妈妈对有“早恋迹象”的女儿是这样谈话的：

在你这个年龄对异性产生好感是正常的。妈妈当年和你一样，这是心理发展和生理发展的必然结果。你对男生有好感，这说明你的心理发展和生理发展是正常的、健康的。另外，有男孩喜欢你，说明你是个可爱的女孩；你对别的男孩有好感，说明你是个懂得欣赏他人的人。但你要知道，初中学生对异性产生好感，这才是刚刚开始，你作为一个可爱的女孩，将来会遇到许多很欣赏你的人，对他们，我们要心存感激；同时，你也会遇到许多值得你欣赏的男孩子，他们身上都会有令你羡慕的优点。你必须知道，一个人只有自身可爱，才值得别人去欣赏。如果一个同学不好好学习，品德不好，没有气质，也没有能力，凭什么让别人欣赏他？对于中学生来说，最重要的是学习，德、智、体、美、劳全面发展。只有这样，才能越来越可爱，才能得到别人的欣赏，同时也能慢慢学会欣赏别人。

只有孩子自尊自爱，在青春期和异性交往时觉得坦然、正常，才能产生自信和理性，才能做到大方自在，才有自我控制的力量。

# 第二节

# 职业规划教育

## 理念与认识

### 1. 选择职业要有明确具体的方向目标

有一年，一群意气风发的青年从美国一所大学毕业了，他们即将开始自己崭新的职业生涯。在临出校门时，一位年轻的教授让他们每人填写了一张关于人生目标的调查问卷。问卷结果是这样的：

（1）有 27% 的人，没有目标；

（2）有 60% 的人，有一个大致的目标，不明确，不清晰；

（3）有 10% 的人，有清晰但比较短期的目标；

（4）有 3% 的人，有清晰而又长远的目标。

之后，这位教授对这群毕业生进行了跟踪调查。25 年以后的结果是这样的：

当年那 3% 的有清晰的长远目标的人，25 年间他们朝着一个方向不懈努力，几乎都成了成功人士，其中不乏行业领袖、社会精英，成为了社会上层人物；

当年那 10% 的有清晰的短期目标的人，他们的短期目标大多得以实现，成了所在领域的专业人士，也大都生活在社会的中上层；

当年那 60% 的有模糊目标的人，大都有安稳的生活与工作，但基本没有什么大的成就，几乎都生活在社会的中层；

当年那27%的没有目标的人，他们过得很不如意。多数生活在社会中下层，并且常常抱怨他人，抱怨社会，抱怨命运，抱怨这个“不给他们机会”的世界。

其实，他们之间的差别仅仅在于：25年前，他们中的一部分人知道自己将来要干什么，而另一部分人则不清楚或不很清楚。

现在中央电视台常播出一句广告词：“只要你知道自己去哪里，全世界都会为你让路。”现在的青年人有好多是“不知道自己要去哪里”。

人在日常生活中应该既有短期的打算、中期的计划、长期的规划，还要有终生的追求，这就是理想。有了理想，生活就有了动力，就会知道今天我为什么而学习。每天早上，当孩子背起沉重的书包走进学校时，才会充满激情，充满信心。只有那种为远大理想而刻苦努力的人，才是真正懂得学习的人。

一个人只有明确自己终生的目标，并以此来确定自己前进的方向，这样才会少走弯路。但是，我们不少人并不是这样来规划自己一生的。他们的一生看上去也很忙碌、很努力，但是最后却并没有走到自己的目的地，没有得到自己想要的东西。因为他们从一开始就没有搞明白自己到底要到哪里去，到底要过什么样的生活。

成功的生涯规划，应当把孩子的短期目标与长期目标协调起来，让短期目标为长期目标服务，使短期目标成为长期目标的一部分。我们经常在人生的道路上迷失方向，因徘徊于迷途而消耗了生命。而人类与动物的区别就在于人懂得设计自己的未来。他们认真地计划自己要成为什么人，想做些什么，要拥有什么，以此作为决策指导。这将确保自己的行为与目标保持一致，并不受其他人或外界环境的影响。

## 2. 找到自己的“职业锚”

确立目标后全力以赴，就是我们所说的在正确的时间做正确的事，并把事情做对。为什么很多人有钱有权有势了反而感到失落？许多人在埋头苦干时，未曾顾及人生的终极目标，只是为忙碌而忙碌着，未曾洞悉自己心灵深处的所欲所求，也不曾审视过自己的人生信条：你到底要做什么？什么是你生命中最重要的？你生活的重心是什么？只有确立了符合自己人生价值观的人生目标，才能凝聚意志力，全力以赴且持之以恒地付诸实践，才有可能获得内心最大的满足。

当一个人走出校门开始工作时，相当于开始驾驶着自己的人生之舟在社会的海洋中航行或者漂泊。

航行和漂泊的区别在于：航行有方向，有目标；漂泊没有方向，没有目标。

你的人生之舟不能总在海上漂荡，而要寻找一个地方，这个地方对于船来说叫作“锚地”。如果有一天早上你登上甲板，在明媚的阳光下发现一处依山傍水的港湾，风景秀丽，于是你就决定在这个地方停船下锚，把锚沉到水底，钩住，抓牢，这时，这艘船虽然还会左右摇摆，但是不会再随波逐流。

作为生涯规划，你应当寻找一个地方，让你的职业在这里扎下根。“职业锚”就是最佳职业定位，是一个人在较长时期的职业生涯实践中，通过对内外因素的综合考虑，自觉主动选择出的最有利于自身发展和最能体现自己人生价值观的职业定位，简称职业锚。一个人的职业锚是其内心世界和工作环境之间相互作用的产物，一般需要通过若干年的实际工作后才能够被发现。职业锚被发现得越早，对人生事业的成功越有利。有一部分人可能终生找不到自己的职业锚。

找到职业锚之前，你只不过是自己人生之舟的水手；找到职业锚之后，你才真正是自己人生之舟的船长。

你每天都在干什么？在干活。为什么那么心烦、受累还要干呢？因为要养家糊口。如果你觉得你干的活是在从事你的一项事业，那么你想的就是在工作中实现你的人生价值。你觉得你的工作是在打工挣钱还是在从事一项事业，这不取决于这项工作本身，而取决于你对做这项工作的认识。找到职业锚是一个人从职业生涯转换到事业生涯的分水岭和里程碑。

当一个人找不到自己的职业锚的时候，他往往有如下一些表现：

对现有的工作、学习感到乏味，不开心，没有积极性，提不起精神；工作、学习缺乏动力，有一定程度的倦怠倾向；感到上班、学习是一种痛苦，为了生存，不得不硬着头皮去应付；看不到前途，不想继续下去，感到困惑，没有“奔头”；不知道自己喜欢干什么，适合干什么，不知道自己的长处和优势在哪里；

感觉不太适合这份工作，不知道是该换公司，换行业，还是换岗位；想跳槽、转专业，却不知道适合自己的发展方向在哪里；感觉某项工作不错，有跳槽的机会，但又犹豫不决，不知道是否适合自己；想通过改变自己性格去适应现在的工作，结果非常痛苦；成天忙忙碌碌，却不知道在忙些什么。

有人说："事业，是成功人士做的事情，我们这些平凡人谈得上做事业吗？"其实所谓成功人士，甚至一个伟人，也不是从一开始就找到他的职业锚的。孙中山弃医从政，鲁迅弃医从文，都有一个从职业生涯转换到事业生涯的过程。

那么我们怎样及早找到自己的职业锚呢?

我们首先需要回答以下三个问题：

我到底想干什么?

我到底能干什么?

我到底为什么干?

对于一个 20 来岁的年轻人来说，可能觉得这三个问题很容易回答。

问："你到底想干什么？"他会说："我想干的事多了。"

问："你底能干什么？"他会说："你说我什么不能干啊？"

问："你到底为什么干？"他会说："为了挣钱呗！"

但对于一个有着坎坷职业生涯经历的人来说，会觉得这三个问题就像三记重锤敲在心上。

回答第一个问题，就得深入反省自己的最高层次的需要是什么（就是当你衣、食、住、行问题解决以后你还想做什么）。

回答第二个问题，就得深入反省自己的优势和潜力是什么。

回答第三个问题，就得深入反省自己的职业价值观是什么。

寻找职业锚的过程就是人生规划的过程，也是寻找自己人生使命的过程。一个人来到社会上是要有使命的，是一定要做成一件事情的。那么你就要不断地追问自己：

"我最希望做并能够做成的事情到底是什么？"

"当我有吃、有穿、有房、有车、有钱以后，我还会有兴趣去做什么？"

这最后一问是十分重要的。因为有太多的人都把人生目标定位在"挣钱"

上，这是由于他从现实生活中看到，没有钱什么事也做不成。而要问他有了钱以后他要做什么，这才是他人生价值观所在。我们要反复深入地思考：我为什么要选择这个职业？这种思考和对内心的叩问，能使我们的人生价值观清晰起来。

## 实践与操作

如何引导孩子选择职业呢？

我们不少人都是没有想清楚自己的职业生涯规划就迷迷糊糊地踏上了职业征程。过了几年突然觉得：我怎么到这里来了？这是我想来的地方吗？我现在做的这个事情，是我愿意做的吗？再往后我要到哪里去？这时才想到了职业生涯规划。

选择职业是人生职业规划的一件大事。古今中外的许多成功人士，无一不是扬长避短地选择了最适合自己的兴趣爱好、个性特征并与客观环境相适应的职业；如果选错了职业，可能会遭遇许多的挫折与坎坷。因此，最理想的职业就是：与自己的理想、兴趣、特长相结合的职业。

从事任何职业，都必须选择一个“职业原点”，这就是选择职业的出发点。这种选择需要认真分析自己的职业条件,并尽量和自己的职业方向相吻合。只有这样，才能设计合理的职业路线，并保证自己不迷失职业方向。

职业原点应该是选择对今后的发展最有帮助的工作。求职时，要慎重考虑影响职业选择的以下几大因素。

### 1. 职业选择要尽可能符合自己的兴趣爱好

什么职业是好职业？就是你喜欢这个职业！就是你在这份工作中能感到满足和快乐的职业！我觉得人生幸福的根本保证就是你有一个你喜欢的职业，你工作着，你投入着，你快乐着，你满足着，这就是好职业！

兴趣对人的发展有一种神奇的力量。人们对某种职业感兴趣，就会对该种职业活动表现出肯定的态度，这当然有助于事业的成功。反之，强迫做自己不愿意做的工作，对精力、才能都是一种浪费。对科学探索的强烈兴趣，引导爱因斯坦走进科学迷宫，成为一代科学巨匠。对音乐的痴迷，引导贝多芬进入神奇的音乐世界，终成千古流芳的音乐家。

沃尔特·迪斯尼在上中学时，就对动画产生了兴趣，但他的父亲并不赞成他画画，因为父亲认为画画赚不到多少钱。沃尔特·迪斯尼并不赞成父亲的看法。他看到父亲陷入了这样一个怪圈：为了赚钱，父亲总是去做那些赚钱多但自己不喜欢的工作——因为不喜欢自己的工作，自然也就不愿投入大量的时间和精力——没有大量的时间和精力投入，父亲自然很难把工作做得很好——工作做得不好，当然也就赚不到大钱——赚不到大钱之后，父亲就会去寻找下一个他认为更赚钱的工作。于是，父亲就年复一年地变换着工作和行业。一心想通过变换工作和行业来寻找到发大财的机会。结果一生都没有如愿以偿。沃尔特·迪斯尼不愿重蹈覆辙。于是，他坚定地选择做自己喜欢的事情——把自己画动画的爱好发展成了毕生的事业。结果，他终于创造出了全球最受欢迎的动画影片及闻名世界的迪斯尼乐园。

一个人如果选择了自己热爱的工作，那他就会充分发挥自己的聪明才智，并自觉地以苦为乐。

人们的兴趣是千差万别的。这种兴趣上的差异是人们在选择职业时的重要依据之一。一个擅长技能操作的人，靠他灵巧的双手，在技能领域得心应手。但如果硬把他的兴趣移到思辨型的理论研究或与人交往的营销和公关上来，他会感到无用武之地。

一个人的兴趣爱好有很多，一般说来，兴趣爱好广泛的人，选择职业时的自由度就大一些。他们更能适应各种不同岗位的工作。广泛的兴趣可以促使人们注意和接触多方面的事物，为自己选择职业创造更多有利条件。

## 2. 职业选择要尽可能符合自己的气质类型

不同气质类型的人在生活和工作中会表现出不同的心理活动和行为方式。

多血质的人活泼、好动，反应灵敏，喜欢与外人交往，兴趣和情趣容易变换。胆汁质的人精力旺盛、脾气急躁、容易冲动，心境变换剧烈。黏液质的人安静稳重、沉默寡言，显得庄重、情绪不易外露。抑郁质的人孤僻、行动迟缓，善于观察他人不易觉察的细节，具有内向性。气质本身并无好坏之分，每种气质都有积极和消极的一面，多血质和胆汁质的人比较适合一些要求做出迅速、灵活反应的工作，黏液质、抑郁质的人比较适合做要求细致的工作。

气质是制约人们选择职业的重要因素之一，不同职业对人的气质有特定的要求，如医务人员要求耐心、细致，飞行员要求机智灵敏、注意力集中等特点。气质具有相对的稳定性，但后天也可以锻炼改造，况且纯粹属于某一气质类型的人很少，大多数人都是几种气质类型兼具的混合体。在选择职业时要注意扬长避短。

## 3. 职业选择要尽可能符合自己的性格

性格与气质不同，其社会评价有明显的好坏之分。许多的工作对性格品质有着特定的要求，要选择某一职业就必须具备这一职业所要求的性格特征。如企业家，除了具备这一职业所要求的气质、能力外，还应具有果断、勇于开拓创新的特征；教师除了具备丰富的知识外，还应具备有爱心、正直、有责任感等良好品质；医生除了具备高明的医术外，还要求具有救死扶伤的人道主义精神和一丝不苟的工作态度。实践证明，没有良好的与职业要求相适应的性格品质，就不能很好地适应工作。

在选择职业的过程中，除了考虑上述因素的影响和制约外，还应考虑性别、年龄、身体状况等因素。

这里需要告诫家长的是，在职业选择问题上，一定要让孩子自己做主，家长不要强作主张。一个孩子如果在职业选择问题上只知道听话，让他干什么他就干什么，那么他就很难有大的发展。而那些知道自己喜欢干什么、知道自己能干什么的孩子才会有出息。

下面是关于孩子的个性特点与适宜的职业类型的适配表（见表 8-1），供家长指导孩子选报高考志愿和选择职业时参考。

**表 8–1　个性特点与职业类型适配表**

| 类型 | 个 性 特 点 | 适合的职业种类 | 宜学习科类 |
| --- | --- | --- | --- |
| 技术型 | 稳重踏实　崇尚实干　吃苦耐劳　性情稳定　顺从温和　喜欢和物打交道　不喜欢和人打交道　喜欢动手　不喜欢动口　喜欢用工具　不喜欢用人　喜欢按程序做事 | 信息技术　飞行员　机械师　测量　电器　修理　制图　技师　监控　养殖　化工　军人　土木建筑　监管检测 | 信息工程　电子机械　化工　农学　工学 |
| 社会服务型 | 热情友善　善解人意　容易相处　善于言辞　喜欢和人打交道　关心社会问题　不急不躁　乐于助人　善于合作　包容大度但缺少竞争意识 | 中小学教师　医护人员　售票人员　普通办事人员　导游　心理咨询师 | 师范　医护　商业 |
| 管理型 | 精力充沛　乐观进取　自信外向　好冒险　喜欢支配别人　喜欢说服别人　有个人英雄主义意识　办事主动　喜欢组织策划　不喜欢学究 | 律师　法官　行政领导　企业经理　公关人员　中介人员　新闻记者　保险推销员 | 行政管理　企业管理　工商管理　法律　传媒 |
| 研究型 | 严谨缜密　勤学好问　谨慎内向　理性好奇　喜欢探究推理　喜欢独立的工作氛围　善于观察思考　善于分析批判 | 数据统计分析师　自然科学家　医药学家　大学教授　科研人员　计算机程序人员 | 理学（数理化天地生）　工学 |
| 艺术型 | 有创意　爱幻想　思想敏感　情感丰富　情绪化　自由奔放　追求与众不同　直觉灵敏　不趋附流俗　讨厌常规性工作　喜欢宽松自由的环境 | 作家　画家　演员　模特　音乐家　舞蹈家　建筑师　时装设计　装潢设计　广告设计 | 文学　音美　舞蹈　艺术设计 |
| 事务型 | 细致严谨　自制力强　顺从　本分　谨慎　保守　规矩　有条理　喜欢规范明确、秩序井然的工作环境　喜欢系统性、条理性的活动　注重细节　追求精确　缺乏想象力　不喜欢冒险 | 会计　出纳　审计　税务　稽查　秘书　电脑操作员　金融柜员　档案员　图书管理员 | 财会　文秘　税务　金融 |

1. 晨曦，朱萍译 . 世界一流的美国家庭教育——哈佛素质教育理念的成功实践 [M]. 北京 ：海潮出版社，2004.
2. 贻祥 . 诺贝尔奖得主家长们的 21 个教育方法 [M]. 北京 ：中国纺织出版社，2005.
3. 王东华 . 中国家长教子书 [M]. 北京 ：中国妇女出版社，2006.
4. 联合国教科文组织国际教育发展委员会 . 学会生存——世界教育的今天和明天 [M]. 北京 ：教育科学出版社，1996.
5. [ 德 ] 小卡尔・威特 . 刘恒新译 . 卡尔・威特的教育 [M]. 上海 ：上海社会科学院出版社，2004.
6. 周宏 . 教你如何赏识孩子——赏识教育操作方法 [M]. 北京 ：华语教学出版社，2004.
7. 魏书生 . 好父母　好家教 [M]. 桂林 ：漓江出版社，2005.
8. 彩云 . 教育狂人陈忠联 [M]. 广州 ：广东人民出版社，2005.
9. 肖依然 . 好父母教养好孩子 [M]. 北京 ：中国商业出版社，2006.
10. 孙云晓 . 我要做个好父亲 [M]. 北京 ：华艺出版社，2001.
11. 朱永新 . 走近最理想的教育 [M]. 桂林 ：漓江出版社，2007.
12. 王星凡 . 中学生要养成的 50 个习惯 [M]. 北京 ：蓝天出版社，2006.

13. 陆士桢 . 好习惯好性格 [M]. 合肥：安徽教育出版社，2007.
14. 美林，郭晓丽 . 生涯教育 [M]. 北京：中国经济出版社，2006.
15. 新成长教育研究机构 . 中国式家教 [M]. 北京：中国档案出版社，2007.
16. 张利军，韩雪梅 . 成就孩子一生的好习惯 [M]. 北京：中国人口出版社，2008.
17. 王筱慧，马玉涛 . 优秀的孩子是教出来的 [M]. 北京：中国青年出版社，2008.
18. 清华 . 怎样教育好孩子 [M]. 第2版 . 延边州：延边大学出版社，2008.
19. 傅中国 . 起诉教育 [M]. 北京：新华出版社，2008.
20. 关现红 . 换一种方法做父母 [M]. 长春：吉林大学出版社，2008.
21. 吴嘉华 . 杰出青少年的12种思维习惯 [M]. 北京：海潮出版社，2008.
22. 柯君 . 孩子需要什么样的成功 [M]. 北京：新世界出版社，2009.
23. 肖骁 . 10 ~ 16岁叛逆期，妈妈如何引导孩子 [M]. 北京：朝华出版社，2009.
24. 李镇西 . 做最好的家长 [M]. 第2版 . 桂林：漓江出版社，2008.
25. 鱼朝霞 . 好父母胜过好老师 [M]. 南昌：江西人民出版社，2009.
26. 蒋佩蓉（RossanaLin）著 . 邓瑜译 . 下一代的竞争力 [M]. 南昌：江西人民出版社，2009.
27. 尹建莉 . 好妈妈胜过好老师 [M]. 北京：作家出版社，2009.
28. 章夫，蒲薇 . 谁来为教育买单 [M]. 台北：台海出版社，2010.
29. 东子 . 好爸爸胜过好老师 [M]. 桂林：漓江出版社，2010.
30. 郑委，陈文平 . 我要做个好家长 [M]. 北京：北京大学出版社，2011.
31. 胡社功 . 好方法好孩子 [M]. 天津：天津教育出版社，2010.
32. 郦波 . 郦波评说曾国藩家训 [M]. 北京：中国民主法制出版社，2012.

国家提倡素质教育已经20多年了，但总体上说是雷声大，雨点稀，喊得多，做得少，专家学者观念超前，老师家长行动滞后。为什么呢？原因是多方面的，其中一个重要的原因就是关于素质教育的理论构建研究的多，实际操作研究的少，只追求理论的“高、深、新”，却忽视实践的“低、小、碎”，教育方法和途径的实践探索就更少。理论界把太多注意力放在批判和指责上，较少进行建设性的观点陈述。所以家长们的困惑仍不能够得到解决。更有人对当下教育发一通危言耸听的言论后，乱归因乱出主意。很少有专家们对家庭素质教育在操作实践上给予具体指导。

一种教育理念的倡导，一种教育主张的推行，如果没有相应的教材体系、教学手段和操作方法的配套支持，那么这种教育理念和主张必然在教育实践中落空，成为口号、标语和标签。这就是我们的素质教育面临的尴尬局面。

基于以上认识，笔者萌生了探索“应试教育之外的教育”的念头，产生了以家庭素质教育来弥补学校应试教育不足的“妄想”。这是编者的初衷。

本书试图初步建立起一个素质教育的内容体系，探索实施素质教育的方法和途径。努力实现理论向实践的延伸，尤其把素质教育的实践作为全书的重心。

希望本书能给全国青少年的家长和广大教育工作者提供一些帮助，为国家的素质教育贡献绵薄之力。

本书的价值究竟如何，最终还需要读者去评价。对于本书的疏漏和偏颇之处，恳请专家、学者和广大读者不吝赐教，以资修改。如果读者朋友对本书有不同意见，可以通过我的邮箱或博客、微博与我联系。我的博客地址：http：//blog.sina.com.cn/u/1517364354，我的邮箱：lysxldh@163.com。

本书在写作过程中，采用吸收了不少专家学者的研究成果，也直接或间接地借鉴了一些报刊文章，在书末对参考文献一一列出，以示感谢。对少量网络作品的引用未能详细注明，在此深表歉意。

本书在写作过程中曾得到了我的同事们的支持、鼓励和帮助。其中苗六计、郭学营、万富庭、陈建国等同志对本书的修改提出过宝贵的建议。在此一并致谢。

李东海

2014 年 6 月 15 日于河南省洛阳市嵩县第一高中